KB269706

한만중의 서울미래교육 설계도

인공지능시대
인간중심교육

한만중의 서울미래교육 설계도

인공지능시대
인간중심교육

초판 1쇄 인쇄 2026년 1월 9일
초판 1쇄 발행 2026년 1월 16일

지은이 한만중
펴낸이 김승희
펴낸곳 도서출판 살림터

기획 정광일
편집 조현주, 송승호, 이희연
북디자인 꼬리별

인쇄·제본 (주)신화프린팅
종이 (주)명동지류

주소 서울시 양천구 목동동로 293, 2215-1호
전화 02-3141-6553
팩스 02-3141-6555
출판등록 2008년 3월 18일 제313-1990-12호
이메일 gwang80@hanmail.net
블로그 http://blog.naver.com/dkffk1020
한국교육연구네트워크 www.kednetwork.or.kr

ISBN 979-11-5930-353-1 03370

한만중의 서울미래교육 설계도

인공지능시대 인간중심교육

살림터

교육을 다시 사람에서부터
시작할 용기가 있는가

조희연(전 서울특별시 교육감)

『인공지능시대 인간중심교육』은 한 개인의 교육 인생을 넘어, 우리 시대 한국 교육이 걸어온 길과 앞으로 나아가야 할 방향을 정직하게 비추는 거울이다. 책을 펼치는 순간 나는, 교단과 교육행정의 최전선에서 30여 년을 살아온 한만중 선생님의 어조가 담담하면서도 깊게 울려 오는 것을 느꼈다. 이 책은 '정책'이나 '제도'의 기록 이전에, 교육을 삶으로 살아낸 한 사람의 신념과 곤경, 성장과 성찰의 생애 기록이다.

저자는 1990년대 초 상도중 교사로 출발하여 전교조 활동가, 정책 기획자, 서울시교육청의 책임자로 이어지는 길을 걸어왔다. 교육 현장에서 아이들의 눈빛을 마주하고, 교사들의 고충을 함께하며, 때로는 불합리한 구조와 맞서 싸우던 그 시절이 이 책 곳곳에서 생생하게 살아난다. 동시에 교육행정의 세계에 발을 들이며 느꼈던 고민, 책임, 갈등, 그리고 그 너머의 보람이 솔직한 고백처럼 펼쳐진다.

그는 교사직을 과감하게 던지고, 서울시교육청의 정책관으로 오랫동안 나와 함께 일을 했다. 서울시교육청에서 일하는 기간에, 10여 년간 해직된 교사들의 복직이라는 시대적 과제를 그와 나는 함께 마주하게 되었다. 그 복직 과정에서 발생한 행정적 문제들에 대해서 교육감직 중단에 이르는 판결을 받았다. 그 점에 대해서 지금 나는 법치주의 존중의 관점에서 성찰적으로 바라보고 있지만, 그와 내가 보듬고자 했던 것은 10여 년간 거리를 떠돌면서 사랑하는 아이들 곁으로 돌아가기를 소망했던 교사들을 본래의 자리로 돌아가게 하는 교육계의 오랜 숙원 과제였다는 점을 고백하지 않을 수 없다.

이 책을 읽다 보면 한 가지 사실이 선명하게 드러난다. 한만중이라는 교육가에게 교육은 직업이 아니라 신념이었다는 것. 그 신념은 "더 나은 교육이 더 나은 사회를 만들고, 더 나은 사회가 다시 더 나은 교육을 가능하게 한다"는 순환적 희망의 원리에서 왔다. 그는 그 희망을 단순한 이상으로 남기지 않고, 실제 정책과 실천으로 옮기는 데 일생을 바쳤다.

특히 평준화 정책, 교원학습공동체, 교육복지, 사학의 투명성, 코로나19와 디지털 전환 등 주요 교육 쟁점을 저자의 경험을 바탕으로 깊이 있게 풀어낸 대목들은, 나 역시 서울 교육을 책임졌던 사람으로서 깊은 공감을 불러일으킨다. 저자는 실패와 한계를 숨기지 않으며, 성과를 과장하지도 않는다. 교육정책이 왜 현장에서 흔들리고 때로 저항을 받는지, 어떻게 하면 정책이 살아 숨 쉬는 실천이 될 수 있는지에 대한 저자의 분석은, 교육을 공부하는 이들에게도, 현장의 교사에게도, 정책을 고민하는 행정가들에게도 중요한 통찰을 제공한다.

그러나 이 책의 가장 큰 미덕은 따로 있다. 이 책은 교육을 '제도'로만 말하지 않는다. 교육을 사람들의 관계, 한 아이의 성장, 한 교사의 눈물과 웃음, 현장에 헌신한 동료들에 대한 기억으로 말한다.

정책은 종이를 넘어 사람에게서 시작된다는 저자의 철학이 문장 사이사이에 온기처럼 스며 있다.

『인공지능시대 인간중심교육』은 단지 한 교육가의 회고록이 아니다.

이 책은 우리 모두에게 묻는다.

"우리는 어떤 교육을 다음 세대에게 남길 것인가?"

"교육을 다시 사람에서부터 시작할 용기가 있는가?"

저자의 삶은 이 질문 앞에서 이미 답하고 있었다.

그의 걸음은 늘 아이들에게서 출발했고, 교육의 본질을 놓치지 않으려는 고집스러운 성찰로 이어졌다. 그래서 이 책은 '지나간 시간'의 기록이 아니라 '지금 이곳'의 교육을 다시 일으켜 세우는 살아 있는 자극이 된다.

나는 이 책이 교육을 사랑하는 모든 사람에게 깊은 울림을 줄 것이라 확신한다. 교사에게는 '나는 왜 교사인가'라는 초심을, 교육행정가에게는 '정책의 윤리'를, 학부모와 시민에게는 '공동체가 함께 만드는 교육'의 의미를 다시 일깨워 줄 것이다.

한만중 선생님의 오랜 헌신에 깊은 존경을 표하며, 이 책이 더 넓은 교육공동체 속에서 많은 이들의 길잡이가 되기를 진심으로 바란다.

가장 앞에 선
교육운동가

박종훈(경상남도교육감)

세 번째 교육감에 취임하면서 "경남 교육은 한 개인에게 스스로 살아갈 수 있는 '자립의 힘'을, 그리고 다른 존재와 협력하여 보다 나은 공동체를 구성하는 '공존의 힘'을" 새로운 지식과 가치를 창조할 수 있는 학생들의 미래역량으로 길러 주고자 다짐하였다. 학교에는 이미 미래가 시작되고 있기 때문이다. 교육이 미래를 바꾼다는 신념은 모든 교육자의 삶을 행복하게 만드는 가치체계이다. 한만중 선생이 이 책의 후반부에 정리한 「주민직선제 교육자치의 성과와 전망」에서 '정책 경쟁의 시대'에 교육감의 직무 수행으로 '정책 개발 행정'이 두드러지게 나타난다고 분석한 것은 우리 진보 교육 진영의 성과이다.

교육자치가 진보 교육 진영을 중심으로 전개된 것을 긍정적으로 평가하니, 책 전체에서 경남에서 12년 동안 이어 온 교육감의 자리가 그대로 돌아 보였다. 24년 전 학교 도서관에서 길을 나선 후, 교육위원에서 교육감까지, 교육운동가를 직업으로 살아온 삶의 과정에 대한 좋은 감회를 안겨 주어 비교적 긴 책을 잘 읽었다.

한만중 선생이 책머리에 실은 프롤로그에 나오는 "교육을 매개로 살아온 삶을 반추하는" 장면도 우리의 추억이다. 1980년대 사립학교 민주화 운동이 정리되는 시점에 전교조가 출범하였고, 이후 우리는 평생을 교육운동가로 살았다. 개인적으로는 만나는 시간이 적었으나 교육 동지로는 숱하게 수많은 운동의 현장에서 한만중 선생들과 만났다. 학교현장에서 동료 교사들을 조직하고, 학생들과 수업 하나하나를 돌아봤으며, 국가와 정부가 내리먹이는 교육정책에 대한 대안을 찾으며 밤을 지새웠다. 이러한 참교육에 대한 실천을 중심으로 한 교사들의 교육 운동 방식이 지금 세계가 주목한다는 'K-교육'의 실체이다.

한만중은 2012년에 민주노동당 부설 새세상연구소의 의뢰로 작성했다는 「2013 교육체제」에서 민주 진보 정권이 추진해야 할 핵심 과제를 미리 제시해 놓았다. 이 「2013 교육체제」는 우리가 지향해야 할 가치와 원리를 구현한 글이기에 시간이 지났으나 여전히 유효하기에 꼼꼼하게 읽기를 권한다.

자치와 분권은 이재명 정부의 근간이다. 시민운동으로 시작하여 성남시장에서 경기도지사를 거쳐 대통령에 오른 국민주권정부이기 때문에 현장을 중심으로 한 자치의 중요성을 체득한 정치체이다. '더 나은 세상, 더 나은 서울 교육'을 위해 수도인 서울은 어떻게 해야 할까. 사람은 나서 서울로 가고 말은 제주로 보냈으니, 아직도 서울은 중심이고 표준이기만 한가? 국가의 수도가 보통교육에는 유효하지 못함을 한만중은 고등학교 평준화 정책의 역사를 통해 잘 설명하고 있다.

그래서 '서울 혁신미래교육의 과제와 제안'에는 복합위기시대 학교의 역할 찾기에서 교육공동체를 복원하는 문제, 지역과 함께하는 학교까지 모든 대안을 세세히 언급한다. 교육운동가가 아니라도, 백 사람이 다 다른 해법을 가졌다는 보통교육에 대하여 대강의 얼개가 잘 드러나 보이기에, 읽기도 쉽고 재미도 있다. 참 고마운 책이다.

한국 교육의
어제와 오늘을 증언하다

이부영(전 전교조 위원장)

이 책의 저자 한만중 선생님은 한국 교육의 어제와 오늘을 가장 잘 증언할 수 있는 사람 중 하나일 것입니다. 저자가 밝혔듯이 그가 걸어온 길은 교사로서, 교육운동가로서, 그리고 교육행정가로서 늘 우리 교육의 중심에 서 있던 사람입니다.

전교조 대량 해직의 광풍이 지난 1990년도에 발령을 받은 이후 교육운동가로서 걸어온 교육 인생의 길은 시대를 고민하던 사람으로서 걸어야 할 필연의 길이었을 것입니다. 전교조 정책실과 참교육연구소에서 정책통으로 활동을 시작하여 정책을 논의하는 자리에는 항상 그가 있었습니다.

이 책에는 그의 학창 시절에 도입되어 한국 교육 반세기를 관통해 온 고교평준화 정책을 시작으로 오늘의 '4세 고시', '7세 고시'에 이르기까지 중요한 정책과 이슈들이 모두 망라되어 있습니다. 내용을 따라가다 보면 역대 정권에 따라 어떤 정책이 어떤 방향으로 흘러왔는지 숨겨진 이야기를 만나기도 합니다. 그리고 우리 교육의 어떤 부분이 미해결 과제로 이어져 오고 있는지도 확인할 수 있을 것입니다.

한국 교육은 2007년 직선제 교육감 시대를 맞으며 지난 20년 가까이 커다란 변화와 혁신의 황금기를 맞이했다고 평가할 수 있습니다.

서울 교육도 곽노현 교육감 시대에 혁신학교 정책이 도입되었고, 이어서 조희연 교육감 시대 10년은 혁신학교와 혁신교육지구 정책이 꽃을 피우던 시기였습니다.

이 시기에 저자 한만중 선생님은 서울 교육을 함께 만들어 보자는 조희연 교육감의 권유를 받아들이게 됩니다. 아직 정년이 한참 남아 있던 시기에 서울 교육을 위해 헌신한다는 마음으로 여러 불이익을 감수하면서 교직을 떠나 계약제 임시직 공무원으로 자리를 옮깁니다.

조희연 교육감 시대 서울 교육에 성과가 있었다면 아마 그 절반은 7년간 정책보좌관, 비서실장, 정책안전기획관 등 교육행정가로서 교육감을 도운 그의 몫일 것입니다.

이 책은 많은 사례를 통해 교육행정이란 무엇이고 행정가의 역할은 무엇인가를 생생하게 잘 설명해 주고 있습니다.

코로나19 시기 교육이 어떠해야 했는지를 「서울시교육청 코로나19 타임라인」의 통계 자료를 통해 알려 주고, 교장에 대한 인사혁신을 통해 조희연 교육감 시대를 대표하는 혁신학교 사업을 어떻게 학교현장에 정착할 수 있도록 노력해 왔는지 구체적인 사례를 들어 잘 보여 줍니다.

또한 폐쇄 위기에 몰렸던 한림예고의 어려운 일들을 하나하나 해결하면서 정상화한 과정과 휘문고, 충암고 등 비리 사학에 적극 대응해 온 사례들은 적극 행정이 무엇인가를 보여 주는 생생한 사례라 할 것입니다.

저자의 교육철학을 엿볼 수 있는 '교사 한만중의 삶과 생각'에서는 다양한 교육 이슈를 만날 수 있습니다.

무엇보다 '서울 혁신미래교육의 과제와 제안'을 통해 한만중 선생님은 우리 교육이 풀어 나가야 할 미래 시대의 중요한 과제들을 제시합니다.

"더 나은 세상과 더 나은 교육."

이 책을 관통하는 저자의 화두입니다. 모든 교육정책과 교육행정은 이 화두를 위해 존재할 것입니다.

우리 교육을 고민하는 사람이라면, 교육운동가와 교사는 물론이고 학부모와 시민들까지도 이 책을 꼭 한번 읽어 보시라 추천의 말씀을 드립니다.

이론과 실제를 겸비한 교육정책 전문가의 새로운 꿈

심성보(한국교육연구네트워크 이사장)

나와 한만중 선생님의 인연은 한샘이 교육개혁시민운동연대 활동을 하면서, 그리고 한국교육연구네트워크 이사로 일하면서 시작되었다. 함께 활동하면서 대화를 나눌 기회가 많았기에 한샘을 좀 안다고 할 수 있다.

한샘은 시민사회와 교육운동가들에게 '교육정책 전문가'로 널리 알려져 있다. 국가교육정책에 대한 정확한 정보와 해박한 지식은 모두를 놀라게 하였다. 교육학 박사가 아닌데도 말이다. 한샘은 제도권 인사들이나 교육학자들도 두루 알고 있다. 이들을 통해 체득한 한샘의 깊은 통찰력은 교육 현상과 사태에 대한 분석에 머물지 않았으며, 나아가 그것에 대한 대응책까지 제시하는 운동적 역량도 잘 보여 주었다.

특히 서울시교육청의 정책보좌관과 비서실장, 정책안전기획관 역할을 맡으면서 교육 현안에 대한 정보량이 많아지고, 그것들에 대한 남다른 분석력이 더욱 치밀해져 타의 추종을 능가하였기에 그의 식견을 많이 배우고자 하였다. 한샘이 교육의 이론과 실제를 모두 겸비하였기 때문이다.

한샘은 교육운동과 교육행정을 두루 경험하면서 제도권 교육정치와 재야권 교육정치의 교량자 역할을 원활하게 해냈다. 교육청의 입장과 교육운동의 요구 사이의 이견 조율, 민과 관의 존중과 협력을 통해 진정한 교육 거버넌스를 구축하려는 노력을 게을리하지 않았다. 게다가 한샘은 적이 별로 없고 인품이 온화하여 서로 다른 입장이나 진영 사이의 이견을 조율하는 능력도 잘 갖추고 있다.

한샘의 『인공지능시대, 인간중심교육』은 위에 언급한 경륜과 문제의식에 바탕을 두고 있다. 그리고 이 책에 고교평준화, 교원정책, 사립학교 정책, 혁신학교, 혁신교육지구, 친환경 무상급식과 무상교육, 가열된 사교육, 학생인권조례와 교복 입은 시민 프로젝트 등 진보적 교육정책들에 대한 성찰적 평가를 담아내었다.

나아가 혁신교육지구 사업의 정체성 회복하기, 교육 불평등에 대한 대안, 인구 감소에 따른 작은 학교 모델, 민주주의 교육 및 교실에 대한 대안, 인공지능시대의 인간중심교육, 기후위기 시대에 대비한 생태전환교육, 주민자치회 입법화를 통한 풀뿌리 민주주의 확대, 교육재정의 대폭 확대 등 미래적 대안을 제시하고 있다. 이를 바탕으로 다중적 복합위기에 직면한 한국 사회의 위험도 고발하며 새로운 해법을 탐색하고 있다.

한샘은 우리 교육이 여전히 소모적이고 비교육적인 경쟁 교육에서 벗어나지 못하고 있음을 안타까워하면서 교육으로 더 나은 세상을 만들고, 더 나은 세상이 더 좋은 교육을 만들어 낸다는 희망을 표명하면서 미래교육의 도래를 위한 새로운 꿈을 꾸고 있다.

진보적 교육 실천가이자 연구자인
한만중을 발견하다

김용일((사)한국교육정책연구원 이사장, 한국해양대학교 교수)

진보적 교육 실천가이자 연구자!

한만중 선생의 역작 『인공지능시대 인간중심교육』 서울 미래교육 설계도의 출간을 축하한다!

꼭 4반세기 전의 일이다. 전국교직원노동조합 여주 대의원대회에서 강연을 마치고 서울에 도착했다. 당일 KBS 심야토론 일정이 잡혀 있었기 때문이다. 마침 전교조 위원장이시던 이수호 선생님과 함께 출연하게 되어 본부 사무실에 잠시 들렀다. 거기서 처음 한만중 선생을 만났다.

인사를 나눈 후 위원장에게 심야토론 주제인 자사고 관련 사항을 꼼꼼히 브리핑하던 모습이 눈에 선하다. '아, 전교조의 브레인이구나!' 선생에 대한 내 첫인상이었다. 시간이 지나면서 그런 판단이 틀리지 않았다는 걸 알 수 있었다. 한만중 선생은 진보적 교육 실천가이자 교육 연구자다.

그런 선생과의 인연이 지금까지 이어져 오고 있다. 그 가운데 함께 노무현 대통령을 도왔던 일을 잊을 수가 없다. 극적인 경선 과정을 거쳐 민주당 대선 후보가 된 후 대선 캠프에서는 교육 전문가를 구하고 있었다. 한 선생과 내가 연락을 받았다. 공약을 준비해서 가보니 교수 2인과 민주당 관계자로 구성된 다른 한 팀이 와 있었다. 노무현 후보의 교육정책 참모를 뽑는 면접장이었던 셈이다.

노무현 후보 앞에서 양측이 발표한 다음 치열한 토론이 있었다. 짧은 휴식 후 노무현 후보가 "이 팀과 함께 일하겠다"라고 우리를 지목하였다. 에두르지 않는 직설 화법이었다. 당시 정책 현안이었던 자사고가 선택을 갈랐다. 우리는 학교 민영화 정책으로는 교육의 계급화를 격화시킬 수밖에 없다는 점을 강조했다. 상대는 '학교 다양화' 추세를 내세워 절충·수용해야 한다는 견해를 피력했다.

대선 승리 이후 대통령직인수위원회에서도 함께 일했다. 한 선생은 상근 자문위원으로, 나는 전문위원으로 새 정부 교육정책의 밑그림을 그렸다. 시작한 일이니 정부 출범 이전의 일까지는 돕자는 생각이었다. 나는 교육부 장관 인선 관련 일을 마무리하고 학교로 복귀했다. 그런 나와 달리 한 선생은 한마디 불평 없이 자질구레한 뒷감당을 했다.

사단법인 한국교육연구네트워크를 만든 일도 한 선생과의 인연의 큰 줄기에 있다. 노무현 대통령을 도울 때만 해도 강단의 연구자들이 몸을 사리는 분위기였다. 이에 교육학자들을 모아 진보적인 교육정책의 생산력을 제고하자는 데에 의기투합하였다. 어려운 조건에서 법인을 만들고 학술사업을 펼쳐 나갔던 기억이 새롭다.

2022년에 창립한 사단법인 한국교육정책연구원 역시 한 선생과 머리를 맞대고 고민한 결과물이다. 이번에는 연구자들이 진영논리로 무장하고 당파성이 강한 정책 주장과 정책 설계에 몰두하는 현실에 대한 우려가 둘을 움직이게 했다. 그람시가 말한 유기적 지식인은 여전히 의미가 있다. 하지만 연구자들이 대통령이나 교육감 "권력과의 건강한 거리두기"에 실패했다는 문제의식의 발로였다.

오래 함께한 발걸음 속에서 진보적 교육 실천가이자 연구자인 한 선생을 발견하게 된다. 진영논리와 정치 양극화 속에 교육(학)계가 만풍蠻風의 쓰나미에 휩쓸려 온 형국이다. 이런 때일수록 냉철한 머리와 뜨거운 가슴이 절실해진다. 한 선생의 역작 『인공지능시대 인간중심교육』은 그런 필요를 충족하고도 남음이 있다. 모쪼록 널리 읽혔으면 하는 바람이다.

국어 교사로 시작해서 진보적 교원단체의 정책통, 가장 사랑받는 노무현 대통령의 교육정책 참모, 서울특별시교육청의 비서실장과 정책안전기획관 등을 거친 선생이다. 이 책 출간을 신호탄으로 내년에 치러질 서울 교육감 선거에 도전장을 내민다는 전언이다. 한시도 손에서 책을 놓지 않으면서 교육 실천과 연구에 균형 감각을 벼린 그다. 건승을 기원한다.

우리 교육의 미래를 설계하는
진정한 교육자

김병찬(한국교육학회 선임부회장, 경희대학교 교수)

제가 이 책을 읽는 내내 문장 곳곳에서 오래된 교실의 온도와 아이들의 숨결이 느껴졌습니다. 저자는 단지 교육과 교육정책을 분석하고 설명하는 것을 넘어, 학생으로서 한 아이가 하루를 살아내기 위해 지나야 했던 골목과 버스, 학교, 그리고 마음 깊은 곳의 두려움뿐만 아니라 아이가 붙들고 있는 희망까지 함께 따뜻하게 그리고 있습니다. 오랜 기간 교육에 몸담아 온 교육자로서의 향기와 체취가 이 책 곳곳에서 묻어납니다.

이 책은 한국 교육이 안고 있는 구조적 모순을 교실과 정책의 현장에서 오랫동안 마주하며 살아온 한 교육자의 시선으로 차분하면서도 생생하게 기록하고 있습니다.

저자는 먼저 한국 교육의 가장 근본적인 문제를 학벌체제와 입시경쟁에서 찾고 있습니다. 교육의 기본이라고 할 수 있는 무상교육, 의무교육, 보통교육의 원리가 완전히 실현되지 못한 채, 학벌주의와 교육비 부담이 결합되면서 국민이 겪게 되는 고통과 아픔을 드러냅니다. 이로 인해 나타날 수밖에 없었던 조기 유학 바람, 교육 불평등, 학교폭력과 같이 아이들과 학부모들의 삶을 뒤흔드는 현실을 냉철하게 파헤치고 있습니다.

저자는 이러한 교육에 대해 단순히 관찰자의 위치에 머물러 있지 않습니다. 그의 교단 일기에 나타난 바와 같이, 매일 새벽 열차로 통학하는 제자, 국내 입시를 포기하고 해외로 떠난 제자, 폭력 속에서 스스로를 잃어 가는 제자 등과 함께 교육현장에서 몸으로 부대끼며 살아온 당사자로서 우리 교육 현실에 대해 증언합니다.

또한 그의 교사로서의 경력뿐만 아니라 다양한 국가기관 그리고 서울시교육청의 정책보좌관으로서의 경험은 그에게 교육 분야에서 나무뿐만 아니라 숲을 볼 줄 아는 안목도 가져다주었습니다. 그는 그동안 우리 교육에 큰 영향을 끼쳐 왔던 각종 교육시장주의 정책들, 특히 고교 다양화 300 프로젝트, 자율형사립고 정책 등을 날카롭게 분석합니다. 자율형사립고 도입의 취지는 선택권 확대였으나 실제로는 고교서열화를 확대 재생산하는 결과를 낳았다고 냉철하게 짚어내고 있습니다. 이로 인해 대학서열과 사교육 의존은 더 강화되었으며, 평준화 체제가 무너진 자리에는 지역·학교 간 격차가 확대되었다고 지적합니다.

아울러 서울시교육청의 혁신학교, 학생인권조례, 무상급식, 무상교육, 혁신교육지구 등 공공성과 복지 확대를 목표로 하는 여러 정책을 치밀하게 분석합니다. 저자는 이러한 정책들이 공교육 정상화의 분기점이었다고 평가하면서도, 동시에 교사와 교육관계자들의 헌신에 의존해 온 구조, 그리고 학력 저하 공세 속에서 제도화가 충분히 이뤄지지 못한 한계 등을 정확하게 짚어 냅니다. 또한 교육 취약계층 지원을 위한 '정의로운 차등' 정책이 교육 불평등 완화에 일정한 성과를 냈음을 소개하며, 교육복지가 단순한 시혜가 아니라 사회정의를 실현하는 과정이라는 본인의 교육철학도 분명히 하고 있습니다.

저자는 35년 동안 치열하게 교육현장에서 살아온 본인의 경험을 토대로 미래교육의 방향을 제시합니다. 학습자 중심 교육관의 확립이 교육 패러다임 전환의 핵심이라고 규정하면서, OECD가 제시한 21세기 핵심역량과 혁신적 학습환경 논의를 근거로 학생의 자주성, 사회성, 창의성을 키우는 교육이 우리 교육의 미래여야 한다고 강변합니다. 또한 기후위기 시대의 생태전환교육, AI·디지털 기반 교육, 지역교육 거버넌스, 교육자치 등 변화된 미래 환경에서 우리 교육이 나아가야 할 방향을 밝혀 줍니다.

이 책은 교사로, 교육운동가로, 교육정책 담당자로 살아온 교육자로서의 삶을 오롯이 담은 보고서일 뿐만 아니라 그 경험의 토대 위에서 우리 교육의 미래를 예리하게 설계하고 있는 등불과도 같은 책입니다. 특히 저자는 교육을 통해 새로운 사회를 만들 수 있다는 확신을 견지하며, 아이들의 권리와 교육의 공공성을 중심에 두어야 한다는 방향성을 분명히 하고 있습니다.

이 책이 학교현장의 교원들은 물론 학생, 학부모 그리고 교육정책 담당자 등 오늘의 교육 위기를 넘어 더 나은 미래교육을 꿈꾸는 모든 이들에게 나침반과 같은 책이 될 것이라고 확신합니다.

연대의 자리에서 만난
교육의 동반자

장은숙(참교육학부모회 전 회장)

참교육학부모회와 전교조는 늘 긴장 속에서 손을 맞잡아 온, 숙명적인 관계였습니다. 입장은 달랐지만 지향은 같았고, 언어는 달라도 목적지는 같았습니다. 참교육학부모회 회장으로서 교육개혁 시민운동의 현장에 서 있었던 시간 동안, 저는 그 사실을 수없이 확인해 왔습니다.

한만중 선생님을 만난 것도 바로 그 연대의 자리였습니다. 전교조 정책실장으로서 교육개혁을 고민하던 선생님과 저는 교육재정 확보, 학교운영지원비 폐지, 사립학교법 개정 등 굵직한 과제들을 두고 함께 논의하고 행동해 왔습니다. 교사와 학부모의 입장이 같을 수는 없었지만, 교육을 공공의 책임으로 지켜야 한다는 원칙 앞에서는 분명한 동반자였습니다. 이 책은 그러한 시간들을 통과해 온 한 교육운동가의 성찰이자 기록입니다.

그러나 지금의 교육 현실을 바라보는 마음은 무겁습니다. 서이초 사건 이후 교권을 둘러싼 논의는 급격히 양극화되었고, 교사와 학부모는 어느새 함께 풀어야 할 주체가 아니라 서로를 경계하는 민원 관계로 밀려났습니다. 교사는 상처받았고, 학부모 역시 억울해졌습니다. 이 책에서 말하는 "억울한 학부모와 아픈 교사"라는 표현은 오늘 교육이 처한 현실을 정확히 짚어 냅니다.

한만중 선생님의 문제의식이 특별한 이유는 갈등의 어느 한쪽에 서지 않기 때문입니다. 이 책은 교권만을 외치지도, 학부모의 요구만을 대변하지도 않습니다. 대신 묻습니다. 왜 교육적 관계가 거래적 관계로 전락했는지, 왜 신뢰는 사라지고 문서와 민원만 남았는지를. 그리고 그 해법을 관계의 회복에서 찾습니다.

저는 이 책이 제기하는 제안에 깊이 공감합니다. 교사와 학부모의 상호 이해와 인식의 격차를 좁히기 위한 정책을 재설계해야 한다는 주장, 학교를 관리의 공간이 아니라 상호 신뢰에 기반한 교육공동체로 복원해야 한다는 문제 제기는 지금 이 시점의 교육정책에서 가장 중요한 과제 중 하나입니다. 이는 선언이 아니라, 현장을 지나온 사람만이 할 수 있는 현실적인 제안입니다.

교육은 교사만으로도, 학부모만으로도 지켜 낼 수 없습니다. 이 책은 그 오래된 진실을 다시 우리 앞에 놓습니다. 갈등을 부추기는 언어가 아니라 관계를 회복하자는 제안서로 이 책을 읽어 주길 바랍니다.

험난한 시절을 함께 건너온 동지로서, 그리고 한 사람의 학부모로서 이 책을 진심으로 추천합니다. 학교가 다시 신뢰의 공간이 되고, 교사와 학부모가 다시 교육의 동반자로 만나는 날을 이 책과 함께 기대합니다.

그의 곁에는 언제나
'사람들'이 있었다

최민선(서울시교육청 전 정책기획관)

책에는 한 사내가 등장한다.

고교평준화 첫해 '뺑뺑이 1기'로 고등학교에 진학해 매주 독서토론회와 야구를 즐기던 고등학생이, 1980년대의 '필수과목'이었던 학생운동의 상흔을 안고 살아온 대학생이, '어정쩡한 학력고사 성적'으로 사범대학을 선택했으나 선후배의 권유로 교육운동에 발을 들인 청년이, 교단에서 아이들과 씨름하면서도 전교조의 '정책통'으로 활동하던 교육운동가가, 마침내 서울 교육의 정책이 현장에 뿌리내리게 하기 위해 교직을 내려놓는 결단을 한 교육행정가가. 그의 삶의 중심에는 언제나 '교육'이 있었다.

그의 곁에는 언제나 '사람들'이 있었다.

말썽 많던 초등학생이던 그에게 저녁을 해 먹이고 공부도 봐주시던 담임선생님, 여름방학 기차여행을 함께 떠났던 첫 담임 반 학생들, 더 나은 수업을 위해 서로의 교실을 열고 공부하던 동료 교사들, 정부 인수위원회에서 고교평준화를 두고 치열하게 토론하던 전문가와 교수들, 아이들을 위한 더 나은 정책을 만들겠다는 마음으로 동분서주하던 교육청 공무원과 학교의 교직원들. 이들과 함께한 시간의 기록은 현장의 변화가 어떻게 제도를 흔들고, 또 제도의 변화가 어떻게 현장에 스며드는지를 보여 준다. 그리고 그 모든 변화는 결국 '사람'으로부터 출발했음을 상기시킨다.

하지만 이 책은 한 개인의 자서전이 아니다.

한국 교육이 지난 수십 년간 지나온 궤적을 한 교육운동가이자 교육행정가의 삶을 통해 입체적으로 비추는 기록이며, 서울 교육 10여 년의 경험을 토대로 우리 교육이 앞으로 어디로 나아가야 하는지를 묻는 성찰의 결과물이다. 저자는 개인적 회고와 정책적 진단, 현장에 대한 애정 어린 관찰을 분리하지 않은 채 하나의 이야기로 엮어 낸다. 그 서사를 따라가다 보면, 교육을 바꾸려는 사유가 어떻게 삶에서 형성되고, 제도로 구현되며, 다시 현장에서 시험받는지가 자연스럽게 드러난다.

책에는 조희연 서울시교육감 체제 아래 지난 10여 년간 추진된 다양한 서울 교육 정책들이 담겨 있다. 혁신교육과 혁신교육지구, 교육 불평등 해소 노력, 생태전환교육, 새로운 학교 모델, 민주주의 교육, 인공지능 교육까지. 같은 시기 서울시교육청에서 함께 정책을 담당해 온 필자 역시 이 책을 읽는 내내 지난 시간들이 필름처럼 스쳐 지나갔다. 저자는 성과를 과장하지도, 한계를 회피하지도 않는다. 정책을 둘러싼 갈등과 제약, 기대와 부족함을 담담하게 드러내며, 그 시선은 언제나 교실과 학교, 학생과 교사, 학부모의 일상에 닿아 있다. 해법을 제시할 때도 현장을 떠나지 않는다.

1995년 '5·31 교육개혁안' 발표 이후 30여 년이 흘렀다. 그 시간 동안 교육은 여전히 '경쟁 신화'를 넘어서지 못했다. 그러나 지방교육자치가 제도화되고, 지역별로 다양한 교육적 실험이 축적되면서 그

단일한 흐름에는 균열이 생기기 시작했다. 서울 교육의 지난 10여 년은 그 갈라진 틈에 공공성과 민주성이라는 가치를 다시 심으려는 시도였다. 공교육 재건을 향한 분투의 기록이었다. 그럼에도 하루아침에 세상이 바뀌는 시대, 우리의 여정은 아직 끝나지 않았다.

정책은 결국 가치의 선택이다.

이 책은 묻는다. 또 다른 내일을 위해 우리는 어떤 교육을 선택해야 하는가. 더 나은 세상을 만들기 위해 교육은 어떤 새로운 사회적 역할을 감당해야 하는가. 이 책을 통해 그 질문을 둘러싼 진지한 대화가 다시 시작되기를 기대한다.

우리 선생님을
양보합니다

김시형(1990년 서울 상도중학교 2학년 4반 35번,
충남교육청 중등교육과 장학사)

선생님을 떠올리면 가장 먼저 떠오르는 이미지가 있습니다. 입을 쭉 내밀고 무슨 얘기를 할까 고민하시는 듯한 표정입니다.

우스갯소리로 북한에 맞서 대한민국을 지키고 있다는 질풍노도의 최정점 중학교 2학년이었던 우리에게, 우리가 사고를 치거나 했을 때 선생님의 그 표정은 처음엔 두려움의 대상이었습니다. 선생님이 그 표정으로 교단 앞에서 침묵을 지키고 계시면, 우리는 정신없이 떠들다가도 어느 순간 조용해졌습니다. 곧 책상에 무릎 꿇고 올라가 걸상을 드는 단체 기합이나, 복도 창가에 줄줄이 다리를 올리고 엎드려뻗쳐서 매타작을 기다리게 되지 않을까 하는 긴장으로요.

걱정과 달리 선생님은 아이들이 조용해지면, 별다른 말씀 없이 원래 하고자 했던 수업이나 조회·종례를 진행하셨습니다. 우리가 친 사고에 대해서는 보통 별말씀을 하지 않으셨지요. 그래서인지 우리는 이내 선생님의 그 표정을 따라 하며 장난치곤 했습니다. 그 표정이 혹독한 기합과 매타작의 신호가 아님을 알게 된 것이지요. 그래도 우리는 사고를 되풀이하거나 하진 않았습니다. 선생님이 행하시는 체벌의 최고치가 코를 꼬집는 것 정도라는 걸 모두가 알고 난 후에도 선을 넘는 아이들은 없었습니다. 지금 생각하면 신기한 일입니

다. 선생님은 사춘기의 절정에 오른 중2 남자아이들 54명을 체벌도 없이, 호통도 없이 어떻게 진정시키셨을까요.

선생님의 글을 읽다가, 불현듯 생각이 나 오래된 책들 틈에 끼어 있던 1990년의 학급 문집과 조별일기를 꺼내어 봤습니다. 지금의 저보다 한참 젊은 20대 후반, 교사 초년의 선생님 모습이 학급 문집과 조별일기의 페이지마다 보였습니다. 수업 중 뇌전증 발작을 일으킨 친구에 대해 평소에 못되게 굴었던 것을 반성하는 일기에, 선생님도 부끄러웠다고 코멘트를 달아 주신 페이지가 마음에 남습니다.

지금은 그때의 선생님 나이인 교사들을 안내하고 지원하는 역할을 맡은 50대 장학사가 되었지만, 여전히 그때 20대 후반 선생님은 제게 '교사의 길을 걷는 좌표'입니다. 55명의 중2 아이들을 나직한 말씀만으로 진정시키고 이끄셨던 것은 선생님의 교육에 대한, 무엇보다 인간에 대한 진정성이 아니었을까 추측합니다.

더 나은 세상, 더 나은 교육을 꿈꾸고 실천해 오신 선생님의 삶과 생각을 읽으며, 아쉽지만 우리 선생님을 모두의 선생님으로 양보할 때가 된 것을 느낍니다. 그 어느 때보다 미래에 대한 방향을 잡기 어려운 지금, 말 그대로 미래를 키우는 곳인 학교는 더욱더 방향을 잡기가 어렵습니다. 아마도 교육계 전반이 그러리라 생각합니다. 아이들을 어떻게 키워야 할지, 무엇을 가르쳐야 할지, 어떤 안내를 해야 할지, 도무지 갈피가 잡히지 않습니다. 지금까지 했던 그대로는 하는 것은 아니라는 게 확실하지만, 어떻게 해야 할지는 정말 모르겠습니다.

교직 첫해에 덜컥 남자 중학교 2학년 천둥벌거숭이들의 담임을 맡게 되셨던 그때 선생님도 그러시지 않았을까 싶습니다. 그래서 더욱 선생님이 필요하다는 생각이 듭니다. 단체 기합 같은 쉬운 방법을 택하지 않으시고, 우리들 54명 한 명 한 명에 대해 지켜보고 기다려 주셨던, 그래서 가장 좋은 길을 찾으셨던 그 모습을, 조금 많이 큰 새로운 2학년 4반에서 펼쳐 주시길 고대합니다.

복합위기 사회,
인공지능시대의 서울 교육

1990년 3월 상도중학교에 국어 교사로 부임한 후 교단에서 26년을 보내고 서울특별시교육청에서 임기제 일반직 공무원으로 7년 남짓을 보냈습니다.

교사로 재직하는 동안에 10년 가까이 전교조에서 전임으로 생활하다 보니 오랫동안 교류하는 제자들도 많지 않습니다.

미국의 교육사회학자 마이클 애플의 『교육은 사회를 바꿀 수 있을까?』는 지난 35년 동안 아니 지금도 여전히 제 인생의 화두입니다. 조희연 교육감의 저서 『병든 사회, 아픈 교육』은 한국 사회의 교육 현실을 적확하게 드러낸 제목입니다. 저는 지금도 더 나은 세상이 더 좋은 교육을 만들고 더 나은 교육을 위한 노력이 더 좋은 세상을 만든다는 믿음을 버리고 싶지 않습니다.

이 책을 준비하고 원고를 쓰면서 교육을 매개로 살아온 삶을 반추하는 의미 있는 시간을 보냈습니다. 저의 선생님들, 교단과 전교조 운동 과정에서 만난 동료와 선후배 교사들, 참교육 학부모회 등 학부모 단체 활동가들, 교육정책을 공부하면서 많은 도움을 받았던 교육학자들… 많은 고민과 논쟁, 더 많은 추억이 새록새록 떠올랐습니다. 그 시간 속에서 만난 소중한 분들의 이름이 그립고 고맙습니다. 그동안 써 온 글들을 정리하면서 참으로 용감하게 겁 없는 주장을 많이 했구나, 싶어서 부끄럽기도 했습니다.

지난 35년의 고민과 노력에도 불구하고 진정한 교육개혁은 여전히 숙제로 남아 있지만, 제 나름대로 최선을 다했으니 후회하지는 않으려 합니다.

이 책에는 제가 경험한 교육정책과 교육행정, 서울 교육의 창을 통해 비춰 본 우리 교육에 관한 내용이 담겨 있습니다. 특히 저의 또 다른 화두인 '복합위기 사회, 본격적인 인공지능시대의 서울 교육'에 초점을 맞추고자 했습니다. 모두를 위한 질 높은 교육Education for All을 실현하기 위한 그동안의 노력이 보편적 교육복지를 통해 일정한 성취를 이루었습니다. 하지만 저출생 고령화, 기후위기의 심화, 교육 불평등과 민주주의의 위기가 교육에서도 대전환을 요구하고 있습니다. 특히 인공지능이 교실 안팎에서 교사, 학생, 학부모의 삶 속에 빠르게 들어와 있습니다. 이러한 시대에 서울 교육은 다시 인간중심교육의 기치로 AI 시대를 주체적으로 살아갈 '지휘 능력'을 형성하는 교육으로 나아가야 합니다.

1부는 고교평준화, 교원정책, 사립학교 정책 등에 대해 직접 부딪혀 본 경험을 바탕으로 쓴 글들입니다. 교육개혁은 결국 교육현장에서 부대끼며 살아온 분들의 아픔과 염원, 희생과 헌신, 용기에 터해 있으며, 그래야 한다는 생각을 담고자 했습니다.

2부는 서울 교육을 프리즘으로 우리 교육의 주요 과제에 대한 진단과 해결 방안을 제시하고자 했습니다. 2010년 6월 주민직선 교육감 선거로 곽노현 교육감이 당선되고 이를 계승한 조희연 교육감과 정근식 교육감 시대를 관통하는 주요 정책들을 조망했습니다. 혁신학교, 혁신교육지구, 친환경 무상급식과 무상교육, 학생인권조례와 교복 입은 시민 프로젝트 등은 서울 교육을 더 나은 방향으로 변화시켜 왔는가에 대해 성찰적으로 평가했습니다. 이를 바탕으로 복합위기 사회, 인공지능시대 서울 교육의 현실과 과제, 해법을 모색하고자 했습니다.

3부는 《경향신문》의 〈교단일기〉, 《여성신문》, 《오늘의 교육》 등에 기고한 글들을 추렸습니다. 10년 전에 실었던 글들이 지금도 여전히 유효함을 느끼면서 새삼 교육현장의 어려움을 확인했습니다.

보편적 교육복지가 일정하게 실현되었지만 사교육을 중심으로 하는 교육 불평등은 더욱 심화하고 있습니다. 유네스코에서는 교육을 공공재를 넘어 사회 구성원들이 함께 만들어 가는 공동재로 재규정하고 있는데, 우리 교육은 소모적이고 비교육적인 경쟁 교육에서 여전히 벗어나지 못하고 있습니다. 교육의 패러다임을 '경쟁에서 협력으로', '차별에서 지원으로', '상품에서 인간으로' 전환하는 새로운 교육체제로의 전환은 한국 교육 모순의 집결지인 서울 교육에서 그 전망을 마련해야 합니다.

교육으로 더 나은 세상을 만들고 더 나은 세상이 더 좋은 교육을 만들어 낸다는 신념으로 지금도 교육현장에서 땀과 눈물로 헌신하고 계신 모든 분과 함께하고 싶습니다.

2026년 새봄을 기다리며

한만중

차례

1부 교육의 광장으로

2부 서울 혁신미래교육의 과제와 제안

1장 서울 교육의 미래를 찾아서

2장 인공지능시대, 교육과 민주주의

3부 교사 한만중의 삶과 생각 ———

1부

교육의 광장으로

1장

교사의 길

숙명처럼 찾아온 교사의 길

교육 가족에서 태어나다

나는 1963년 베이비 붐 시대에 2남 5녀의 장남으로 태어났다. 나의 아버지는 47년간 교직에 종사하셨고, 우리 가족은 교사, 교수 경력이 있는 이가 십여 명이 넘는 교육 가족이다. 한국교총에서 가족들의 교육 경력 합계가 100년이 넘는 회원에게 주는 상을 받기도 하였다.

초등학교 다닐 때 꿈은 축구선수였다. 고등학생이 될 무렵에는 인문대학에 가서 문학을 공부하고 싶었다. 막상 대학입시를 치르고 나서는 어정쩡한 학력고사 성적으로 인해 그리 내키지 않았던 사범대학에 원서를 내게 되었다. 사범대학에 대해 부정적인 생각을 가졌던 것은 성장기에 만난 몇몇 선생님의 영향이 적지 않았다.

중학교 3학년 때 일이었다. 사회 선생님은 대부분의 시간에 자습을 시키는 것도 모자라 학생들 앞에서 《선데이서울》 같은 잡지를 뒤적이기도 하였다. 중간고사, 기말고사 문제를 출제하는 것도 귀찮아서 학생인 나에게 출제를 맡겼다. 내가 만든 시험 문제라서 일부러 100점을 맞지 않으려고 답안지에 오답을 썼던 기억이 지금도 생생하게 남아 있다.

고등학교 시절 인사 청탁을 하러 집에 찾아와서 아버지와 실랑이를 하던 선생님과 어색하게 마주치게 되었다. 교사가 되어 보니 아버지는 교육청의 인사 담당 장학관 같은 보직을 맡았던 듯하다. 이러저러한 이유로 결국 숙명적으로 사범대학에 진학하게 되었다.

막상 교사가 되어 생각해 보니, 내가 교사의 길을 걷는 데 좌표가 되었던 분들을 많이 만났다. 행운이었다.

나는 한화 이글스 문현빈이 야구 선수 생활을 시작한 유천초등학교를 다녔다. 4학년 때 담임선생님은 초임 교사인 여선생님이셨다. 누나들이 많은 집에서 왈패처럼 행동하던 나는 학교에서도 말썽을 피우기 일쑤였다. 여자아이들 고무줄놀이에 훼방을 놓고 딱지치기를 하던 친구를 때려 어머니가 학교에 불려 오시기도 하였다. 선생님은 댁에서 저녁도 해 먹이시고 반 친구들과 같이 공부도 봐주셨다. 어린 나이였지만 그런 정성을 기울이신 선생님을 생각해서 행동거지가 조금은 나아졌던 것 같다.

중학교 2학년 담임선생님은 아버지의 제자분이셨다. 사춘기에 접어들면서 친구들과 몰래 영화관을 다니고 대전 시내 동양백화점 롤러스케이트장을 들락거렸다. 성적은 급전직하하였고 선생님은 결국 회초리를 드셨다. 지금도 눈을 감으면 말없이 손을 내리치시던 선생님의 곤혹스러운 표정이 아른거린다. 중학교 3학년 때 모의고사에서 전교 1등을 하기도 했던 것은 선생님께 죄송스러운 마음도 크게 작용하였다. 물론 나는 체벌 옹호론자는 절대 아니다. 꽃으로도 아이들을 때리지 말아야 한다는 입장이다!

3호 담당제의 굴레 속에서 보낸 대학 생활

1980년대 대학에서 학생운동은 교양이 아닌 필수과목이었다. 대학에 들어가 광주민중항쟁의 잔혹사를 비디오로 접했을 때의 충격, 그런 일을 저지른 자들이 통치하는 사회를 바꾸는 데 무엇이라도 해야 한다는 것이 20대에 접어든 청년들의 공통 과제였다. 이러한 분위기에서 학생운동을 약화시키기 위해 전두환 정권은 온갖 획책을 꾸몄다. 그 바람에 겨우 대학 1학년인 나에게까지 3호 담당제가 적용되고 말았다.

중고등학교 시절에 북한에 5호 담당제가 있다는 교육을 받고 대학에 들어갔더니, 대학의 전공과 교수님과 고등학교 담임선생님, 대전 서구경찰청장님이 나의 담당이 되었다.

작고하신 구인환 교수님은 부친과도 친분이 있는 분이었다. 대학 시절 내내 수업에 빠지기 일쑤인 데다 졸업여행도 가지 못했던 당신의 자녀들이 걸었던 그 길 위에 같이 선 제자에게 그저 건강하라 말씀하시던 모습이 생생하다. 기껏 서울에 있는 대학에 제자를 보냈더니 여름방학, 겨울방학 때마다 만나서 근황을 체크하는 일을 맡으셨던 이정희 선생님은 어떤 심정이셨을까? 전교조 집회마다 울려 퍼지는 "굴종의 삶을 떨쳐 반교육의 벽을 부수고 침묵의 교단을 딛고 서 참교육 외치니"의 가사에 그토록 절감했던 것은 대학 시절 겪었던 3호 담당제의 굴레가 상흔으로 남아 있었기 때문이다.

서이초 사건은 교사와 학생, 학부모의 교육적 관계가 심각하게 왜곡되었다는 것을 분명하게 드러내는 계기가 되었지만 실질적인 해

법은 찾지 못하고 있다. 교사가 아프고 학부모는 억울하고 학생들은 학교와 학원을 오가며 시들어 가는 현실은 평생을 교육운동과 교육 행정에 바쳐 온 삶을 초라하게 만들고 있다. 하지만 지금도 초등학교 시절 처녀 선생님으로 개구쟁이 아이들과 함께 부대끼던 이치우 선생님 같은 헌신적인 교사들이 학교현장을 지키고 있다.

교사가 자긍심을 가지고 보람을 느끼는 것은 결국 아이들과 함께 성장의 과정에서 만나는 것이다. 그 길에서 교사와 학부모가 학생의 전인적 성장을 위한 동반자가 되기 위한 새로운 교육 계약이 마련되어야 한다.

한국교원대 김용 교수 등과 함께 「학교교육 당사자 간 관계의 변화 및 대응에 대한 정책·입법 분석－교원과 학부모 관계를 중심으로」[2023] 연구를 수행하면서 교사와 학부모의 거리를 좁히기 위한 정책적 노력이 절실한 상황임을 인식하게 되었다. 이러한 문제의식은 「지속가능한 교육공동체로 변화를 위한 학부모의 학교 참여 제도화 연구－외국의 학부모 민원 대응 체제 사례와 학교 참여 제도 분석을 중심으로」[2024]로 이어지면서 교사와 학부모의 거래적 관계를 교육적 관계로 복원하기 위한 정책 방안을 마련하고자 노력하고 있다.

교육정책의 존재 이유, 고교평준화

빵빵이 1기의 별천지 고교 생활

나의 고등학교 시절은 되돌아보면 호강에 겨운 시기였다. 대전문화원 산하의 독우회라는 독서 모임에서 매주 독서토론회를 하였다. 독우회 회원들은 대천 원산도에 수련회를 가고 글을 모아서 작은 책자를 만들기도 하였다. 초등학교 동창들과 야구팀을 만들어 대전고 운동장에서 투수 역할을 했던 일도 새록새록 떠오른다.

고등학교 2학년 겨울방학에 서울에 있는 청산학원에 등록하여 영어, 수학 강좌를 들었다. 대학입시 준비를 본격적으로 시작한 것은 고등학교 3학년 때부터였다. 2025년 현재 한국 사회는 4세 고시, 초등의대 준비반을 거쳐 의대에 진학한 후에도 전공을 위한 사교육[1] 등 기상천외한 사교육이 출현하고 있다. 이런 나라에서 나의 고교 생활은 비현실적이고 별천지에 가까운 것이었다. 고등학교 시기를 그렇게 보낼 수 있었던 것은 고교평준화 제도 덕분이었다.

1974년 서울과 부산에서 고등학교 평준화가 적용되기 시작하였

---

1. 「피·안·성 가자, 1,400만 원 '의사 학원' 다니는 의대생들」(《조선일보》, 2025년 8월 18일).

다. 고등학교 평준화는 1975년 대구, 인천, 광주로 확대되었고 1979년에는 도청소재지인 대전, 전주, 마산, 청주, 수원, 춘천, 제주 등으로 확산되었다.

나는 대전에 고교평준화 제도가 도입되던 첫해인 1979년에 고등학교에 들어갔다. 이른바 뺑뺑이 1기이다. 1981년 서울대 입학생 중에 비평준화 지역인 대전고 출신은 166명으로 전주고 178명에 이어 전국 순위 2위였다. 그런데 1982년에 대전 지역에서 서울대에 진학한 200명이 넘는 학생들을 보면 충남고 22명 등 고등학교별로 20명 내외로 골고루 분포하였다. 이른바 용의 꼬리보다 닭의 머리가 되라는 속담을 평준화 제도가 증명한 것이고, 나는 그 산증인이 된 것이다. 대학 동기인 가톨릭대학교 성기선 교수가 「경기도 평준화 효과 분석 연구」에서 이를 실증적으로 증명하는 연구 결과를 내놓았을 때 평준화 정책에 대한 확신은 더욱 강해졌다.

더 나은 교육이 더 많은 대상에게 구현되는 교육으로

2014년 서울시교육감에 출마한 조희연 교육감의 대표 공약은 자사고의 일반고 전환이었다. 이른바 일반고 전성시대이다. 1974년 박정희 정권에서 고교평준화 정책을 처음 시작한 곳이 서울이었다. 공교롭게도 중학교 평준화에 이어 박정희 대통령의 아들 박지만 씨가 고등학교에 들어가는 해에 시작되었다는 말이 회자되기도 했지만 공식적으로 확인되지는 않는다.[2]

그런데 고교평준화 제도가 확산하는 동시에 평준화가 우수한 학

생들의 성장을 막는 획일적인 제도라는 공격 또한 집요하게 이루어
졌다. 특히 박정희 정권을 찬양해 온 보수 언론들이 여기에 앞장서
는 일은 아이러니하였다. 이 과정에서 과학고에 이어 갑종 학교로
출발한 외국어고가 학생 선발권을 갖게 되면서 평준화 이전의 고교
서열 체제가 재구축되기 시작하였다.[2]

이명박 정부에 이어 윤석열 정부에서도 교육부 장관을 역임한 이
주호 한국개발원 교수는 "평준화를 넘어 다양화로"[3]를 내세우면서
전국의 사립고등학교 중에 100개교를 자율형사립고로 만드는 정책
을 추진하였다. 고등학교 중에 사립학교의 비율이 65% 수준이고 오
랜 역사를 가진 사립고가 많은 서울에, 최초로 자율형사립고에 지
정된 49개교 중에 절반 이상인 26개교가 포진하게 된다. 학교선택권
을 보장한다는 정책이 실제로는 성적이 우수한 학생을 선점하는 제
도임은 상위권 학생들의 분포도를 나타내는 아래의 표가 명확하게
보여 준다.

구분	2010년도	2011년도	2012년도	2013년도	2014년도
자사고 평균	22.5%	24.5%	25.2%	25.6%	22.5%
일반고 평균	9.2%	8.4%	8.6%	8.5%	8.7%

부모의 사회 경제적 지위가 높은 아이들이 주로 선택하는 자사고
에 상위권 학생들이 진학하게 되면서 일반고는 수업과 생활지도가

---

2. 「박지만과 평준화」(《시사저널》, 2004년 3월 2일).
3. 『평준화를 넘어 다양화로』는 입시경쟁을 완화하고 교육의 형평성을 보장한다는
평준화 정책에 대해 학교를 획일화시키는 정책으로 비판하고 고교 교육과정에
다양한 학교 모델을 만들어 학생에게 선택하게 하자는 논리를 담은 책의 제목
이다.

어려워지는 등 이른바 일반고 슬럼화 현상이 나타나게 된다. 이것은 학업성취도 저하와 낮은 대학 진학률을 초래하고 만다. 2014년 전국 174개 4년제 일반대학 신입생 중 일반고 출신 비율은 78%로 2013년도보다 1.4%P 줄고 자율고 출신 비율은 9.2%로 1.7%P 늘어났다.[4] 결국 서울의 고교평준화 체제는 사실상 와해되었고, 박근혜 정부 시기에 서울시교육청은 일반고 살리기를 위한 정책을 마련하게 된다.

민주 진보 진영의 교육감으로 출마한 조희연 교육감은 자사고 등등 특권 학교를 일반고로 전환하는 것을 주요 공약으로 내세웠다. 문재인 정부에서 초기에 시행령 개정에 의한 일반고 전환을 추진하지 않고 평가에 의한 재지정 방식을 택하면서 탈락한 학교들과 법정 소송을 벌이게 되었다. 이 과정에서 조희연 교육감은 본인의 모교인 중앙고에서 제명한다는 압박을 받기도 하였다. 문재인 정부가 뒤늦게 정권 말이 되어서 2025년에 자사고를 일반고로 전환하는 시행령을 통과시켰지만, 윤석열 정부에서 똑같은 방식에 의한 시행령 개정으로 백지화되었다.

교육정책의 변화는 정책의 대상이 되는 교육 당사자들에게 지대한 영향을 미친다. 특히 영유아부터 고등학교 시기까지 어떤 교육제도 속에서 생활하느냐가 인생을 좌우할 수도 있다.

뺑뺑이 1기로 평준화 정책의 수혜를 흠뻑 받았던 행복한 고교 시절의 경험은 내가 교육정책을 담당하는 역할을 맡게 되면서 중요한 판단 기준이 되기도 하였다.

---

4. 일반고 전성시대 기본 계획(서울시교육청, 2014).

2025년 한국 사회는 4세 고시, 사립초등학교 입학, 초등의대반, 국제중, 자사고 등 특목고 트랙을 만들기 위해 영혼을 갈아 넣는 일부 특권층 학부모, 그리고 특권 교육의 트랙에 오를 엄두조차 못 내는 다수의 학부모와 학생의 사회로 고착화되고 있다.[5]

조희연 교육감이 숙명적으로 자사고의 일반고 전환을 위한 정책을 추진하여, 2026년에 서울 지역에 집중적으로 포진하고 있는 자사고 중에 대광고가 일반고로 전환하게 된다. 나는 교육감 비서실장으로서 미림여고와 우신고에 이어 대성고가 일반고로 전환하는 과정에서 재단 측 인사와 만나서 긴밀한 협의를 하기도 하였다.

고교서열 체제는 연간 통계상으로 29조 원의 사교육비를 만들어 내는 중요한 요인이다. 그리고 자사고는 고교서열 체제의 한 축으로 여전히 강고하게 자리 잡고 있다. 논란이 많은 고교학점제가 수평적 고교체제를 전제로 한 정책임에도 이재명 정부의 국정 과제에서는 자사고, 특목고의 일반고 전환은 아예 언급조차 되지 않고 있다.

교육정책은 더 나은 교육이 더 많은 대상에게 구현되는 것이 기본 원리가 되어야 한다. 평준화 정책의 변동 과정은 이러한 공교육의 기본 원리가 지켜지지 않으면 각자도생의 교육 경쟁이 심화되고 공교육과 사교육의 병존 구조가 공고화될 수밖에 없음을 드러낸다.

---

5. 이와 관련하여 『위선자가 되지 않는 법』을 쓴 아담 스위프트는 영국에서 선별 학교는 '공부 잘하는' 아이들과 부유한 학부모들을 소수의 학교에 집중시킴으로써 다른 아이들의 교육적 기회를 불공평하게 약화시키고, 시민적 연대를 교란함으로써 사회에 악영향을 미친다는 논지를 펴고 있다.

전교조 운동의 한가운데로

교원학습공동체의 시작을 함께하며

내가 만난 전국교직원노동조합

1990년 3월 서울 동작구 상도동에 있는 상도중학교에 발령을 받았다. 당시에 교사가 될 것이라는 생각은 그다지 강하지 않았다. 학생운동 경력으로 임용 보류 처분을 받았던 처지였고, 노동현장에 투신하여 노동조합을 결성하는 일을 해야 한다는 사명감에 선후배들과 활동을 하던 상황이었다.

1989년 5월 28일 결성된 전교조. 노태우 정권은 1,500여 명의 교사를 교단에서 쫓아내는 폭거를 저질렀다. 당시에는 국립 사범대학을 나오면 일정 기간의 의무복무 기한이 있었다. 대량 해직의 탓인지 임용 보류자 신분에서 벗어나 의무복무 차원에서 발령을 받게 되었다. 현대사의 역정을 겪으면서 평생 교직과 공직 생활을 하셨던 아버지가 불안정한 생활에서 벗어나 세파를 견뎌 낼 공무원 생활을 할 것을 강력히 권하신 것도 교사가 되는 데 큰 영향을 미쳤다.

전교조가 정부에 의해 불법 노조로 규정되고 조합 활동이 위축된 상황에서 선후배들도 전교조 운동의 중요성을 강조하면서 함께 일할 것을 권유하였다. 결국 1년 동안 교사 생활을 하리라는 계획은 수정되었다. 2016년 9월 서울시교육청에 조희연 교육감의 정책 보좌관으로 자리를 옮길 때까지 교사로 전교조 활동가의 길을 걸어왔다.[6]

발령 첫해, 학기 중반에 병가에 들어가신 선생님 대신으로 맡았던 첫 담임 반 학생들도 어느덧 오십 줄에 접어들었다. 여름방학 때 강원도 양양해수욕장에서 야영을 하기 위해 기차 여행을 하고 강원도에서 교사 생활을 하였던 매형 덕택에 푸짐하게 오징어회를 먹었던 추억이 새록새록 떠오른다.

공식적인 조합원은 없었지만 상도중학교에는 해직교사 윤○○ 선생님을 비롯하여 10명 정도의 분회원과 10여 명의 후원회원이 있었다. 지금은 교무부장, 연구부장 등 부장 선생님을 맡을 분이 없는 것이 교장, 교감 선생님의 가장 어려운 일 중 하나이다. 하지만 당시에는 승진을 위한 경력 관리, 가산점을 받기 위한 필수 보직이었다. 승진에 목을 맨 이분들을 위한 인사를 하다 보니 대다수의 다른 교사들이 비합리적인 배정을 받게 되고 형식적인 시범학교 운영에 무리하게 교사들을 동원하는 일이 비일비재하였다.

1991년 업무분장과 담임 배정을 앞두고 교사들의 불만이 고조되었다. 교직원회의에서 지난 4년 동안의 업무분장과 담임 배정의 문제점을 통계를 바탕으로 조목조목 지적하여 관리자들의 항복(?)을 받았다.

---

6. 전교조 결성 과정부터 이념 공세를 펴던 세력들은 지속적으로 "전교조 고립화" 전략을 구사하였다. 2008년 서울에서 최초로 주민직선으로 교육감 선거가 실시될 때 공정택 후보는 "전교조에 서울 교육을 맡기겠습니까"라는 플래카드를 건 적도 있다. 하지만 혁신학교, 친환경 무상급식, 학생인권조례 등 혁신 교육의 주요 정책들은 전교조 운동을 바탕으로 우리 교육의 새로운 지평을 열어 왔다.

발령 첫해 상도중학교에서 부부 교사가 되었다. 그러자 관리자들이 일방적으로 다른 학교로 가도록 동작교육지원청에 전보 요청을 하였다. 선생님들의 집단 서명을 받아 이를 철회시키고, 1994년 3월 2일부로 관악중학교에 정기 전보를 통해 부임하게 되었다.

교원학습공동체의 시작

전교조 분회 활동은 지금의 교원학습공동체와 닮았다. 선생들이 모이면 결국 공장(학교) 이야기를 하게 되고 주로 말썽꾸러기 아이들과 고군분투하는 어려움을 나누는 일이 주를 이루었다. 이러한 문제를 해결하기 위해 교사와 학생 간에 상호 이해와 신뢰 관계를 쌓는 데 도움이 되는 화법과 심리학 공부를 하였다. 때로는 주변 학교에서 좋은 모범을 보인 선생님이나 전문가를 초빙하는 모임을 만들었다.

세 번째 학교인 남서울중학교 분회에서는 조합원, 비조합원이 직접 강사가 되어 전문성이 있는 분야에서 필요한 내용을 발제하고 함께 토론하는 모임을 개최하였다. 이러한 활동은 이후 혁신학교에서 교원학습공동체로 체계화되었다. 교원학습공동체는 학교 안의 모임과 학교 밖에서의 네트워크를 만들어 운영되고 있다. 세계적인 차원에서도 교사의 전문성을 함양하고 학교 공동체의 축을 이루는 모임으로 전문적 학습네트워크가 주목받고 있다.[7]

교원학습공동체가 제도화되었지만 실제 운영에서는 형식화되고 있다는 우려가 제기되고 있다. 교사들이 전문성을 기르고 실제 활용할 수 있도록 건실하게 교원학습공동체가 운영될 수 있는 시간과 공간이 충분히 마련되지 않은 것이 주요한 요인으로 지적된다.

〈슬기로운 의사생활〉 등 의학 드라마에는 의사들이 새로운 임상 결과를 공유하고 질의응답과 토론을 하는 장면이 자주 나온다. 시대의 변화와 사회적 요구 등으로 인해 교사들은 끊임없이 연구하고 새로운 이론을 체화해야 하는 전문가 집단이 되었다. 교원학습공동체가 그 역할을 할 수 있도록 적극적으로 지원하는 것이 교원의 전문성 함양과 교권 보호 대책 차원에서도 중요한 과제가 되어야 할 것이다.

---

7. 전문적 학습네트워크는 "학교 또는 더 광범위한 학교 시스템 차원에서 교수-학습을 혁신시키기 위해 자신들의 일상적인 실천 공동체의 범위 밖에 있는 사람들과 협력적으로 학습 활동에 참여하는 집단"으로 정의 내릴 수 있다(살림터, 2023).

노무현 정부 인수위원회에서
시작된 인연

2002년 대통령 선거 즈음하여

전교조 활동을 하면서 교육부, 교육혁신위원회, 시도교육감협의회, 한국교육개발원 등 교육 관련 행정 기관 및 연구 기관과 다양한 일을 하게 되었다.

노무현 정부의 인수위원회 교육분과에서 역할을 맡았던 것도 그 연장선에서 이루어진 것이었다. 2002년 대통령 선거 과정에서 민주당 노무현 대통령 후보 선거 캠프로부터 교육 공약에 대한 전교조의 입장을 듣고 싶다는 연락을 받았다. 2007년 작고하신 당시 전교조 부위원장 김현준 선배님은 인수위원회 과정에서도 전교조 등 교육시민단체의 입장을 매개하는 역할을 하셨다.

당시 영등포 농수산물센터에 있었던 선거 사무실에 김용일 한국해양대학교 교수와 함께 방문하였다. 노무현 대통령 후보와 '평준화 정책을 어떻게 할 것인가?'라는 의제로 토론을 하였다. 김대중 정부에서 자립형사립고를 도입하면서 일부 사립학교와 구 공립학교 출신들을 중심으로 평준화를 보완해야 한다는 주장이 세를 얻고 있었다. 이러한 흐름을 반영하여 공약에 평준화 보완론을 넣어야 한다는 공약 초안에 대한 검토와 토론이 이루어졌다.

연세대학교 대강당에서 '서울대 폐지' 주장을 폈던 노무현 후보는 심정적으로 평준화 제도를 유지해야 한다는 입장을 가진 듯했다. 회의 중에 담배 한 대를 달라고 하던 그 곤혹스러운 표정이 생생한 기억으로 남아 있다.

노무현 대통령은 당선 이후에 서울대학교를 대학원 중심 대학으로 만들고 수학능력시험을 9등급에서 5등급으로 바꾸는 방안을 추진하고자 했다. 그런데 평준화를 유지하는 공약을 내세웠지만 참여정부에서 고교평준화와 관련한 정책은 오락가락하였다. 특목고와 자율형사립고 비율을 전체 고교 중에 20% 정도로 확대하는 정책을 추진하여 교육시민사회단체의 강한 반발을 사기도 했다. 정권 말 무렵인 2007년 10월에는 〈고등학교 운영 개선 및 체제 개편 방안〉을 발표하여 특목고를 폐지하겠다고 했지만, 임기 말에 반발을 이겨 낼 수는 없었다.

인수위원회에서는 박부권 교수가 교육 부문 인수위원을 맡았는데 이에 대해 교육시민사회단체는 강력하게 반발하였다. 이러한 흐름을 반영하여 본래 예정되었던 인사 대신에 김용일 교수가 전문위원 역할을 맡고 상임 자문위원으로 「교육 문화 강국 TF 보고서」를 작성하였다. 김영삼 정부에서 추진한 5·31 교육개혁안을 바탕으로 하는 시장주의 교육정책을 김대중 정부에서도 사실상 계승했다는 것을 지적하면서 정책 기조를 재정립해야 한다는 기조를 담고자 했다. 교사회·학생회·학부모회 법제화, 교원 양성과 임용의 비율 적정화, 교육혁신위원회 구성과 교육부 개편 등의 주요 의제를 담았지만, 실제 추진되지는 못했다.

인수위원회 과정에서 김병준 지역균형특별위원장은 교육자치와 일반자치를 통합해야 한다는 신념이 강하였다. 교육분과 인수위원들은 여기에 동의하기 어려웠고 강력하게 반발하였다.[8] 그러한 과정의 결과인지 참여정부 초기에 대통령 비서실 직제에는 교육문화수석실은커녕 교육비서관조차 배치되지 않았다.

참여정부 교육혁신위원회 일을 맡다

인수위원회 활동을 끝내고 남서울중학교에 복귀하였던 2023년 4월경에 청와대에서 연락을 받고 특수업무 지원을 위한 파견교사가 되었다. 대통령 공약이었던 교육혁신위원회 구성이 주요 임무였다.

2002년 대선 시기에 교육계에서는 교육부 폐지론이 비등하였다. 김대중 정부에서 추진한 정년 단축과 중등 교원 초등 임용 정책 등 정책 난맥상이 드러난 결과였다. 즉 백년지대계인 교육정책을 체계적으로 수립하는 기구가 필요하고 유·초·중등 교육은 시도 교육청이, 대학 교육은 대학위원회가 맡도록 해야 한다는 것이 주장의 골자였다.

교육혁신위원회가 중장기 교육정책을 입안하는 기구의 역할을 할 수 있도록 하는 법적 근거와 노무현 정부의 중장기 교육정책을 마련하는 일이 교육혁신위원회 TF의 과제였다. 관련한 시행령과 기본계획서를 마련하고 나서, 노무현 대통령이 초대 교육부 장관으로 염

---

8. 「개혁 거리 먼 인물이 인수위원이라니 노무현 정부, 교육개혁 단추 잘못 꿰나」 (《오마이뉴스》, 2003년 1월 22일).

두에 두었던 전성은 전 거창고 교장이 교육혁신위원회 위원장으로 내정되었다.

교육혁신위원회의 역할과 추진 전략, 인선 배치 등에서 이견을 확인하고 다시 남서울중학교로 복귀했다.

참여정부 5년 동안 교육부와 교육혁신위원회가 상호 보완적인 역할을 하기보다는 교육부 중심으로 교육정책을 입안하고 집행하는 체계가 유지되었다. 하지만 교육혁신위원회를 만들어야 한다는 취지는 문재인 정부에서 국가교육회의가 만들어지는 것으로 이어졌고, 정권 말기에 국가교육위원회 설립을 위한 법률이 국회를 통과했다. 그러나 윤석열 정부에서 교육부의 주요 정책을 통과시키는 절차상의 기구로 활용되고 이배용 위원장의 매관매직 파문으로 반교육적 부패 기관으로 전락했다며 국가교육위원회 위원 6명이 사퇴를 선언하는 일이 벌어졌다. 교육부 폐지론의 산물인 국가교육위원회가 출범 3년 만에 그 무용론이 다시 대두된 것이다.[9]

이재명 정부에 들어와 차정인 2대 위원장이 취임하면서 정상화를 넘어 본격적인 궤도에 오르기 위한 활동을 시작하였다.

경기도 마석 모란공원에는 한국 사회의 오늘을 위해 평생을 바친 고귀한 영혼들이 어우러져 있다. 김현준 선생님은 2007년 10월 향년 56세의 아까운 나이로 영면하여 이곳에 잠들어 있다. 김현준 선배는 교육정책에 관한 역할을 제대로 하려면 대학원 공부가 필요하다고 나에게 여러 번 권유하였다. 본인이 전교조 법외 시기에 영국에 유학 가서 교원노조 등에 관한 연구를 하는 모범을 보이셨지만,

---

9. 「[설왕설래] 국가교육위원회 무용론」(『세계일보』, 2025년 9월 4일).

당시에는 바쁜 일정에 귀에 들어오지 않았다.

노무현 대통령을 대선 과정에서 만나고 역량도 되지 않는 인수위원회 활동, 교육혁신위원회 TF 활동을 하는 과정 도처에 김현준 선배의 흔적과 가르침이 있었다. 또한 조희연 교육감의 정책보좌관으로 활동할 수 있었던 바탕에는 전교조 활동 과정에서 자양분을 쌓게 해 준 많은 이들의 도움이 있었다.

2장

서울 교육과 만나다

또 다른 교육운동의 길 위에서
전교조 정책통, 교육청 정책보좌관과 정책안전기획관으로 일하다

공교육이 신뢰를 회복하는 시기,
학교를 떠나 전교조로

전교조에서는 대부분 정책실과 참교육연구소 활동을 하였다. 이른바 정책통이다. 전교조가 추구하는 목표가 운동을 통해 실현되기 위해서는 교육정책의 환경을 살펴보고 자체 역량을 타산하고 좋은 전략을 마련하는 것이 필수적이다. 정부의 교육정책과 교사들이 현장에서 겪는 어려움의 요인을 분석하고 대안을 마련하여 제안하는 일이 주요 업무였다.

2016년 8월 31일 자로 교사를 그만두고 9월 1일부터 서울시교육청에서 정책보좌관으로 일하게 되었다. 교사로서의 안정된(?) 삶에서 언제든지 교육감과 임기를 같이해야 하는 임기제 공무원으로 전직을 한 이유는 무엇이었을까? 당시 『한겨레』 신문은 이렇게 보도하였다.

"교복 입은 시민 프로젝트, 토론이 있는 수업 등 서울시
교육청의 지난 2년 정책들이 학교현장에서 뿌리내리게 하

는 역할을 하고 싶다."

한만중(53) 전 전교조 부위원장이 서울시교육청의 일반 임기제 공무원인 5급 정책보좌관에 신규 임용됐다. 9월 1일부터 2년간의 임기를 시작하는 한 씨는 『한겨레』와의 통화에서 "10여 년 전 '교실 붕괴론'이 나왔던 때에 비하면 지금은 공교육이 신뢰를 회복하는 시기라고 본다. 혁신학교, 혁신지구 등을 통해 공교육에 대한 기대치가 최근 더 높아졌다. 학교가 제 역할을 수행하는 데 교육청이 보탬이 되도록 하겠다"며 정책보좌관으로 일을 시작하는 포부를 밝혔다.

그는 이어 "현장 교사, 교원단체 경험, 정부 관련 기구 등에서 일한 경험을 교육청 업무에 접목해 개혁적이면서 신뢰를 주는 정책을 만들도록 하겠다"고 밝혔다.

한 씨는 서울대 국어교육과를 졸업하고, 1990년 서울 동작구 상도중을 시작으로 관악중, 남서울중 등 학교현장에서 학생들을 만났다. 이후 대통령직 인수위원회 자문위원(2002), 전교조 대변인(2005), 전교조 정책실장(2007)을 거쳐 2010~2011년 사이 전교조 부위원장을 맡았다. 일반고 전성시대 티에프팀(2015, 서울시교육청), 전국시도교육감협의회 정책연구위원(2015) 등으로 일하면서 교육정책도 두루 다뤘다.

서울 교육의 변화와 발전이 중요하다는 의지를 품고

정책보좌관 제안을 받고서 조희연 교육감을 처음 만났을 때, 교육개혁을 함께 만들어 가는 동반자가 되고 싶다는 이야기를 하였다. 서울시교육청에서 일하고자 한 데에는 우리 교육의 향배에 영향을 미치는 서울 교육의 변화와 발전이 중요하다는 나름의 의지가 작동하였다. 교육행정을 담당하는 임기제 공무원으로 보낸 기간의 성적표는 몇 점을 매길 수 있을 것인가? 일 년 365일 중에 며칠을 빼고는 온전히 시간을 바치는 생활을 한 것은 분명한 일이다.

교사에서 임기제 일반직 공무원 신분으로 전직한 만큼이나 교육정책에 관한 일들도 성격이 바뀌게 된다. 교육운동과 교육행정 모두 아이들을 위한 더 나은 교육을 목적으로 해야 한다고 생각한다. 교사로 생활해 온 26년 6개월의 삶과 서울시교육청에서 조희연 교육감 정책보좌관과 비서실장, 정책안전기획관으로 살아온 7년여 동안 하는 역할은 달라졌어도 하고자 하는 목표는 같았다. 지금 이곳에서 "더 나은 세상과 더 나은 교육"을 위해 최선을 다하자는 것이었다.

교육운동과 교육행정이 목적은 같다고 생각하지만 교육청 사람이 되면서 이른바 포지션이 다른 일을 하게 되었다. 예컨대 전교조 정책실장에서 교육감 비서실장으로의 전직은 교원 노사관계에서 노동자에서 사용자로의 역할 전환이 이루어진 것이다. 하지만 노동조합의 경력은 이 과정에서도 나름대로 장점을 발휘하게 된다. 교육청의 정책에 대한 비판을 넘어 집단 농성이 이루어지는 일들을 해결하는 데 전교조 출신 비서실장이 적지 않은 역할을 하기도 하였다. 역지

사지易地思之의 입장에서 서로의 요구를 이해하고 차이를 좁힐 수 있기 때문이다.[10]

교육행정Education Administration은 교육 목표를 효과적으로 달성하기 위해 인적·물적 자원을 체계적으로 조직하고 관리하는 활동이다. 넓은 의미에서는 교육정책의 수립부터 집행 평가에 이르는 모든 과정을 포함한다. 한마디로 교육행정은 교육활동이 원활히 이루어지도록 지원하는 것이라 할 수 있다.

그런데 교육현장에 도움이 되는 정책이 있는 반면에 오히려 강한 반발로 좌초되는 정책도 있다. 정책학 개론서에 필수적으로 수록되는 이론 중에 쿰스F. Coombs의 정책 불순응 이론이 있다. 여기에서는 어떤 정책이 목표를 달성하지 못하고 갈등을 일으키게 되는 요인을 다섯 가지로 나누어서 설명한다.

첫째, 의사소통 관련 불순응은 정책의 내용이 정책 집행의 참여자 개개인에게 명료하게 전달되지 못했기 때문에 발생한다.

둘째, 자원 관련 불순응은 정책 대상 집단이 순응에 필요한 자금, 능력, 시간 또는 에너지 등 자원이 부족하여 발생하는 경우이다.

셋째, 정책 관련 불순응은 정책 대상 집단이 정책을 따르게 됨으로써 받게 될 불이익 때문에 생기는 것으로 가치

---

10. 이른바 어쩌다 공무원(어공)이 된 사람의 이러한 생각은 일반화되기 어려울 것이다. 주민직선제 등으로 임기제 공무원이 지속적으로 채용되는 상황에서 이에 대한 심층적인 연구는 행정 영역에서 시사점을 얻을 수 있다고 생각한다.

관이나 이해관계로 인하여 정책의 목표를 반대하는 목표 불순응과 정책의 효과에 대한 신념을 가지지 못할 때 발생하는 신념 불순응으로 나뉜다.

넷째, 행위 관련 불순응은 정책이 요구하는 행위가 정책 대상자들에게 혐오감을 주거나 기존 가치관에 위배되는 경우에 주로 발생한다.

다섯째, 권위 관련 불순응은 정책을 결정하고 집행하는 주체가 비합법적으로 힘을 행사하거나 정책으로부터 부당한 이익을 취하려고 할 때 발생하는 경우이다.

어떤 정책이 추진하는 목적을 달성하지 못하고 갈등만 일으키다가 파산하는 경우나, 현장에 안착하지 못하는 경우는 대부분 위의 다섯 가지 요인 중에 두세 개를 포함하고 있다. 정책에도 생로병사가 있다. 현장에서 호응을 얻는 정책은 활기를 얻어 확산하고, 위의 불순응 이론의 범주에 들 경우에는 퇴출되고 만다.

광주시교육청에서 처음 추진하였던 "희망교실"은 서울에서도 현장의 적극적인 호응을 얻어 지금도 교육복지 정책의 주요한 방안으로 자리 잡고 있다. 교육복지 정책이 미흡한 시기에 교사들이 자신의 월급으로 가정 형편이 어려운 아이들과 영화나 연극을 보고 짜장면을 함께 먹는 실천을 하였다. 광주교육청에서 이러한 활동을 교육청 차원에서 정책으로 추진한 것이 희망교실이다. 이러한 활동을 하면서 교사들이 영수증을 처리하는 등의 고충을 해결하기 위해 개산급을 도입하여 연말에 일괄로 처리하게 하면서 많은 교사가 동참한 사업이 되었다.

실패 사례로는, 윤석열 정부에서 이주호 장관이 추진하였던 AI 디지털 교과서 정책이 결국 교육현장의 혼란을 가져오면서 실패했던 것이 대표적인 사례 중 하나가 될 것이다. 교육청을 비롯한 교육행정 당국의 관계자들이 자신들이 추진하는 정책을 성찰하고 보완하는 데 이러한 교육정책학은 좋은 교본이 될 것이다.

정책 경쟁의 시대에 함께하다

교육감 직선제 도입과 함께 교육감의 교육 공약 추진, 교육 관련 이해관계자와 교육시민단체, 노조, 직능단체 등의 요구와 민원 등이 정책 결정의 주요한 요인으로 작용하게 되었다. 교원노조, 공무직노조 등과의 단체협약과 교육감 선거 시기에 교육시민사회단체와 맺은 정책 협약의 상당 부분이 공약 추진 대상이 되는 것이다.

교육감이 중앙정부의 주요 정책을 상명하달식으로 내리고 관리하는 "관리 행정"의 책임자에서 유권자의 요구를 수렴하여 정책을 계발하는 "공약 행정", "정책 행정"의 책임자로 바뀌어야 하는 시대가 온 것이다.

또한 중앙과 지방, 교육감과 시도지사 간의 정치-행정 권력의 불일치mismatch 상황이 구조적으로 발생하게 되었다. 이에 특별히 중앙과 지방, 즉 교육부와 시도 교육청 간의 정책 경쟁이 활발해지는 "정책 경쟁의 시대"김용일·임재훈, 2012를 맞이하게 되었고, 교육청 간의 정책 경쟁과 정책 모방 현상도 강화되고 있다.

되돌아보면 교육운동을 하면서 쌓아 온 교육정책에 대한 분석과 대안 마련의 경험, 교사와 교육시민사회의 요구를 수렴하여 교육 당국과 교섭과 정책 협의를 통해 관철해 왔던 경험들은 국민의 세금으로 더 나은 교육을 위한 행정을 펴야 하는 교육청에서 역할을 하는 데 밑자락이 된 것 같다.

정책안전기획관 시절에는 코로나19 시기에 고등학생을 정책 대상의 우선순위에 두던 교육부의 정책 기조와는 다르게, 유치원과 초등학교 저학년에게 집중하자고 주장한 적이 있다. 발달 단계를 고려하면 사회화 초기 단계에 더 많은 관심과 예산 지원을 하는 것이 당연한 일이 아닌가!

코로나 2년 차를 맞이하는 2021년 주요 업무 계획을 마련하는 주관 부서장으로서 코로나가 지속될 경우와 종식될 경우의 두 가지 버전을 마련하자고 제안하기도 하였다. 한국교육개발원과 17개 시도 교육청이 공동 출연하여 만든 '교육정책네트워크' 등에서 소개한 해외의 교육 동향을 참고하고 부서에서도 활용하도록 하였다.

이처럼 전교조와 교육시민사회 경력이 있는 정책안전기획관이 아니었다면 기존 교육청의 문법과는 다른 정책 추진이 이루어지기는 어려웠을 것이다.

2022년 2월에 교육청을 나와서 '행동하는 교육광장', '비상시국 교육원탁회의', '교육대개혁 국민운동본부' 등의 활동에 다시 참여하였다. 앞으로도 교육청에서 일한 기간의 행정 경험을 더한 교육운동의 길에서, 민과 관이 서로 존중과 협력을 통한 진정한 교육 거버넌스를 구현하기 위해 노력할 것이다.

서울시교육청 코로나19 타임라인

코로나19 그 고통스러운 시간 속에서 학교는?

『조금 더 새롭게+다 같이: 2014-2024 서울교육백서』말미에 서울시교육청 코로나19 타임라인이 실려 있다. 이는 2020년 2월부터 2023년 4월까지의 코로나19 시기 기록이다.

코로나19 확산 예방 1차 국지적 휴업 명령, 독서 기반 재택 활동 프로그램 '집콕 독서' 지원, 학교 방역물품 선제적 지원, 유치원 원격수업 운영 지원, 저소득층 인터넷 통신비 확대 지원, 랜선으로 만나는 '고전 인문 아카데미' 2020, 서울 학생 온라인 스포츠 한마당, 초등 우리 집 배움터 플러스 운영 지원, 한시적 정원 외 기간제 교사 운영, 코로나19 취약 시기 아동학대 예방 캠페인 등의 활동.

코로나19는 그 고통스러운 시간 속에서 교육의 근원과 목표에 대해서 화두를 던졌다. 이는 포스트코로나 시대의 교육에 대한 진지한 논의가 이루어지는 기회가 되기도 하였다. 법령과 예산 한계 등의 이유로 이루어지지 않았던 온갖 정책과 지침을 바꾸어 놓았다. 학교폭력 조사 전반기 미실시, 중간고사 미실시 등이 코로나19가 아니었으면 이루어졌을까! 공부 시간은 길지만 성취도가 낮고 방역조차도 이겨 내는 입시 경쟁 교육에 대한 진지한 성찰도 이루어졌다. 온라인 학습은 시범 운영 수준에서 이루어지다가 코로나19로 인하여 전면화되었고 디지털 강국이라는 한국에서 세계 최초의 인공지능 디지털 교과서AIDT 도입을 서둘러 추진하는 배경이 되었다. 온라인 수업은 콘텐츠를 활용할 수 있는 많은 장점에도 불구하고 학생의 수업 관심과 몰입도 저하, 인성교육 및 생활지도 등에 어려움을 느낀 것으로 나타났다. 당시의 언론 기사는 온라인 교육의 장단점과 해결해야 할 과제를 이렇게 짚었다.

전남 지역 교원과 학부모, 학생 등 4,537명이 참여한 설문조사에서 교원들은 원격수업의 장점(복수응답)으로 ▲다양한 디지털 콘텐츠 활용과 공유(80.1%), ▲수업 녹화로 반복 학습 가능(41.3%) 등을 꼽았다.

반면, 원격수업의 단점으로는 ▲학생의 수업 관심 및 몰입도 저하(36.0%), ▲인성교육 및 생활지도의 한계(27.3%), ▲학습 피드백 등 개별화 교육 한계(18.1%) 등을 지적했다. 교원들은 특히, 향후 원격수업 확대 시 학습 결손 및 교육 격차 심화(65.9%)를 가장 크게 우려하고 있으며, 원격수업의 현장 안착을 위해서는 과감하고 유연한 교육과정 편성·운영(59.2%), 합리적 평가 지침 마련(44.8%)이 필요하다고 응답했다.

이와 함께, 학생들은 온라인 수업 기간 중 가장 어려웠던 점으로 ▲외부 유혹을 이기고 학습에 몰입하기, ▲선생님과 상호작용, ▲수업 내용의 이해 등을 꼽았다.

또한 학부모들은 가정에서 원격수업의 문제점으로 ▲접속 지연, ▲컴퓨터 등 장비 활용 어려움 등을 들었으며, 향후 태블릿PC 등 수업 기기 확충이 필요하다고 응답했다.

도교육청은 이를 바탕으로 ▲온·오프라인 병행을 비롯한 교육과정의 탄력적 운영, ▲원격수업 정착을 위한 법과 제도 정비, ▲수업친화형 온라인 플랫폼 구축, ▲원격수업 콘텐츠의 질 제고, ▲원격수업전담팀 운영 등의 에듀테크 관련 정책과제를 제시했다. 특히, "학교는 원격수업에서 할 수 없는 면대면 관계 중심 생활교육을 강화하고, 학생 상호 간, 교사·학생 간 협력적 배움의 문화를 확산함으로써 학교만이 할 수 있는 영역과 지평을 넓혀 가야 할 것"임을 강조했다.

_《도민일보》, 2020년 6월 28일, 조승원 기자

코로나19 이후 미래교육에서 강조되어야 할 것은 무엇인가?

당시에 인천시교육청이 실시한 코로나 이후 미래 학교에서 이루어져야 할 것에 대한 설문조사는 지금 시점에도 유효한 질문을 던지고 있다.

설문 내용

교원 1	코로나19로 겪은 어려운 점을 해결하기 위해 어떤 도움이 필요합니까?
교원 2	코로나19 이후 미래 학교에서 학생들은 무엇을 배워야 한다고 생각합니까?
교원 3	코로나19 이후 미래교육에서 학생들에게 필요한 역량은 무엇이라고 생각합니까?
교원 4	그 외에 더 필요한 역량이 있다면 적어 주세요.
교원 5	코로나19 이후 미래교육에서 강조되어야 할 것은 무엇이라고 생각합니까?
교원 6	코로나19를 겪으면서 향후 인천 교육이 변화해야 할 것은 무엇이며, 어떻게 변화해야 하는지를 자유롭게 적어 주세요.

학부모 1	코로나19로 겪은 자녀 교육의 어려움을 해결하기 위해 어떤 도움이 필요합니까?
학부모 2	코로나19 이후 미래 학교에서 학생들이 무엇을 배워야 한다고 생각합니까?
학부모 3	코로나19 이후 미래교육에서 학생들에게 필요한 역량은 무엇이라고 생각합니까?
학부모 4	그 외 필요한 역량이 있다면 적어 주세요.
학부모 5	코로나19 이후 미래교육에서 강조되어야 할 것은 무엇이라고 생각합니까?
학부모 6	코로나19를 겪으면서 향후 인천 교육이 변화해야 할 것은 무엇이며, 어떻게 변화해야 하는지를 자유롭게 적어 주세요.

학생 1	상황에서 어려웠던 점은 무엇입니까?
학생 2	코로나19 이후 미래 학교에서 무엇을 배워야 한다고 생각합니까?
학생 3	코로나19 이후 미래 사회에서 필요한 능력은 무엇이라고 생각합니까?
학생 4	그 외 필요한 능력이 있다면 적어 주세요.
학생 5	코로나19 이후 더 나은 인천 교육을 위해 여러분이 바라는 점을 자유롭게 적어 주세요.

설문조사 결과(공통문항): 코로나19 이후 미래 학교에서 배워야 할 내용(%)

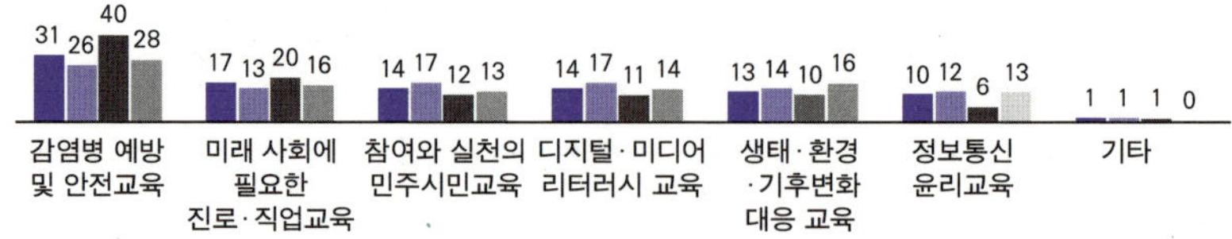

학생들의 생명과 안전을 지키는 것을 우선적인 가치로 설정하고, 모두가 안심할 수 있는 교육, 미래 사회를 위한 진로·직업교육, 민주시민교육, 디지털·미디어 리터러시 교육의 중요성이 코로나19를 통해 더욱 명확해진 것이다.

서울시교육청에서는 코로나19 대응을 위하여 학교현장이 학생들의 안전을 지키며 수업·생활지도와 같은 본질적인 교육활동에만 전념할 수 있도록 '교육청 사업 긴급 정비'를 추진하였다. 학교에 이미 예산이 교부된 목적성 경비 321건 중 특별교부금, 서울시 전입금과 같이 유관 기관으로 정산·반납을 해야 하는 외부재원 사업 등 142건을 제외한 179건(총 예산액 2,637억 원)에 대하여, 학교가 자율적으로 판단하여 사업의 시행 여부를 결정하고 규모를 조정하는 방식으로 추진하였다. 교육청의 긴급 정비는, 본청 각 부서와 직속 기관, 교육지원청이 직접 집행하는 사업 중 총 350개의 사업에 대하여 중단 또는 조정(중단 사업 82개, 조정 사업 268개)을 단행하였다. 이로 인해 약 602억 원의 예산을 감축하였다. 코로나19가 실질적인 뺄셈 행정을 현실화시킨 것이다.

방역과 교육 두 마리 토끼를 잡기 위한 고투의 과정에서 온라인 공연을 통해서라도 예술을 향유할 수 있는 방안을 찾아내고, 원격수업을 통해 공동수업과 교육과정의 공유가 이루어질 수 있는 여건이 구축되면서 향후 국제 공동수업과 고교학점제의 학교 간 교육과정 운영이 이루어지게 되었다. 학교를 지키는 힘의 원천이 학교 구성원의 참여와 협력의 교육 공동체성을 실현하는 것임을 당시의 기록들은 보여 준다.

　코로나 바이러스 감염증 대유행으로 학교가 멈추고 온라인으로 수업을 진행하는 초유의 상황 속에서 토론과 참여 위주의 학생 중심 수업을 실천하던 혁신학교에서 더 큰 어려움이 있을 것으로 예상되었다. 그러나 막상 뚜껑을 열어 보니 사실은 정반대였다. 교장도 학교 구성원의 N분의 1로서 참여하는 민주적인 학교문화와 코로나 이전부터 혁신학교의 교육 실천을 지탱해 오던 전문적 학습공동체가 코로나라는 비상 상황에서 빛을 발한 것이다.

_「혁신학교 코로나19 대응기」(2020년 12월 25일, 윤상혁 네이버 블로그)

　코로나19 이전부터 민주적 의사결정 과정이 작동하던 학교들은 갑자기 늘어난 업무와 책임, 끊임없이 발생하는 돌발 변수에 유연하게 대처했다. 발생한 문제를 두고 비난 대상을 찾기보다 해결 방법에 집중했다. 서로가 자발적으로 할 일을 찾고, 네 일 내 일 나누지 않고, 시행착오가 생겨도 서로가 서로를 탓하지 않을 것이라는 믿음이 있었다. 학교 내 민주주의가 알고 보니 감염병 위기를 버티는 학교의 기초학력이었다.

_「학교를 왜 가야 하나 답해야 하는 시간」,
(《시사인》, 2020년 6월 23일, 변진경 기자)

한림예고 정상화와 적극 행정

서울시교육청, 한림예고 정상화 계기를 만들다

서울시교육청 산하 평생교육기관으로 아이돌 사관학교라 불리는 한림예고가 있다. 한림예고는 K-팝, K-컬처의 산실로 전국 각지에서 온 아이돌과 연습생들이 가장 많이 진학하는 학교이다. 하지만 한류 열풍의 주역들을 상당수 배출한 이 학교는 2021년 신입생을 선발하지 못하고 폐교 위기에 처한 적이 있다.

한림예고는 「초·중등교육법」에 근거한 정규 고등학교가 아니다. 1986년에 서울시교육청 학력인정 한림여자상업고등학교로 인가를 받은 학력인정기관이었다가 2009년에 한림연예예술고등학교로 개교한 변천사가 있다.

송파구의 노른자 땅에 세워진 이 학교는 설립자가 사망하면서 학교를 유지하는 것에 대해 유가족 간에 합의가 이루어지지 못하였다. 「평생교육법」이 2007년 개정되면서 학교로 유지되기 위해서는 공익재단법인으로 허가를 받아야 하는데 이견이 있었다.

2021학년도 신입생 모집이 중지되고 학교가 폐교 위기에 처하자 학교의 존치를 요구하는 재학생, 입학 준비생, 학부모, 교직원 등이 서울시교육청과 청와대 홈페이지 청원을 제기하였다. 서울시교육청 홈페이지 열린교육감실에 '한림예고, 한림초중실업고(한림초중실업 연예예술고등학교)의 학생과 선생님들을 살려 주세요!!!'라는 청원이 2021년 3월 19일 시작되었다.

4월 18일 한 달 동안 1만 988명이 참가하였다. 이로써 1만 명이 넘는 서명에 대해서는 교육감이 직접 입장을 표명하도록 한 요건을 충족하였다. 한림예고 폐교 문제가 사회적인 이슈가 되면서 교육부에서도 지대한 관심을 보이게 되었다. 당시 나는 정책기획관을 맡고 있었지만 교육부 이○○ 학교정책실장과 핫라인을 형성하여 동분서주하였다. 평생교육과에서는 현행 지침과 규정으로는 공익재단법인 인가가 어려우니 교육부의 조치가 필요하다는 입장이었다. 교육부는 서울시교육청이 적극적으로 해결할 수 있다는 입장이었다.

이처럼 핑퐁을 하면서 문제 해결에 난항을 겪게 되었다. 서로의 입장을 반영해 몇 차례의 공문이 오고 가면서 이 문제는 해결되었다. 하지만 유가족의 입장을 정리하는 과제가 남아 있었다. 서울시교육청 부교육감을 지냈던 김○○ 이사장이 선친의 유지를 받들어야 한다고 설득하였고, 상속인의 공익재단법인 한림재단 설립 신청에 따라 2021년 6월 허가 절차가 이루어지게 되었다.

서울시교육청은 2021년 6월 18일 "서울시교육청, 한림예고 정상화 계기를 만들다, 2007년 「평생교육법」 개정 이후 적극 행정으로 서울 최초 법인화 성공"이라는 다음과 같은 보도자료를 낸다.

서울시교육청의 이번 공익재단법인 한림재단 설립 허가
로 한림예고는 「평생교육법」에 따른 설치자 자격을 갖추어 폐쇄 위기를 면하게 되었다. 한림재단 설립 허가는 특색 있는 교육기관 존치를 통한 다양한 교육 기회 보장을 위하여 교육부 유권해석, 교육 갈등 관리 전문가 및 회계사 자문, SH공사와의 정보 공유 등 서울특별시교육청의 기존 관행을 뛰어넘는 유연하고 적극적인 노력과 상속인과의 지속적인 소통, 설득에 따라 한림예고 상속인의 재산 출연(송파구 장지동 850번지 8,520.8m^2 중 4,108m^2 지분, 교사 1동 등) 결단이 있었기에 가능한 결실이었다.

이는 2007년 설치자 자격이 법인으로 강화된 이후 서울 소재 개인 운영 학력인정 평생교육시설의 최초 법인화 사례이다. 출연하는 한림예고 교지·교사에는 SH공사 용지분양금 미납 등으로 인한 소유권 외 권리가 설정된 상태였다.

서울시교육청은 한림재단에 근저당 등으로 인해 학생 학습권 침해가 발생하지 않도록 조치하는 조건을 부가하여 법인 설립을 허가했다. 이후 절차는 법인설립 등기, 재산 출연, 근저당 해소 등의 학습권 보호 조치 이행 후 한림재단이 한림예고 설치자 지위를 승계하면 학생 모집이 가능하게 되었다.

조희연 서울시교육감은 "한림예고는 갑작스러운 설치자 사망으로 폐쇄 위기에 몰렸었다. 그러나 학교 구성원의 노력과 교육청 담당자의 적극적인 행정 지원으로 학교 정상화의 계기를 만들었다"라고 평가하며, "여러 장애 요인을 극복하고 법인화에 성공한 한림예고가 공공성이 확보된 학력인정 평생교육시설로서 지속 운영될 수 있도록 적극적으로 관리 및 지원하겠다"라는 의지를 밝혔다.

2022년 3월 22일 KBS 뉴스에서는 "'아이돌 사관학교' 한림예고, 새 법인 지위 승계 … 정상화 수순"을 밟아 폐교 위기에서 벗어나 새 법인 설치자로의 지위 승계를 마무리하게 되었다고 보도했다.

문화 강국으로 가는 길

방탄소년단 등이 팝의 본거지인 영국과 미국에서 새로운 기록을 경신하는 일을 반복하더니 〈케이팝 데몬 헌터스〉가 전 세계에서 각광을 받게 되었다. 영화의 배경이 되는 인사동과 북촌은 외국인들의 순례지가 되고 있다.

백범 김구 선생님이 그토록 바라셨던 문화 강국이 실현되는 것인가! 문화 강국은 연예인 사관학교의 도제 교육만으로 이루어지지 않는다. 모든 학생이 적어도 하나의 악기는 전문가처럼 다루고 연극이나 영화 오페라 등을 함께 창작하고 무대에 올리는 경험을 쌓는 문화 예술 교육이 바탕이 되어야 한다.

하지만 한류를 선도하는 K컬처의 주역들이 맘껏 성장할 수 있는 전문 기관을 운영하는 것도 중요한 일이다. 서울시교육청 산하에는 한림예고와는 또 다른 아픔을 겪고 있는 서울공연예술고등학교가 있다. 학교 내부의 비리를 폭로하는 뮤지컬 〈영웅〉을 패러디한 〈누가 죄인인가〉는 백만 이상의 조회수를 기록하기도 했다. 2025년 서울시교육청 행정 감사에서도 파면된 전임 교장이 학교 운영에 여전히 개입하고 학생 공연 동원과 인권 침해 문제가 발생하는 것이 지적되었다. 한림예고와 함께 '아이돌 사관학교'라는 명칭을 얻고 있지만 그에 걸맞지 않은 각종 비리가 지속적으로 반복되고 있다.

한림예고의 정상화가 적극 행정을 통해 이루어진 것과 같이 서울 공연예술고가 오명을 씻고 한류 문화의 산실이 되기를 바란다. 그리하여 백범 김구 선생님이 꿈꾼 문화 강국 주역들의 산실이 되기를 기원한다.

"나는 우리나라가 세계에서 가장 아름다운 나라가 되기를 원한다. 가장 부강한 나라가 되기를 원하는 것은 아니다. 내가 남의 침략에 가슴이 아팠으니, 내 나라가 남을 침략하는 것을 원치 아니한다. 우리의 부력富力은 우리의 생활을 풍족히 할 만하고, 우리의 강력强力은 남의 침략을 막을 만하면 족하다. 오직 한없이 가지고 싶은 것은 높은 문화의 힘이다. 문화의 힘은 우리 자신을 행복되게 하고, 나아가서 남에게 행복을 주겠기 때문이다."

사학 비리를 없애려면
휘문고, 우촌초, 공연예술고, 충암고 사태를 바라보며

휘문고등학교

휘문고등학교는 1904년 민영휘가 '광성의숙'이라는 이름으로 설립한 사립학교로 120년 역사를 자랑하는 전통 사학이다. 고종에게 '휘문徽文', 즉 글을 빛내라는 교명을 하사받아 1906년 휘문의숙이 되었다. 2016년에는 야구부가 봉황대기에서 우승하였고 서장훈, 현주엽이라는 걸출한 농구선수를 배출한 농구부가 있다.

서울의 대표적인 명문 사학이라 할 수 있는 휘문고는 그 이름에 걸맞지 않게 온갖 사학비리의 화수분이 되어 버렸다. 2018년 비서실장으로 일하던 중에 지인을 통해 휘문중학교 교장 선생님의 내부 제보를 하겠다는 전화를 받았다.

여의도 국회의사당 근처 커피숍에서 눈물을 보이기까지 하신 교장 선생님의 용감한 행동으로 이 학교의 비리가 만천하에 드러나게 되었다.

학교 체육관과 운동장을 A교회에 빌려 주고 사용료를 징수하면서 별도로 학교발전기금 명목의 기탁금을 요구하여 학교법인 회계와 학교 회계로 편입시키지도 않고 현금과 수표로 수십억 원이 넘는 돈을 김 명예이사장에게 전달한 것이다.

아울러 휘문고 운동장과 체육관 등 학교 시설을 A교회에 예배 시설로 사용 허가하면서 임대료를 연간 4억 8,000만 원(공유재산 및 물품관리법 적용 시)까지 징수할 수 있는데도 1억 5,000만 원(공공요금 5,000만 원 포함)만 징수하는 등 학교 재산을 부당하게 관리한 사실도 드러났다. 대형 교회의 주차장으로 사용하는 바람에 휘문고 야구부와 농구부 선수들이 학교 운동장을 사용하지 못하고 남양주 등 외지에서 훈련하게 되었다. 학생들의 학습권을 빼앗아 재단이사장의 잇속을 챙기기 위해 온갖 비리가 벌어진 것이다. 학교법인 카드 사용 권한이 없는데도 2억 3,900여만 원의 학교법인 회계 예산을 개인 용도로 사용하였고, 아들인 민 모 이사장은 단란주점 등에서 학교법인 카드로 900여만 원을 사용하였으며, 설립자와 전 이사장의 묘소 보수비, 성묘 비용 등 개인이 부담해야 할 비용 3,400만 원을 학교법인 회계에서 지출하였다.

서울시교육청은 비위행위 관련자의 중징계 및 경징계 처분(법인사무국장, 휘문고등학교장, 직원 1명)과 수사 의뢰(명예이사장, 이사장, 이사 1명, 법인사무국장 등), 임원 취임 승인 취소(이사장, 이사 1명, 감사 2명)를 요구하였다.

당시 조희연 교육감은 "사학비리는 적당히 타협할 수 없는 척결의 대상이고, 청렴한 서울 교육을 위해 모든 역량을 집중하겠다"라고 밝혔다.

자율형사립고의 취소 사유 중 하나로 거짓이나 부정한 방법으로 회계를 집행한 경우가 있다. 서울시교육청은 2020년 교육부 동의를 거쳐 휘문고의 자사고 지정 취소를 결정하였다. 재단은 이와 관련한 소송을 제기하여 1심에서는 교육청이 승소하였으나 2심 재판부는 재단의 손을 들어주었다.

2024년 10월 16일 수십억 원대의 횡령 혐의를 받는 휘문고가 법원의 판결로 자사고 지위를 유지하게 되었지만, 서울시교육청은 "학교의 안정적 운영과 학생의 학교선택권 보장이라는 교육 가치를 최우선으로 고려했다"라며 상고를 포기하였다. "사학의 자율성을 존중하면서도 사학의 공정성과 사회적 책무성을 준수하도록 자사고 운영 및 관리에 최선의 노력을 다하겠다"라는 대변인의 이해할 수 없는 성명서가 발표되었다.

보궐 선거로 당선된 정근식 교육감이 취임하는 과정에서 벌어진 이 조치로 서울시교육청의 비리 사학과 자율형사립고에 대한 정책 기조는 일관성을 잃어버리게 되었다.

2021년 '휘문고 기념탑 제작 설치 사업' 관련 수의 계약 실시, 2021년 휘문고 담장 개선 공사 설계 용역 수의 계약, 2022년 급식 물품 계약 체결 수의 계약 등 기본을 무시하는 회계 비리가 반복되는 학교에 면죄부를 준 격이 된 것이다.

2024년 10월 26일 《조선일보》에는 "현주엽, 감사 결과 드디어 밝혀졌다… '먹방' 촬영하러 18회 무단 이탈"이라는 제목의 기사가 실렸다. 교육청 감사 보고서에 "현 감독이 방송 촬영을 이유로 겸직 활동 시 지각·조퇴·외출·연차를 사용하여야 함에도 사전 허가 없이 18회 무단 이탈해 운동부 지도자 본연의 의무를 소홀히 했다"라는 내용이 나오면서 농구 명문고의 위상도 타격을 입었다.

2025년 11월 28일 서울경찰청 반부패 범죄 수사대는 휘문중고등학교 재단인 학교법인 휘문의숙의 김정배 이사장과 임직원 등 3명을 업무상 횡령과 사립학교법 위반 등 혐의로 불구속 송치하였다.

우촌초등학교

서울은 사립유치원이 60%를 상회하고 있으며, 전국 사립초등학교
의 절반 이상인 38개의 사립초등학교가 있다. 중고등학교 중 사립학
교의 비율 역시 전국에서 가장 높은 지역이다. 사립학교 비율이 높
다 보니 극소수이지만 사학 비리가 끊어질 줄 모르게 터져 나온다.

대한민국에서 가장 비싼 사립초등학교인 우촌초등학교는 전 이사
장인 이규태 씨가 감옥에서 '옥중 지시'를 내려 스마트스쿨 사업을
벌였다. 3억 원이면 충분한 사업을 24억 원에 입찰하게 하여 교비
를 빼돌리려 한 것이다. 이러한 사립학교의 비리는 학교에서 강제로
퇴출당할 위험을 감수하고 나선 내부 고발자의 용기 있는 행동으로
드러나게 된다. 하지만 '회장' 비리 고발 교사는 복직한 학교에 책상
이 없어졌다.[11]

서울공연예술고등학교

수지, 설리, 혜리 등을 배출하여 "연예인 사관학교"라는 이름을 가
진 서울공연예술고등학교 학생들은 유튜브에 〈누가 죄인인가〉 영상

---

11. 《프레시안》(2024년 1월 19일).

을 업로드한다. 학생들을 술자리에 동원하고 국내외 행사에 학생들을 무보수로 차출하는 짓 등을 고발하는 이 영상은 10일 만에 조회수 100만 명을 돌파하는 등 사회적 이슈가 되었다. 교육청은 감사를 나가고 징계 처분을 요구하고 수사 의뢰를 하였지만, 이 학교 역시 근원적인 문제 해결은 여전히 이루어지지 않고 있다.

민족 사학과 국가가 필요한 학교를 세우지 못했던 시기에 그 역할을 다했던 사립학교들은 우리 교육의 한 축을 이루고 있다. 그럼에도 설립 정신을 저버리고 온갖 비리를 벌이는 일부 사립학교가 있다. 교육청은 감사를 하거나 수사 의뢰를 하고 임시이사를 파견하기도 한다. 하지만 일부 사학은 오뚜기처럼 반복적인 비리를 벌여 학교 운영을 불안정하게 하고 결국 학생의 학습권을 침해하는 결과를 빚고 있다.

사학재단의 운영권은 존중되어야 하지만 반복되는 비리를 저지르는 사립학교는 공적 운영체제를 구축해야 한다. 이에 서울에서 최초로 충암고가 상지대학교에서 시도되었던 공영형 사립대학교 모델인 공영형 사립학교로 출범하였다.

교육정책이 목표를 달성하기 위해서는

농촌유학, 생태전환교육

농촌유학이 필요한 이유

교육정책은 필요의 산물이다. 어떠한 문제적 상황과 사건이 지속적으로 발생하면 그 문제를 해결해야 하는 것이다. 서이초 사건 이후 교육부와 교육청 등 교육 당국과 국회에서 앞다투어 교권 보호 5법을 개정하였던 것을 상기해 보라!(실효성에 대한 논란은 여전하다.)

교육정책이 성공적으로 목표를 달성하기 위해서는 여러 요건이 있지만 '절실함'을 빼놓을 수 없을 것이다.

이재명 정부의 국정 과제 중 하나로 추진되고 있는 '농촌유학'은 인구 격감과 지역 소멸의 직격탄을 맞고 있는 전남교육청의 문제 해결을 위한 절실함에서 비롯된 것이다.

2018년 조희연 교육감 2기 비서실장으로 업무를 시작하던 시기에 전남교육청의 김○○ 비서실장에게서 전화를 받았다. 후배이지만 전국 최초로 교육지원청에 실질적인 학교종합지원센터를 만드는 데 중요한 역할을 하는 등 모범적인 적극 행정의 귀감이 되는 분이었다.

전남교육청에서 농촌유학 사업을 추진하려고 하니 서울시교육청이 적극적으로 참여할 수 있도록 협조를 부탁한다는 것이었다.

전국 최초로 '생태전환교육'의 기치를 들고 있던 서울시교육청 입장에서도 농촌유학은 필요한 사업이었다. 서울시교육청은 이미 1990년대에 작고한 유인종 교육감 재임 시 전국 각지의 농산어촌 지역의 교육청과 도농 교육 교류 사업을 진행한 경험이 있었다. 당시에 관악중학교에 근무하면서 태안중학교와 자매 결연을 맺어 농번기에 봉사활동 등 체험활동을 했으며, 태안중학교 학생들이 서울에서 홈스테이를 하면서 국립박물관 등을 함께 다니기도 하였다.

하지만 농촌유학은 차원이 다른 사업이다. 기존에 민간에서 사업체가 방학 기간을 활용하여 일정 기간 운영하는 경우가 있었지만 교육청 차원에서 진행하는 최초의 사례를 만들어야 했다.

생태전환교육 업무를 담당하였던 팀에서 갑작스레 업무를 맡게 되었지만, 현재 교육청 평생교육국장을 맡고 있는 정○○ 장학관과 부서원들의 헌신적인 노력으로 결실을 맺게 되었다.

2020년 12월 7일 전라남도와 서울시 교육감은 공동 기자회견을 통해 농촌유학 추진 계획을 발표하였다. 장석웅 전남교육감은 이렇게 지난 과정을 밝혔다.

"전남에서는 지난 10여 년 전부터 농촌유학 프로그램을 소규모로 진행해 왔다가 확대를 모색하던 중 조희연 서울시교육감께서 서울 학생들의 농촌유학 프로그램을 제안하셔서 이 자리에 오게 되었습니다."

조희연 교육감은 그 취지를 아래와 같이 밝혔다.

"서울 학생들은 농촌유학을 통해 도시 학교와 도시 생활
에서 경험하기 어려운 생태 친화적 환경 속에서 다양한 프
로그램에 참여하게 됩니다. 이를 통해 새로운 친구, 이웃,
마을과의 만남을 일상 속에서 경험하게 되고, 새로운 환경
에 대한 도전 의식과 용기, 서로 배려하고 협력하는 공동체
의식 등을 기를 수 있을 거라 생각합니다."

이에 따라 2021년 3월 전남 지역의 농촌학교에 "흙을 밟는 도시
아이들"이 다니게 되었다. 농촌유학은 서울시교육청이 2022년 8월
부터 전라북도교육청-전라북도-재경전라북도민회와 업무협약을 맺
는 등 교육청뿐만 아니라 지방자치단체 등이 참여하여 점차 확산되
었다. 참여 학생은 2021년 228명에서 2025년 819명으로 5년 만에
2.6배 증가하였고 연장률도 2021년 70%에서 2025년 93%로 상승
했다.

농촌유학은 전남에 이어 전북, 강원, 인천 교육청으로 범위를 넓히
고 바다를 건너 제주 지역으로까지 확산되었다. 강원 지역에 농촌유
학을 온 학생의 출신 지역도 서울, 경기, 충남 등 다양해지고 있다.

농촌유학은 교육정책의 성공 사례로
계속 진화해야 한다

하지만 국민의힘이 다수를 차지하고 있는 서울시의회에서 끊임
없이 제동을 걸면서 "농촌유학 수난사"가 쓰이고 만다. 2022년 서

울시교육청 행정 감사와 예결산 심의에서 농촌유학은 국민의힘 의원들에 의해 집중포화를 당한다. 농촌유학이 일부 학생들에게 혜택을 주는 사업이고 활성화되면 예산을 감당할 수 없다는 식의 비판이었다.

당시에 보수 진영의 논객은 "영문 모르는 학동들을 농촌학교 존속의 볼모로 삼겠다는 아이디어는 필시 중국의 문화혁명 당시 도시 청년들을 농촌으로 보냈던 '하방下方'에서 따온 것"이라는 색깔론을 펴기도 하였다.

서울시의회는 농촌유학의 법적 근거인 「서울시교육청 생태전환교육 활성화 및 지원에 관한 조례」를 본회의에서 폐지하였고, 2023년 신청자는 100명 아래로 떨어지게 된다. 교육청이 2023년 추경 예산안에 농촌유학 지원금 8억 6,800만 원을 편성해 시의회에 다시 제출하자 시의회는 3억 3,600만 원을 삭감한 뒤 5억 3,200만 원을 의결하였다.

이에 서울시의회 최호정 의장이 대표 발의하고 국민의힘 의원 전원이 참여한 '서울특별시교육청의 농촌유학 사업 추진 관련, 법령위반 여부에 대한 감사원 공익감사 청구안'을 감사원에 제출한다. "농촌유학 사업 예산이 서울시의회 심의 과정에서 전액 삭감됐는데도, 서울시교육청이 대상 학생 모집을 강행해 「지방자치법」과 「지방재정법」을 위반, 감사 필요성이 있다"는 것이다. 하지만 감사원은 감사의 필요성이 있다고 보기 어려워 공익감사 규정에 따라 종결 처리하였다.[12]

---

12. 「국힘 서울시의원 전원이 낸 농촌유학 감사 청구 '퇴짜'… 왜?」(《오마이뉴스》, 2023년 5월 24일).

　농촌유학 사업은 참여 학생이 5년 동안 2.6배가 늘고 만족도와 지속성 등 모든 면에서 높은 평가를 받고 있지만, 2026년 예산안에서 지원 기간이 기존 1년에서 6개월로 줄어들면서 논란은 계속되고 있다.

　농촌유학은 이제 이재명 정부의 국정 과제로 설정되어 정부 차원에서 추진되는 단계에 접어들었다. 취지를 살리면서 더욱 체계적으로 운영되기 위해서는 보완해야 할 과제들도 적지 않다. 무엇보다 이 사업의 수혜자가 일부 학생들이 될 수밖에 없다는 비판은 나름의 타당성이 있다.

　서울시교육청은 1996년 유인종 교육감 시기에 농산어촌 지역의 학교와 자매 결연을 맺고 모내기와 추수 등 농번기 봉사활동과 연계하는 '도농 교육 교류 사업'을 실행하였다. 농촌유학의 형태가 아니더라도 "흙을 밟는 도시 아이들"의 체험활동이 교육과정에서 이루어질 수 있도록 하는 방안을 모색해야 할 것이다. 지역 소멸을 걱정해야 하는 농촌학교를 살리는 데 농촌유학 사업이 궁극적인 대책이 될 수는 없을 것이다. 하지만 농촌유학은 교육정책이 어떻게 마련되고 추진되어야 하는가에 대한 성공 사례로 계속 진화해야 할 것이다.

'우리 교장샘' 데려가지 마세요!

교육청은 매년 3월과 9월에 전문직 인사, 1월과 7월에 일반직 인사를 한다. 교원과 일반직 공무원 모두를 대상으로 하지만 언론의 주요 관심사가 본청의 주요 보직과 교육장 인선에 쏠리게 된다.

2025년 9월 6일, 연합뉴스는 전문직 인사에 대해 "서울시교육청은 9월 1일 자로 교원(원장·원감·교장·교감)과 교육전문직원에 대한 정기 인사를 실시한다"라고 밝혔다.

기사에는 이번 인사 대상자는 유아 44명, 초등 167명, 중등 208명, 특수 13명 등 총 432명이며, 서울시교육청은 정근식 교육감의 서울교육 방향인 '미래를 여는 협력교육'에 중점을 두고 공감과 협력 역량, 공동체와의 소통 능력, 청렴성을 겸비한 인사를 발탁·중용했다는 설명이 실렸다.

또한 정 교육감이 "이번 인사가 학생의 꿈, 교사의 긍지, 부모의 신뢰를 기반으로 창의와 공감, 동행의 협력교육 실현에 원동력이 되길 바라며 이를 위해 서울교육공동체와 함께 노력하겠다"라고 강조했다는 보도가 이어졌다.

인사가 만사라는 말이 있듯이, 선출직 교육감에게 자신의 주요 정책을 추진하기 위해 적합한 분을 적재적소에 배치하는 일은 주요한 과제이다. 본청의 전문직 국·과장에 대한 인사 업무는 초중등과 장과 정책국장이 주관해서 인사 담당 장학관들이 주무를 맡아 진행한다.

조희연 교육감은 비서실에서 적합한 분들을 발굴하고 추천을 받는 일 등을 보조적으로 수행하도록 하였다. "이제는 말할 수 있다"는 회고담 차원에서 지금도 강력한 기억으로 각인되어 있는 두 분의 이야기를 하고자 한다.

온수초등학교 양○○ 교장 선생님

온수초등학교 양○○ 교장 선생님을 교육혁신과장으로 모시는 과정은 순탄하지 않았다. 온수초는 교육과정 편성을 위한 집중 협의 기간을 가진다. 학교의 교육철학을 공유하고 합의점을 찾아가는 과정에 교사, 학생, 학부모가 동등하게 참여한다. 학교운영위원회 내에 학부모교육과정소위원회를 구성하고 학부모 위원들은 교육과정 편성 워크숍에 참석해 선생님들과 연석 대토론회를 통해 의견을 개진한다.《지금 서울교육》, 2018년 4월

2019년 3월 인사에 혁신학교, 혁신교육지구 사업 등을 총괄하는 교육혁신과장의 적임자로 양○○ 교장이 물망에 올랐다. 이 학교 역시 공모 교장의 임기가 끝나지 않은 교장 선생님이 전직을 해야 하는 경우인지라 학교 구성원들의 동의를 거쳐야 하였다. 본인의 고사에도 불구하고 교육감님의 특명을 받아 학교를 찾았다. 교육청에서 양 교장 선생님이 왜 필요한가를 설명하기 위한 교사 다모임에서 눈

물을 흘리는 분까지 있었다. 교육청에 돌아와서 학교의 반발을 무릅쓰고 인사를 하는 것은 혁신학교 정책에도 부정적인 영향을 미치게 된다고 보고했다. 교육혁신과장으로의 부임은 1년이 지난 2020년 3월에야 비로소 이루어졌다.

북서울중학교 고○○ 교장 선생님

2020년 9월 전문직 인사에서 북서울중학교 고○○ 교장 선생님을 중등교육과장으로 선임하는 것이 교육감의 의중이었다. 전화로 역할을 맡아 주실 것을 제안했으나 겸손하고 진지하게 거부의 뜻을 밝히셨다. 무엇보다 공모제를 통해 4년 동안 학교 운영 계획서를 제출한 혁신학교 교장으로 임기를 마쳐야 한다는 말씀이었다.

실제 공모제 교장이 중도에 자리를 옮기려면 학교운영위원회를 거치도록 되어 있다. 학교운영위원회에 교육청의 입장과 취지를 설명하기 위해 직접 참여하는 회의가 개최되었다. 무더운 여름 무거운 분위기에서 청문회에 버금가는 질의응답을 하느라 진땀이 날 지경이었다.

북서울중학교를 여러분과 함께 좋은 학교로 만드신 역량을 서울교육 전체를 위해 쓰셔야 한다고 간곡하게 설득하였다. 하지만 참석한 교원 위원, 학부모 위원들은 쉽게 동의하지 않았다.

교감 선생님이 애를 쓰시고 설득하는 과정을 거쳐 고○○ 교장 선생님은 2020년 9월부터 중등과장으로 취임하게 된다. 이후 서울시교육청 출범 이래 최초의 여성 교육정책국장을 역임하였다. 본청에서 교육정책국장이나 평생교육국장을 역임한 분들은 교육장을 맡거나 학교 규모가 큰 이른바 대교장으로 취임하는 것이 관행이다. 그런데 교직 생활의 마무리로 본인이 가고자 한 학교는 동작교육지원청의 관악중학교였다.

서울시교육청의 인사 정책은?

곽노현 교육감 시기에 강남교육장을 역임한 분을 금천고등학교에 배정한 일이 화제가 되었던 적이 있다. 교육감이 직접 설득해서 실행한 기존의 관행을 깨는 파격적인 인사의 목적은 교육행정에서 쌓은 전문적인 역량을 더 필요한 학교에서 발휘하도록 하자는 것이었다. 이후에도 교육부에서 정책국장을 맡았고 서울시교육청 평생교육국장으로 일하셨던 김○○ 교장샘이 독산고등학교에 부임하였다. 서울시교육청에서 처음으로 학부모와 교직원이 학교 매점 운영에 공동 참여하는 학교매점협동조합을 만드는 데 일조하셨다.

흔히 공무원은 인사에 목을 매고 교육감 등 선출직은 조직을 장악하기 위해서는 인사권을 확실히 장악해야 한다고 한다. 물론 현실적으로 인사는 그러한 조건에서 그러한 방식으로 진행된다. 하지만 자신의 자리에서 존중과 신뢰를 쌓으면서 기꺼이 더 필요한 곳에서 헌신해 온 분들에 의해 서울시교육청의 인사 정책은 개념을 잡아 가게 될 것이다.

교육 갈등 조례와 교육행정

교육 갈등을 해소하고 사회 통합으로 나아가야

정책안전기획관으로 재임하던 2020년 7월, 「서울특별시교육청 교육 갈등의 예방 및 조성에 관한 조례」가 제정되었다. 당시에 대표 발의한 장상기 의원(강서6구)은 다음과 같이 밝혔다.

> "서울특별시 교육청이 추진하고 있는 특수학교 설립, 학교 통폐합, 학교 배정 문제 등의 정책을 수립하거나 추진하는 과정에서 발생하는 다양한 교육 갈등을 해결하고, 이를 해결하기 위한 제도적 절차 등을 마련함으로써 원활한 교육정책 수립과 교육 갈등으로 인해 소비되는 사회적 비용을 절감하며 사회 통합에 기여하고자 했다."

지역구인 강서구에는 서진학교 설립, 송정중학교 폐교와 학교 배정 문제가 발생하여 조례 제정의 필요성을 절감하고 있었던 것이다.

이 조례에서 '교육 갈등'은 서울특별시교육청이 교육정책 자치법규의 제정·개정과 폐지, 수립 및 추진 과정에서 발생하는 이해관계의 충돌을 말한다.

'갈등 관리'란 교육청이 교육 갈등을 예방하고 조정 해결하기 위하여 수행하는 모든 활동을 말한다.

'갈등 영향 분석'이란 교육정책이 사회에 미치는 갈등의 요인을 분석하고 예상하는 교육 갈등에 대한 대책을 강구하는 것을 말한다고 정의하고 있다.

이는 '공공 갈등'에 대해 "공공 정책(법령의 제정·개정, 각종 사업 계획의 수립·추진을 포함한다)을 수립하거나 추진하는 과정에서 발생하는 이해관계의 충돌"이라 정의하고 있는 '공공기관의 갈등 예방 및 해결에 관한 규정'을 원용한 것이다.

교육과 갈등 두 단어의 합성어로 만들어진 '교육 갈등'은 모순적이다. 하지만 교육현장의 상존하는 갈등 상황을 교육 갈등의 프리즘을 통해 접근하고 해결하여 교육력 훼손을 줄여 나감으로써 교육행정이 한 단계 발전하는 것이다.

주민직선제가 되면서 정책 관련 당사자와 공공기관 간의 갈등 관리가 주요한 과제로 부각되어 왔다. 서울시는 보건, 복지, 주택 등 다양한 영역에서 발생하는 갈등을 관리하는 부서가 설치되어 있다.

교육 부문에서 나타나는 갈등은 학생들에게 직간접적인 피해를 끼치게 된다는 점에서 최소화되는 방안을 마련해야 한다. 예컨대 서진학교와 동진학교를 설립하는 기간이 길어지면서 결과적으로 특수 학생들의 교육권이 상당 기간 침해받은 것이라 할 수 있다.

학교 설립, 학생 배치, 학교시설 운영 등 집행 과정에서의 갈등, 평준화 정책, 학생인권조례 추진 등 정책 대상자의 입장 차이에 의한 갈등 등 정책 추진 과정에서 갈등은 불가피한 측면이 있다.

일부 정책 갈등이 가치관 및 이해관계 갈등의 복합적 양상으로 전개되었고, 교육행정·사업 관련 갈등도 기피 시설 갈등(님비 현상) 및 이해관계 갈등의 성격으로 심각한 대립 양상을 띠게 된다. 서진학교, 동진학교 등 특수학교 설립 과정에서의 갈등이 대표적이다.

학교 차원에서는 인근 지역사회와 정비 사업 관련 갈등이 벌어지고 사립학교의 경우 재단 측과 심각한 갈등을 겪기도 한다.

충암고와 동구학원에 관선 이사 파견이 이루어진 것은 이러한 갈등을 해결하는 과정에서 이루어진 불가피한 처방이라 할 것이다. 교육 갈등의 유형에서 가장 빈발하는 것은 학교 구성원들 간 갈등이다. 특히 학교폭력 사건 처리 과정에서 사건이 필요 이상으로 악화되는 경우나 교사와 학부모 간에 생활지도와 성적 처리에 대한 견해 차이가 악성 민원으로 발전하게 된다.

공공기관 사이의 갈등을 해결하려면?

교육 갈등은 공공기관과의 관계에서도 발생한다.

첫째, 중앙부처와 교육청 간의 갈등 관리이다. 교육자치제도가 시행되면서 시도 교육청이 정책적 측면에서 교육부와 다른 목소리를 낼 수 있는 조건이 만들어진다.

2010년 6월 지방자치선거에서 시도 교육감들이 직접선거에 의해 선출되었고 교육부의 교육정책과는 다른 교육정책을 추진하게 되었다. 무상급식, 학생인권조례 제정, 학교생활기록부의 학교폭력 기재 문제 등의 갈등이 대표적이다.김홍주, 2013; 임동진·김홍주, 2018

대통령 공약과 교육감 공약의 차이가 분명한 경우 정책 추진 과정에서 권한을 존중하고 상호 조정하는 기능이 강화되어야 한다. 이러한 점에서 서울시교육청이 대통령 선거 시기에 공약 관련 정책자료집을 마련하여 차기 정부의 교육정책에 반영하도록 한 것은 의미가 있다.

둘째, 교육청과 의회 간의 갈등 관리이다. 「지방자치법」은 의결기관으로서 의회의 권한과 집행기관으로서 단체장의 권한을 분리하여 배분하고 있다. 의회의 행정사무 감사와 조사권 등에 의하여 단체장의 사무 집행을 감시 통제할 수 있게 하고 단체장은 의회의 의결에 대한 재의 요구권 등으로 의회의 의결권 행사에 제동을 걸 수 있다.

서울시교육청과 서울시의회 간에 기초학력 관련 정보 공개, 학생인권조례, 농촌유학, 노동조합 사무실 지원 등의 교육청 정책사업에 대한 갈등이 지속적으로 발생하고 있다. 서울시의회는 조례 폐지, 감사원 감사 요구를 하고 교육감은 대법원 제소 등으로 대응하는 일들이 벌어지고 있다.

교육청과 의회의 입장 차에 따른 갈등으로 예산 집행이 지연되고 정책의 신뢰성이 약화되는 문제가 반복되면 결국 그 피해는 학생들에게 돌아가게 된다. 양 기관 간의 정책협의회 등 사전 조정 기능을 강화해야 하고, 구조적인 갈등 양상에 대해서는 근본적인 대책이 필요하다.

셋째, 교육청과 광역자치단체 간의 정책 갈등도 다양한 형태로 나타나고 있다. 무상급식이 도입되는 과정에서 오세훈 시장이 직을 걸고 주민투표까지 실시하여 도중 하차한 것을 상기해 보라! 이후에도 오세훈 시장이 의욕적으로 추진하고 있는 '서울런'의 경우에 서울시교육청은 입장을 달리하고 있다. 사교육 영역에서 교육 격차가 심해지는 문제를 온라인 사교육으로 줄이자는 정책을 서울시교육청이 동의할 수는 없는 것이다.

이처럼 광역자치단체와 교육청의 입장 차이가 있는 경우나 공동사업으로 추진하는 과정에서 자치단체장의 교체에 따른 사업 중단 등이 벌어지는 경우가 발생하게 된다. 유괴 방지 등 학생 안전과 관련된 업무에서도 기관 간에 상호 협력보다는 상호 경쟁으로 사업이 지연되고 예산 중복 투자 등 비효율성의 문제가 발생한다.

마곡안전체험관은 서울시와 서울시교육청, 강서구가 7년에 걸쳐 총 228억 원의 예산을 투자해서 만든 체험관이다. 이곳에서 민방위 대원과 학생, 그리고 지역 주민들이 홍수, 지진과 같은 재난 안전 체험부터 응급처치까지 다양한 체험형 교육 프로그램을 할 수 있다. 그런데 부지가 확보되어 있는 조건에서 7년의 기간이 걸렸다는 것은 관련 기관과의 협조가 원활하게 이루어지지 않았기 때문이다. 코로나19 시기에 이와 관련한 담당 부서장으로서 이 회의에 참석하면서 교육청과 자치단체의 협력 행정이 쉽지 않다는 것을 절감했다.

이해관계, 가치관, 니즈, 사실관계, 상호관계, 구조의 갈등을 넘어서야

교육청 및 교육현장에서 벌어지는 갈등은 크게 여섯 가지 유형(이해관계, 가치관, 니즈, 사실관계, 상호관계, 구조)이 있다. 갈등 대응

시에는 갈등 유형에 맞는 접근법을 적용해야 효과를 거둘 수 있다.

교육정책 및 사업 관련 갈등을 예방하고 최소화하기 위해서는 정책 결정 과정에서 이해 당사자들이 참여해 컨센서스를 형성하는 규제협상Negotiated Rulemaking의 접근법을 활용하면 효과적일 것이다. 교육현장에서 구성원들 간에 벌어지는 갈등에 대해서는 유형에 대응하도록 하고, 교육청 및 학교 차원에서 효과적인 시스템을 구축하여 해당 업무 담당자 및 구성원의 갈등 대응 역량을 키워 주는 것이 바람직하다.

교육 갈등을 해결하는 것은 조례의 한 조항이기도 한 "참여적 의사결정 방법의 활용", 즉 교육 갈등의 예방 해결을 위하여 교육정책 결정 과정에 이해관계자인 교육공동체 또는 전문가 등이 참여하는 의사결정 방법을 활용하도록 역량을 키워 나가는 것에 답이 있다.

2부

서울 혁신미래교육의
과제와 제안

1장

서울 교육의 미래를 찾아서

2025년, 서울 교육은?

내가 꿈꾸는 서울 교육은 모두에게 사회적 기본권으로서 교육이 이루어지는 행복한 교육이다. 태어난 곳과 피부 색깔이 다른 모두에게 적어도 공평한 교육 기회가 주어지는 서울 교육, 영유아 교육부터 평생교육까지 양질의 교육을 향유할 수 있는 서울 교육을 꿈꾸고 있다. 교사, 학생, 학부모, 교직원, 교육 공무직 등 교육 당사자가 상호 존중과 신뢰를 바탕으로 협력과 참여를 통해 학교를 교육공동체로 만드는 것이다. 이러한 행복한 꿈은 어떻게 이루어지는가!

서울 교육 현황

2025년 서울 교육의 현실은 어떠한가? 우선 현황을 살펴보자. 서울에는 유치원 754개원, 초등학교 609개교, 중학교 390개교, 고등학교 318개교, 특수학교 32개교, 기타 학교 18개교로 모두 2,121개의 교육기관이 있다. 서울의 학급당 학생 수는 고등학교의 경우 2014년의 30.9명에서 2023년에는 23명으로 급감하고 있다. 교원 1인당 학생 수는 유치원 9.7명, 초등학교 13.5명, 중학교 11.7명, 고등학교 10.0명으로 OECD 국가 평균보다 양호한 수준이다. 그런데 서울시의 학령인구가 2012년 116만 명에서 2025년 74만 명으로 급감하면서 폐교가 생겨나고 소규모 학교(학생 수 240명 이하)가 증가하고 있다.

이호철의 소설 『서울은 만원이다』의 배경이었던 1970년대는 오전 오후반으로 나뉘어 학교를 다니기도 하였다. 일부 과대·과밀 학급 문제가 남아 있지만 학급당 학생 수는 유치원 17.4명, 초등학교 27.3명, 중학교 23.8명, 고등학교 23.0명(2023년 기준) 수준이다. 저출생으로 교사의 한눈에 아이들이 들어오는 교육 여건이 만들어진 것이다.

평생교육시설은 초등학교인 서현초에 140명의 성인이 다니고 있으며, 인문고인 일성여자중고, 진형중고, 청암중고와 특성화고인 신동신중·정보산업고와 서울자동차고, 정암미용고, 청량정보고와 K팝스타들을 배출한 학교로 알려진 한림중실업연예예술고 등 학력인정 학교 등이 2,831개에 이르고 있다. 사교육 기관인 학원이 1만 4,941개, 교습소가 1만 216개가 있고 비영리(공익)법인도 1,351개가 서울시교육청에 등록되어 있다.

서울시교육청의 예산 현황은 2025년 기준으로 세입이 10조 8,027억 원 규모인데, 중앙정부 이전수입(교부금)이 6조 5,987억 원으로 61%, 자치단체 이전수입(전입금)이 4조 397억 원으로 37.4%를 차지하고 있다. 자체 수입은 1,283억 원으로 1.19% 정도에 불과하다. 세출 분야에서 10조 8.027억 원 중에 인건비가 7조 2,077억 원으로 64.72%를 차지하고 있고, 교육사업비는 1조 9,886억 원으로 18.41%, 학교 운영비는 9,707억 원으로 9%에 미치지 못하고 있다.

　서울 연구원의 '2024년 서울 복지 실태 조사'를 보면 서울 시민의 평균 순자산이 5억 6,000만 원이고 평균 부채는 1억 1,565만 원으로 보유 가구 비율이 38.%에 달한다. 평균 총소득은 6,423만 원인데, 상위 20% 평균소득은 1억 2,481만 원, 하위 20% 평균소득은 2,704만 원으로 격차가 4.7배 수준이다. 집세 체납, 병원비 미납 등 경제적 어려움을 겪는 가구 비율도 7.3%에 이르는 것으로 파악되고 있다.

교육 불가능 상황을 넘어서야

　이재명 정부 국정기획위원회 사회 분과장을 맡았던 홍창남 부산대학교 교수는 교육 분야 공약의 개발 배경에 대해 다음과 같이 설명한다. 그는 서이초 사태 등으로 표면화된 학교 공동체 내부 규범의 위기, 교육활동의 본질을 왜곡하는 과도한 입법·행정화로 인한 '교육 불가능'을 해결하기 위해 민주시민이 성장하는 공동체로서 학교 교육력 회복이 절실한 상황이라고 진단하였다. 교과지도는 사교육 시장으로, 생활지도는 법률 시장으로 외부화하여 학교의 핵심 기능이 지속적 외부화되고 있는 상황, 저연령 단계의 과도한 경쟁(4세 고시, 7세 고시)과 교육 격차 확대 상황 등을 해결하는 것이 이재명 정부의 교육 공약을 만든 배경과 취지라는 것이다.[13]

　이러한 상황 진단과 문제 해결을 위한 정책의 필요성은 서울 교육

---

13. 홍창남(2025), 「이재명 정부 교육정책의 주요 내용과 성공 요건」, 전국교육자치 혁신연대 창립 기념 토론회 자료집.

에서 더욱 극명하게 드러난다. 2010년 주민직선 교육감 선거에서 공약으로 내세운 친환경 무상급식, 무상교육 등 보편적 교육복지 정책이 지속적으로 추진되어 수업료를 내지 못해 집에 가야 하거나 점심시간에 수돗물로 배를 채워야 하는 일은 보릿고개 시절의 추억이 되었다. "더 필요한 곳에 더 많은 지원"을 하는 적극적 역차별 정책으로 도입되었던 교육복지학교도 2023년에 초등학교는 92.8%, 중학교는 99.2%, 고등학교는 전 학교로 확대되어 보편적 정책으로 발전하였다. 서울 교육은 교육 기회의 형평성을 보장하는 기본적인 요건을 일정하게 갖추게 된 것이다.

그럼에도 사교육을 중심으로 하는 교육 격차는 갈수록 심화되고 있다. 서울의 학생들은 사교육을 받지 않는 학생 비율이 2022년 15.7명으로 전국 평균 21.7명에 비해 낮고, 월 70만 원 이상을 사교육비로 지출하는 비율은 35%로 전국 평균치 19.1%의 두 배에 육박한다. 서울은 〈스카이캐슬〉, 〈일타강사〉 같은 드라마의 산실이자 해외 토픽감이 되어 버린 4세 고시 영어 유치원의 근원지이다. 영어 유치원과 국제학교에 사립초등학교, 국제중학교, 특목고와 자율형사립고를 거쳐 의대와 로스쿨, 스카이 대학에 진학하는 트랙에 오르기 위해서는 부모의 경제력이 필수 조건이다.

서울 교육, 무엇을 어떻게 할 것인가?

조희연 교육감은 2014년 당선되면서 "교육 불평등에 도전하는 교육감이 되겠다"고 하였지만 지난 10년 동안의 노력에도 불구하고 일반고 전성시대의 꿈은 희미해지고 사교육을 매개로 하는 불평등이 더욱 심해지고 있다.

학교 공동체 내부 규범의 위기, 교육활동의 본질을 왜곡하는 과도한 입법·행정화로 인한 '교육 불가능'의 양상은 심각한 수준이다. 서울시교육청 교육활동 침해자(학생, 보호자 등) 및 유형별 침해 현황 자료에는 2023년에 학생에 의한 교권 침해 유형으로 공무 및 업무 방해, 상해 폭행, 협박, 모욕, 명예훼손, 성폭력 범죄, 정보 통신망 이용 불법 정보 유통, 교육활동 부당 간섭, 정당한 생활지도 불응, 교원의 영상·화상·음성 등을 촬영·녹음 합성하여 무단 배포 등이 망라되어 있고, 학생에 의한 침해 614건, 보호자 등에 의한 침해가 57건으로 총 671건이 집계되어 있다.

학교를 학생의 전인적 성장과 발달을 위해 교사와 학부모가 상호 존중과 협력의 교육공동체로 만들어 가는 것은 이제 꿈의 영역이 되어 버렸다. 학생들은 학교와 학원을 오가며 몸과 마음이 시들어 간다. 학부모(보호자)는 무상교육에도 사교육비 증가로 교육비 부담에 허덕이며 헬리콥터가 되어 아이들을 감독한다. 교사들은 교육청에서 점검과 관리 차원에서 내려오는 공문 처리, 그리고 교사의 평가권과 교육 구성권까지 침해하는 일부 학부모의 악성 민원 등으로 소진되고 있다.

서울 교육은 2010년 이후에 혁신학교와 혁신교육지구 사업 등 공교육을 혁신하고 친환경 무상급식, 고등학교 무상교육 등 보편적 교육복지가 구현되는 획기적인 변화가 이루어졌다. 토론이 있는 교직원회의, 학부모회 법제화, '교복 입은 시민 프로젝트' 등 학생자치 활동 등으로 교육 구성원의 권리가 일정하게 보장되었다. 하지만 교육적 관계는 거래적 관계가 강화되고 교사와 학부모가 법정에서 마주하는 일들이 늘어나고 있다. 서울 교육의 현장에서 나타나는 이러한 문제들은 한국 교육의 난제이고, 학벌·학력 사회, 정규직과 비정규직의 과도한 임금 격차 등 사회 대개혁의 과제들이 해결되는 것과 맞물려 있다.

무엇을 어떻게 할 것인가? 서울 혁신교육이 추구했던 가치와 목표를 다시 한번 점검하는 것에서 시작하고자 한다. 그동안 이루어 낸 성취를 소중한 자산으로 삼고서 복합위기 사회의 교육이라는 시대적 과제를 부여잡고 해결 방안을 함께 만들어 가자

복합위기시대의 학교 역할 찾기
혁신학교를 중심으로

서울시교육청은 2010년 11월 서울형 혁신학교 지정·운영 계획에 관한 기본 계획서에서 혁신학교의 목적을 "배움과 돌봄의 책임교육을 실현하여 공교육의 새로운 표준을 제시하는 것"이라 하였다. 학교의 자율성·민주성과 공동체 구성원의 자발성에 기초한 소통과 협력의 새로운 학교문화를 창조하며 창의성·인성교육과 적성·진로교육의 전면화를 바탕으로 "소통하고 배려하는 창의적인 민주시민"을 육성하는 학교라는 것이다. 이는 혁신학교를 거점으로 하여 전체 학교의 혁신(공교육 정상화)을 선도하여 "꿈의 학교, 행복한 서울 교육"을 실현하고 공교육에 대한 신뢰 회복 및 서울 교육 만족도를 제고하는 것이다.

서울형 혁신학교 이야기

서울형 혁신학교의 학교상像으로는 민주주의가 살아 숨 쉬는 학교(학교 운영 혁신), 온전한 성장을 꿈꾸는 학교(교육과정 혁신), 함께 배우고 성장하며 신나는 학교(수업 혁신), 성장과 발달의 과정을 평가하는 학교(학생 평가 방법 혁신), 인권이 존중되는 평화로운 학교 (생활지도 혁신), 지역사회와 교류하는 돌봄과 배려의 학교(교육복지 혁신)를 제시하였다.

서울형 혁신학교의 기본 정신

행복의 추구	인권과 존엄을 서로 소중히 여기고, 미래 사회에 필요한 역량을 함양하며, 모두의 행복을 실현하기 위해 함께 노력한다.
책임과 공공성	단 한 명의 학생도 포기하지 않는 책임교육과 교육의 공공적 가치 실현을 위해 최선을 다한다.
자율과 창의	학교 자율성을 바탕으로, 특색 있고 지역사회의 요구에 적합하며 창의적인 교육과정을 운영하고, 누구나 즐겁게 배운다.
자발과 참여	교원·학부모·학생 등 학교 공동체 구성원의 자발성과 참여를 바탕으로 학교를 민주적으로 운영한다.
소통과 협력	학교 공동체 구성원 간, 학교와 지역사회 간 서로 소통하고 협력한다.

"혁신학교를 통해 공교육의 새 표준을 만들었습니다"

곽노현 교육감은 2012년 7월 취임 2주년 기자회견에서 혁신학교에 대해 아래와 같이 평가하였다.

혁신학교를 통해 공교육의 새 표준을 만들어 59개의 혁신학교에서 수업 혁신, 생활지도 혁신, 학교 운영 혁신 등 종합적이고 전면적인 혁신이 이루어졌고, 특히 중학교에서 문예체 교육을 활성화했으며, 체벌 금지와 두발 자유 등 학생 인권 보장으로 생활지도의 패러다임을 바꾸었습니다.

또한 교무행정전담팀을 구성하고 교무행정지원사를 배치하는 등 교원이 수업과 생활지도에 전념할 수 있도록 교무행정체제를 개혁하였고, 정책과 예산 편성에서 주민들의 참여를 확대하였고, 친환경 무상급식 등 보편적 복지와 무상교육을 강화하였습니다.

"혁신학교를 되살리고 확대하기 위해 노력하였습니다"

조희연 교육감은 혁신학교를 주요 공약으로 제시했는데, 전임 문용린 교육감 시기의 혁신학교 지우기 정책에 반대하여 혁신학교 복원을 주요 정책으로 내세웠다. 2018년 7월 취임 2주년 기자회견에서 아래와 같이 혁신교육에 대해 평가하였다.

> 혁신교육 2년 동안 구체적인 정책에 노력을 기울여 왔습니다. 첫째, 혁신학교를 되살리고 나아가 혁신학교를 확대하기 위해 노력하였습니다. 2014년 7월 67개교이던 혁신학교를 2016년 현재 혁신학교 119개교, 예비혁신학교 26개교로 확대하였습니다.
>
> 둘째, 혁신학교를 바탕으로 교사가 교육활동에만 전념할 수 있도록 하기 위한 '학교업무 정상화', 민주적인 의사결정 구조로 학교문화를 바꾸기 위한 '토론이 있는 교직원회의', 모든 학교에서 조직되어 운영되고 있는 '교원학습공동체'를 구축하였습니다.
>
> 셋째, 학교혁신의 핵심 내용은 바로 교육과정의 혁신이라 보고 이를 위해 '서울혁신미래교육과정'을 체계화하여 교육과정-수업-평가 혁신의 방향을 정립하였습니다.

"미래를 여는 협력교육"

정근식 교육감은 2024년 10월 17일 취임사에서 "지난 10년은 혁신 교육이 근대 교육 100년의 적폐를 씻어내는 공교육 정상화 과정이었다고 생각한다"라고 언급하고 "혁신 교육의 성과를 잇되 한계는 과감히 넘어서겠다"라고 밝혔다. 또 2024년 보궐선거에서 혁신학교 등 조희연 전 교육감의 핵심 정책을 계승하겠다는 입장을 취했다. 하지만 혁신학교와 혁신교육지구 사업에 대해서는 12대 핵심 공약에서 일언반구 언급이 없었다.

당선 이후에 서울시교육청의 슬로건은 "미래를 여는 협력교육"으로 바뀐다. 2024년 11월 18일 서울시의회 본회의 시정 질문에서 "혁신 고교 하나로 지역 분위기가 나빠지고 있다. 혁신학교 지정 해제에 인근 주민들의 의견도 들어야 하지 않느냐"라는 국민의힘 김혜지 의원의 질문에 "혁신학교 지정, 해제 관련해서 주민들의 의견 반영도 신중하게 검토할 것"이라고 대답하기도 했다.[14] 언론 인터뷰 등에서 "지난 10여 년 혁신 교육은 공교육의 정상화 과정이었으며 정상화 그 자체에만 머무를 수 없다", "기초학력을 보장하고, 인공지능시대를 대비해 지식과 역량이 융합된 미래형 학교를 기르고, 교육공동체를 회복하며, 미래교육을 고민하는 세계 교육자와 지식인들에게 새로운 통찰을 제시하는 교육으로 나아가야 한다"[15]라고 밝힌 바 있다.

조희연 교육감 3기에서도 혁신 교육의 보완을 강조하면서 교권과 학생 인권의 조화, 기초학력 보장 정책의 강화 등을 추진한 바 있다. 명칭 변경보다 중요한 것은 혁신학교에 대한 성찰적 평가를 바탕

---

14. 「정근식 교육감 "혁신학교 지정 해제에 주민 의견 반영 검토」(교육언론 《창》, 2024년 11월 18일).
15. 「정근식 '혁신교육' 말 바꾸고 싶다… 시효 지난 사업 정리」(《뉴스 1》, 2025년 11월 13일).

으로 교사들의 열정과 헌신에 기대어 온 방식을 넘어서 제도화하는
방안을 함께 마련하는 것이다.

혁신학교의 과제

서울형 혁신학교 모델을 마련하고 성과 분석 및 운영 개선을 위한
국제협력 연구 등을 소재로 삼아 지속적으로 혁신학교 정책을 연구
해 온 경희대학교 성열관 교수는 혁신학교가 가져온 교육 변화를 이
렇게 이야기한다.

> 혁신학교는 교육의 공공성, 역량 중심 교육과 전인적 성
> 장과 발달을 추구, 교육과정 수업의 변화, 소통 참여에 기
> 반한 민주적 학교 운영, 지역사회와의 협력적 거버넌스 구
> 축, 교사 학습공동체 활성화로 전문성 신장, 행정 업무 중
> 심에서 교육활동 중심의 학교 체제로 변화, 교사의 자율과
> 책임, 신뢰와 협력을 중시하는 공동체주의 지향 측면에서
> 획기적인 분기점이 되었다.성열관, 2025

그런데 혁신학교의 교육 목표가 기존의 지식 중심에서 역량을 중
시하는 방향으로 바뀌었으나 성과 입증이 어려운 가운데 학력 저하
논쟁의 공세를 받게 되었다. 소수의 헌신과 희생에 의존한 혁신학교
는 지속가능성의 한계를 드러냈고, 또한 대학입시 등 기존 제도와의
정합성에 어려움이 발생하였다. 또 혁신학교의 상이 다양하고 추상

적이며 개별 학교의 자료에 의존한 혁신의 한계를 노정시켰다.

하지만 이러한 문제점은 보완해야 할 과제이지 혁신학교 정책을 흔드는 이유가 될 수는 없다. 특히 교육 구성원 간의 입장 차이와 간극이 커지면서 교육적 관계의 위기가 심화되는 상황에서 이 문제를 해결하기 위해서는 "소통과 참여에 기반한 민주적 학교 운영"이 더욱 요구되고 있다.

교육 불가능 상황, 학교 공동체 와해 등의 문제를 학교 단위에서 해결하는 모델을 혁신학교에서 만들어 왔다. 이러한 움직임은 교사, 학생, 학부모의 3주체 협약이 시작된 선사고등학교, 학생과 학부모가 교육과정 편성에 참여하는 천왕초등학교 등에서 찾아볼 수 있다.

코로나19 시기였던 2020년 JTBC에서 〈혁신학교 코로나19 대응기〉가 방영되었다. 민주적인 학교문화와 코로나 이전부터 혁신학교 교육 실천의 바탕이 되었던 전문적 학습공동체를 중심으로 위기를 헤쳐 나가는 과정을 보여 주었다. 이처럼 혁신학교는 교육 구성원들의 갈등을 해소하는 한편, 상호 신뢰와 협력의 공동체 학교의 가능성을 보여 주고 있다.

혁신학교 정책이 서울 교육에서 학교 정책의 근간이 되기 위해서는 정립하고 보완해야 할 과제가 있다.

첫째, 혁신학교의 철학과 정책 목표에 부합하는 학생상과 학생 성과 체계를 명확히 정립해야 한다. 혁신학교 정책은 교원학습공동체 활성화, 학생자치 강화, 민주적 학교문화 조성 등 학교 내부의 변화에는 긍정적인 영향을 미쳤지만, 학업 역량 향상이나 학부모·지역사회와의 협력 측면 등 가시적이고 정량적 측면에서 그 효과가 객관적으로 드러나지 못했다. '역량 평가'는 수용되지 않았고, 저소득층 지역이 대부분인 혁신학교가 낮은 학업성취도에서 시작되어 개선이 이루어졌지만 이에 대한 학력 저하 공세에 효과적인 대응도 하지 못했다.

이러한 점을 보완하기 위한 연구 결과가 축적되면서 객관적인 연구 결과가 나오고 있다. 서울형 혁신학교와 비교집단 간 학생 성과 차이는 대부분 통계적으로 유의하지 않았다. 초등학교에서는 혁신학교의 성과가 드러나지 않거나 전체적으로 비교집단에 비해 높지 않은 경향이 나타난 반면, 중학교와 고등학교에서는 혁신학교의 성과가 상대적으로 높게 나타나는 경향이 확인되었다. 특히, 고등학교의 경우 '참여자치 역량'과 '교과에 대한 가치 인식' 영역에서 서울형 혁신학교의 긍정적 변화가 두드러졌다[16]고 한다.

OECD 〈2030 학습 나침반〉의 '학생 주도성Student Agency'과 더불어 교실 수업의 '학습자 주도성'이 강조되고 있다. 학생이 배움의 주체자로서 주도적으로 학습하고 성찰하며 상호 협력을 통해 함께 성장해 나가는 수업이 이루어져야 한다. 이러한 수업에서 상대평가 방식은 적절하지 않다. 교육청 차원에서 상대평가를 절대평가로 전환하는 등 평가 방식의 전환이 이루어져야 하고, 또한 혁신학교가 선도적인 역할을 수행하는 방안도 모색해 볼 수 있을 것이다. 이는 혁신학교 정책의 우수 성과로 꼽히는 교원학습공동체가 '수업 설계-실행-평가'라는 하나의 순환적 구조 안에서 학생의 성장 발달로 작동하도록 하는 조건을 탐색하고, 제도화해 나가는 방식이다. 물론 이

---

16. 서울특별시교육청 교육연구정보원 서울교육정책연구소(2025). 『서울시교육청 혁신학교 성과 분석』, p. 162.

과정에서 객관화된 정보를 원하는 학부모에게 학생의 성장 발달의 결과를 공유할 방안이 마련되어야 할 것이다.[17]

둘째, 지속가능한 혁신학교 정책 운영을 위한 '제도화'와 맞춤형 지원 체제 구축이 필요하다. 서울형 혁신학교 정책은 지난 16년간 학교 내부의 자율성 확대와 교사 전문성 신장의 측면에서 의미 있는 변화를 창출하고, 학교혁신 문화 확산의 모델로서 중요한 역할을 수행해 왔다. 그러나 이제는 '책임성과 지속가능성을 담보하는 체제 혁신'으로 패러다임을 전환해야 할 시점으로 보인다. 따라서 향후 정책은 단일 학교 및 개별 교사 단위의 헌신에 의존하는 혁신을 넘어, 정책적 안정성과 체계적·실증적 지원 체제에 기반한 혁신 생태계 구축을 모색해야 한다.

혁신학교의 일반화와 관련하여 성열관은 기존 정책을 분석하면서 혁신학교는 전체 학교의 20% 정도로 운영하고, 새로운 책무성을 요구할 수 있는 정책을 개발하여 일반 학교의 혁신성을 확산하는 전략을 제시한다. 그리고 혁신학교의 교육철학과 학생 중심 교육의 확산을 위해서는 '표준화'가 필요하며, 또한 학교혁신을 위한 교육철학과 핵심 가치, 민주적 학교 운영 과제, 교사전문성공동체 운영 과제, 교육과정 프레임워크 제공 연수 활용, 교육 소외 학생을 우선시하는 문화 구축 및 지원 전략 제공, 지역사회와 협력하는 교사들을 주요 내용으로 제시하고 있다.

---

17. 핀란드의 윌마(Wilma)는 교사와 학부모 간의 소통 매체 역할을 하는 전자통신 플랫폼인데, 교사는 학생별 출결 상황, 수업 진행 상황 및 교우관계에서 발생하는 문제점 또는 학생의 문제 행동 등을 기재하여 자녀의 전반적인 학교생활에 대한 정보를 접할 수 있다.

혁신학교 교사들의 헌신에 의존하는 방식을 넘어서기 위해서는 팀 단위 전보 제도와 다양한 교육적 수요에 대응하기 위한 전문 교사제의 시범 운영 등이 이루어져야 할 것이다.

"학생의 전인적 성장을 돕고 미래교육을 실현하는 배움과 돌봄의 행복한 교육공동체"

2010년 곽노현 교육감이 당선된 이후에 서울 교육은 혁신학교를 정책적 씨앗으로 삼아서 학교혁신, 교육혁신으로 확장하고 학교를 넘어선 '혁신교육지구'로 확대해 왔다. '질문이 있는 교실'로 대변되는 교육과정 혁신과 일반고 전성시대, 고졸 성공시대로 표현되는 교육 불평등 혁신, '토론이 있는 교직원회의'와 '교복 입은 시민 프로젝트'로 풀어가는 교육 관계 혁신, 학교 업무 정상화로 대표되는 교육 행정 혁신 등이 혁신학교 정책을 모태로 한 것이다.

서울시교육청은 2025년부터 기존의 서울형 혁신학교라는 명칭을 대신하여 혁신학교, 혁신미래학교를 병행하여 사용하고 있다. 혁신미래학교는 "학생의 전인적 성장을 돕고 미래교육을 실현하는 배움과 돌봄의 행복한 교육공동체"로 제시되고 있다.서울특별시교육청, 2025 이는 혁신학교의 성과(민주성, 자치, 협력)를 유지하면서, 디지털 전환·생태 전환·미래 핵심역량 등을 강조한 차세대 혁신학교 모델로 제시된 것이다.

명칭이야 어떻든 혁신학교는 공교육의 새로운 표준을 만들고자 했던 취지와 정체성을 바탕으로 복합위기 사회의 파고에 놓인 서울 교육이 세파를 헤쳐 나가는 강력한 전략으로 자리매김할 것이다.

교육 구성원 간의 새로운 교육협약
교육공동체 복원을 위한 제언

'억울한 학부모와 아픈 교사' 사이의
갈등을 해소해야

오늘날 학교현장은 만차滿車 상태의 주차장처럼 변했다. 공동체성은 소멸하고, 저마다의 권리 주장으로 주체들 간의 갈등과 분쟁이 끊이지 않는다. 이해관계를 다투는 민원과 쟁송爭訟의 공간이 되었다. 학생, 학부모 교사 간 갈등뿐 아니라 교직원들 간에도 갈등이 빈번하다.윤양수, 2025

학교 재난

경기 초등 교장 선생님

아이가 목숨을 끊어도 교사가 목숨을 끊어도 노동자가
목숨을 끊어도
우린 말이 없구나 말을 할 수 없구나

코로나 돌림병을 겪어도 기후 재난을 당해도 개인으로

쪼그라든 우린
  아니 난 말이 없구나 말을 할 수 없구나

  그저 내 자리 내 학교만이라도 지키자 할 수 있는 것을
하자 위안 삼아 왔지만

  그나마 교육환경이 나은 작은 학교조차 인구 감소로 다
죽어갈 것인데
  코로나, 산불, 가뭄, 큰물 재난은 우리를 나를
  대도시와 큰 학교 같은 철벽 성에 가둔다, 꼼짝달싹 못
하게

  그래서 이제는 공립학교 대안 학교, 작은 학교, 혁신 학
교, 미래 학교의
  학교 존재 자체가 흔들린다

  개인에게 닥칠 재난 불안이 학교까지 들어와 민원이란
이름으로
  공격과 방어가 판친다. 절차와 법 규정이 득세다

  아이들 이야기는 갈수록 사라지고 교육 이야기 없는
  교사 방어, 보호자 방어, 학교 방어
  교육 없는 관료 방어, 정책 방어

재난에 닥친 학교는 무엇을 할 수 있을까.
재난을 뚫고 나갈 학교는 어떻게 변해야 하는가

교육 갈등, 방어적 교육활동, 교육의 사법화 등이 교육 현실을 설명하는 데 유효한 단어가 되었다. 저출생 고령화 시대에 학생 수가 급감하여 서울에도 학급당 학생 수가 평균적으로 20명 이내에 접어들었고 수업료를 내지 못한 아이들을 집으로 돌려보내는 일이 사라졌다. 그렇지만 학생의 전인적 성장을 위한 동반자가 되어야 할 교사와 학부모 간의 교육적 관계가 왜곡되는 양상이 깊어지고 있다. 서이초 사건 이후에 대책으로 교권 보호 5법과 서이초 특별법 등의 법 개정이 이루어졌고, 교육부와 교육청은 각종 대책을 내놓았다. 그럼에도 이러한 대책이 미봉책에 불과하다는 비판이 교원단체를 중심으로 제기되고 있고, 학부모들은 악성 민원을 제기하는 존재로 취급받으면서 권리 주장을 위하여 소송에 의존하는 경향이 강해지고 있다.

'억울한 학부모와 아픈 교사' 사이의 갈등을 해소하고 교육적 관계를 회복하는 것은 현시점에는 교육정책에서 가장 중요한 과제 중 하나이다. '거래적 관계'에서 '교육적 관계'를 회복하기 위해 교사와 학부모의 상호 이해와 인식의 격차를 좁히기 위한 정책을 재설계해야 한다. 교사와 학부모 사이의 벽을 쌓는 정책으로는 한계가 분명하다. 교사-학부모 갈등의 주요 요인에 대한 체계적인 분석과 대책 마련이 이루어져야 하고, 서로가 다르게 바라보는 민원 개념부터 정립하고 대응 시스템을 실효성 있게 구축해야 한다.

미국의 가정-학교 파트너십을 위한 이중 역량 강화 프레임워크는 가정과 학교, 즉 학부모와 교원의 역량이 함께 성장해야 한다는 것을 강조한다. 교원교육(양성과정과 현직교육)에서 교원과 학부모 관계에 필요한 능력, 자신감 등을 기르는 프로그램을 운영하고, 학부모 교육에서도 교원과의 협력과 학부모 역할 수행를 위한 프로그램을 운영하는 것이다.

진정한 학교자치의 길을 찾아서

선사고등학교의 3주체 공동체 생활협약은 학생, 교사, 학부모가 공동으로 규정을 정하고 자율적으로 책임지는 약속이다. 〈교사의 약속〉에는 "학생에게 기회를 균등하게 주고 학생 의견을 경청하며, 차별하고 비교하지 않는다"라는 조항이 있다. 〈학생의 약속〉에는 "두발, 화장, 피어싱은 개성 표현을 존중하되 공동체에 지나친 위화감을 줄 경우에는 '3주체 공동체 생활협약 위원회'의 결정에 의해 시정을 요구할 수 있다"가 포함되어 있다. 〈학부모의 약속〉에는 "학생 앞에서 선생님을 비난하지 않고 학교의 교육적 전문성을 존중한다"를 담고 있다.

세종시교육청은 교육 3주체 협약이 활성화되도록 지원하는 사업을 하고 있다. 2017년 6개 학교에서 찾아가는 3주체 생활협약 제정을 시작해 2018년 16곳, 2021년에는 30여 곳의 학교로 확산되었다. 상호 이해와 존중의 학교문화가 이러한 협약을 제정하고 준수하는 과정에서 터득되고, 그러한 학교문화는 교육 갈등을 최소화하고 공동체로서의 학교를 만드는 바탕이 될 것이다. 학교 구성원 간의 불가피한 갈등은 학교장을 중심으로 문제를 해결하고, 학교 차원을 넘어서는 과제는 교육지원청과 교육청이 주관하여 해결하는 시스템을 강화해야 한다.

서울시교육청에서는 '토론이 있는 교직원회의', 학부모회 지원 조례 제정, '교복 입은 시민 프로젝트' 등으로 교사·학생·학부모의 권리 신장과 참여를 확대하는 기반이 일정하게 마련되어 왔다. 이러한 기반이 권리 찾기를 넘어서 소통, 공감을 통해 타인의 입장을 이해할 수 있는 공감 교육, 민주주의의 화원으로 발전해 가야 한다.

서울시교육청은 2025년부터 학교자치협의회 구성을 적극 권장하고 지원하는 사업을 시작하였다. 교직원회, 학생회, 학부모회 대표 등이 참여하여 학교의 다양한 교육활동에 대해 협의하는 기구를 구성·운영하는 것이다. 여기에서 학교 비전 및 핵심 가치 수립, 학교 교육과정 설계 및 운영, 학교자율시간 개발 및 운영, 교육활동 평가 등 학교 평가 운영, 학교 공동체 생활협약 추진 및 운영, 학교 민원 대응 시스템 등 학교 소통-협력 체계 운영 방안, 학교 축제, 체험학습 추진, 구성원이 함께 만드는 AI 디지털 리터러시 교육 방안 등을 협의할 수 있도록 한다는 것이다.

그런데 학교자치협의회가 본래의 취지를 살리기 위해서는 이러한 기구가 또 하나의 업무로 받아들여지는 현실을 바꿔 나가야 한다. 급식, 보육 등 사회적 요구를 무조건 수용하면서 과부하 상태를 짊어지고 있는 학교에서 '방어적 교육활동'과 같은 용어를 만들어 내는 교육의 사법화 상황을 타개하기 위한 방안 없이는 이러한 이상적 기구의 구성은 불가능할 것이다. 기존에 학교운영위원회의 역할과 중복되거나 학교운영위원회가 제대로 운영되지 못했던 문제점 등이

함께 해결되어야 학생, 학부모, 교직원이 함께 운영하는 학교자치협
의회가 될 것이다.

혁신교육지구 사업의
정체성 회복하기
학교를 품은 마을, 지역과 함께하는 학교

학교와 지역사회는 교육의 동반자

학교와 지역사회는 서로 협력하여 어린이·청소년의 성장을 지원하는 동반자이다. 하지만 이러한 당위적 규정은 현실에서는 쉽게 발휘되기가 쉽지 않았다. 교육자치와 일반자치가 서로 분리되어 학생의 경우 학교 안에서는 교육청이, 학교 밖에서는 시청의 여성청소년과가 담당하고 있는 것도 협력적 관계를 만들기 어렵게 하는 요인이었다.

혁신교육지구 사업은 이러한 여건에서 교육청과 지자체가 민과 함께 거버넌스를 형성하여 함께 사업을 추진해 온 대표적인 사업이다. 교육청과 지자체가 혁신교육지구 사업을 추진해 오면서 학급당 학생 수 감축 등 교육 여건 개선과 청소년 의회 활동, 마을 교육과정 계발과 교과서 제작 등 의미 있는 성과를 이루었다.

문재인 정부에서는 국정 과제로 설정하여 추진한 바 있다. 2011년 경기도교육청에서 시작한 혁신교육지구의 등장 및 확산 배경에는 시민들이 교육감을 투표로 선출하는 교육감 직선제와 교육정책에 직접 참여하고자 하는 성장한 시민의식이 있었고, 무엇보다 빠르게 전국으로 확산된 사례는 그 전례를 찾기 어렵다고 평가된다.

서울에서는 구로구와 금천구에서 시작된 혁신교육지구가 조희연 교육감 시기에 전체 25개로 확산되었다. 서울형 혁신교육지구의 비전 및 기본 방향을 살펴보면, 서울형 혁신교육지구는 "어린이·청소년이 행복하게 성장하는 학교-마을교육공동체"를 비전으로 하고, "민·관·학 거버넌스 체제를 통한 자치구별 특성이 살아 있는 마을교육공동체 형성"을 목표로 한다. 이를 위해 거버넌스를 심화하고, 교육 과정을 마을과 연계하여 확대하며, 마을교육체제를 강화하고 청소년을 삶의 주체로 세우는 것을 기본 방향으로 설정한 바 있다.

2022년, 서울시와 서울시교육청, 25개 자치구가 함께 민관 거버넌스를 통해 추진하던 이 사업은 지방자치선거에서 국민의힘 소속 구청장들이 대거 당선되면서 미래교육지구라는 이름으로 명맥을 유지하고, 사업의 내용 면에서도 변화가 이루어지게 된다.

정근식 교육감이 "미래를 여는 협력교육"을 비전으로 제시하면서 미래교육지구는 다시 서울교육협력특구 사업으로 개명을 하게 된다. 명칭이야 무엇이든 기존의 혁신교육지구 사업의 성과를 계승 발전시키고 문제점을 보완해 나가면 될 일이다. 문제는 2025년 연말까지 25개 자치구와 협약은 이루어지고 있지만, 이 사업에서 민은 거버넌스 대상에서 빠져 있다는 우려가 제기되고 있다.

17개 시도 교육청 교육청-자치구 협력 사업 현황(2025년)

교육청	사업명	사업 내용				비고
		1	2	3	4	
서울	서울미래 교육지구	지역협력교육	지연연계 교육과정 지원	지역연계 학생 맞춤 통합 지원		
경기도	미래교육 협력지구	지역교육 공동체	학교 교육과정 지원	지역 맞춤형 미래교육		
인천	교육 혁신지구	협력체제, 마을학교	마을연계 교육과정	우리마을 교육자치회	교육 협동조합	
강원도	더나은 교육지구	교육 거버넌스	온마을 돌봄배움터	지역 교육과정	청소년 사회참여 협동조합	
세종	세종마을 교육공동체	마을학교, 학생자치	마을연계 교육과정	사회적 경제교육	교육 기부	
대전	행복이음 교육지구	교육협력 기반	마을학교, 학교 지원	마을 교육과정	교육지구 운영	
제주	마을교육 공동체	지원사업 (학교, 마을)	마을 역량 강화	활동가 양성	인식 확산 홍보	
부산	희망 교육지구	지역연계 교육과정	민·관·학 협력 체제	지역 특화 브랜드		
대구	대구미래 교육지구	미래교육지구 지정	다행 마을학교	교육 프로그램 운영	학교 밖 돌봄	
울산	서로나눔 교육지구	지역연계 지원	마을교육 공동체	마을학교		
광주	마을교육 공동체	마을교육 거버넌스	온마을 이음학교	마을교육 공동체		
충북	행복 교육지구	행복교육지구 운영	교육 생태계 (마을)	공교육 혁신 지원	교육자치, 청소년	
충남	행복 교육지구	지역 기반 혁신 확산	마을 중심 교육활동	마을교육 생태계		
전북	교육 협력지구	거버넌스	교육과정, 마을학교	방과후 마을학교		
전남	교육자치 협력지구	협력 체제 강화	학교교육 지원	마을교육 공동체		
경북	경북미래 교육지구	거버넌스	지역연계 교육과정	마을학교	지역 특색 프로그램	
경남	미래 교육지구	기반 조성	학교 교육과정	지역 활용 학생 성장		

마을교육공동체와 민관 거버넌스의
원리가 작동하는 혁신교육지구

혁신교육지구 사업의 바탕에는 마을교육공동체가 있다. 마을교육공동체는 기존 관 주도의 지역사회학교 운동의 한계를 극복하며 등장한 민간 교육운동 중심 개념이다. 학생의 삶과 배움을 일치시키고 학교와 지역사회, 가정이 유기적으로 협력하는 구조를 지향한다. 이는 단순히 학교가 지역사회를 교육의 수단으로 활용하는 관점을 넘어, 학교를 포함한 마을 자체가 하나의 교육 생태계로 작동하는 것을 목표로 하였다.김대성 외, 2023

혁신교육지구 사업은 '마을교육 생태계 조성을 통한 공교육 혁신'에서 '참여와 협력으로 어린이·청소년이 행복하게 성장하는 학교-마을교육공동체'로 확장되어 왔다. 이러한 혁신교육지구 사업의 정체성인 마을교육공동체와 민관 거버넌스의 원리가 적용되지 않는 사업은 교육청과 구청의 관·관 협력 사업 수준으로 떨어지게 된다.

서울형 혁신교육지구에서는 학교와 지역사회라는 학습 생태계 안에서 학생 스스로 자기주도적으로 배우고, 삶과 앎을 통합하여 배움을 실천할 수 있는 교육을 하기 위해 '지역 연계 교육과정'을 운영하였다. 전국 최초로 25개 자치구별로 교원과 마을의 전문가가 함께 초·중등 교과서를 집필하여 초등학교 3학년 사회과 수업을 위한 '마을 교과서', 중학교 자유학기 및 중등 창의적 체험활동 등을 위한 '마을알기 배움책'을 개발하여 보급해 왔다.

학교교육과 지역사회가 협력하여 교육의 내용과 실천을 확장할 필요성이 더욱 높아지고 있다. 이에 지역사회의 교육 역량을 강화하여 삶과 연결된 학습의 장을 마련해야 한다. 이를 위해 학교와 지역사회는 공적 배움 공간을 확장하는 데 적극 협력하고 연대해야 한다. 이 같은 시대적 흐름을 선도하였던 혁신교육지구의 마을 교육과정이 본래의 취지를 잃어버리고 유명무실해지는 것은 안타까운 일이다.

이러한 문제와 연관하여 교육의 지역화와 관련된 연구와 논의가 활발해질 필요가 있다. 교육자치 시대에 접어들어 '서울형 교육과정' 등 교육청 단위의 교육과정 계발과 보급에도 불구하고 학교현장의 체감도는 높지 않다. 지역 교육과정(○○시도 교육과정 편성·운영 지침)은 국가 교육과정과 학교 교육과정을 연결하는 역할을 하지만 우리나라에 '지역 교육과정다운 지역 교육과정'은 여전한 과제이다.

국가 교육과정의 범위 안에서 개발된 지역 교육과정이 국가 교육과정의 한계를 보완하고 역으로 새로운 국가 교육과정 개발을 유도한 사례로 크게 학력관의 재정립, 학교 교육과정 자율화 등이 있다. 경기도교육청, 충북교육청, 전북교육청 등에서 시도한 '학교 자율과정 운영', '학교 교과목 개설'이 대표적인 예이다. '학교자율시간'을 통해 학교에서는 국가 교육과정에 제시되어 있는 교과 외에 새로운 과목이나 활동을 개설하여 운영할 수 있게 되었다.[이형빈, 2025]

학교 중심 공교육을 지역사회로 확대하고 지속가능한 지원 체제를 구축하기 위해서는 국가 교육과정의 일정 비율(20% 이상)을 지역 교육과정으로 전환하여 지역사회 기반 교육을 강화해야 한다는 주장이 제기되고 있다.[박미자 외, 2025]

현재 진행 중인 창의적 체험활동과 2025년부터 실행하는 2022 교육과정의 학교-지역사회 연계를 중심으로 운영하는 학교자율시간을, 학교와 지역사회가 협력해서 진행하는 방안을 혁신교육지구 사업과 연계하여 마련해야 한다.

혁신교육지구 사업의 과제

혁신교육지구 사업을 추진하는 과정에서 보완해야 할 과제도 적지 않다.

첫째, 교육청과 지원청, 학교에서는 민의 참여와 거버넌스와 관련하여 나타난 문제점을 해결하는 방안을 마련해야 한다. 서울형 혁신교육지구 사업을 담당했던 채희태 공주대 연구교수의 "교육 거버넌스를 대체보다는 보완적, 맹목적 실천보다는 성찰적, 주도보다는 협력적 관점으로 바라볼 필요가 있다"라는 제언에 귀 기울일 필요가 있다.

또한 업무협약 수준을 넘어 세종시교육청의 「마을공동체 활성화 지원 조례」와 같은 관련한 법적 근거를 확보하고, 학교와 지역을 연결하는 중간 지원 조직을 구축하여 학교와 교사, 교육청과 구청의 업무 부담이 최소화되도록 해야 한다.

둘째, 혁신교육지구 사업과 관련한 모범적인 사례를 확산시키는 전략이 필요하다. 미래교육지구 사업 교육협력관 제도 도입, 신규 아파트 커뮤니티와 마을 공간 커뮤니티 매핑Commumity Mapping을 통한 지역 체험처를 학부모회 활동과 결합하여 발굴하고, 탐험·여행·모험·체험학습을 마을 강사가 주관하여 운영하는 사례들이 보고되고 있다.

셋째, 정부 책임형 유보 통합과 온동네 돌봄 등 이재명 정부의 국정 과제이자 교육청과 자치단체의 유기적인 협력이 필요한 사업을 혁신교육지구 사업과 연계하는 방안을 모색해 볼 수 있을 것이다.

이미 서울시교육청과 구청 차원에서 학교와 마을이 협력하는 마을방과후학교 운영을 위한 협약을 체결한 바 있다. 이 협약은 우수한 마을교육자원을 활용한 마을방과후학교 운영을 통해 방과후학교 질 제고 및 자치구의 마을 아동·청소년 교육에 대한 책무성 제고, 마을교육공동체 활성화를 목적으로 한다고 명시하고 있다. 진행 과정을 보면, 교육청과 9개 자치구(성북구, 강북구, 도봉구, 노원구, 은평구, 서대문구, 양천구, 구로구, 금천구) 간에 협약서를 체결하고 학교지원형 마을방과후학교, 마을 공급형 마을방과후학교, 개별 학교 맞춤형 마을방과후학교, 사회적협동조합 마을방과후학교 등의 유형별로 운영되었다.

교육 불평등에 대한 도전은
계속되어야 한다

교육 불평등 해소의 역사

조희연 서울시교육감은 2014년 10월 취임 100일을 맞은 기자회견에서 "입시 중심 교육과 교육 불평등에 도전하는 교육감이 되고자 한다"라고 포부를 밝혔다. 2014년 당시 자율형사립고 49개교 중에 절반 이상인 25개교가 포진하고 있고 대치동, 목동 등 사교육의 본거지가 있던 서울의 '진보 교육감'에게 이 문제는 피할 수 없는 과제였다. 지난 10년 동안 이러한 도전은 어느 정도의 성과를 이루었을까?

조희연 교육감은 2024년 7월 취임 10주년 기자회견에서 이와 관련해 '정의로운 차등' 정책을 중심으로 그간의 성과를 제시하였다.

2014년 초·중으로 확대된 무상급식을 2022년 유치원까지 확대해 서울의 모든 유·초·중·고 학생들이 건강하고 질 높은 친환경 급식을 먹을 수 있도록 하였고, 무상교육은 학습 준비물 지원, 입학 준비금 지급으로 확대된 것을 예로 들었다.

또한 2019년 17년 만에 공립특수학교인 서울나래학교와 2020년 서울서진학교가 설립되어 특수교육이 시혜가 아닌 '교육받을 권리'

라는 인식이 확산되었고, 이는 장애 학생의 '학교 가는 길'이 가까워진 가장 자랑스러운 사업이었다는 소감을 밝히기도 했다. 서울시교육청은 학교 밖 청소년에게 교육 참여 수당을 지급하는 한편, 신림역 근처에 이어 평생학습관(고덕, 노원, 영등포)에 도움센터를 설치 운영하고 있다.

교육 기회의 형평성 측면에서 우리 교육은 초등학교부터 고등학교까지 100%에 육박하는 세계 최고 수준의 취학률을 기록하고 있다. 취학 전 단계에서도 대부분 아이가 유치원이나 어린이집에 다니고 있다. 탈옥수 신창원은 초등학교 5학년 때 선생님에게 "돈 안 가져왔는데 뭐 하러 학교 왔어. 빨리 꺼져"라는 말을 듣고 느꼈던 모멸감이 사회에 대한 불만이 싹트게 된 계기라고 말한 적이 있다. 자신의 범죄 행위에 대한 변명을 늘어놓은 것이긴 하지만 실제 학비를 내지 못하는 학생들은 이러한 대접을 받아야 했다.

2022년에 고등학교까지 무상교육이 이루어지게 되면서 학비 때문에 학교에서 쫓겨나고, 점심시간에 허기를 채우기 위해 수돗물을 마시는 일은 없어지게 되었다. 서울시교육청은 2020년에 고등학교 무상교육에 2,998억 원을 사용했고 학생 1인당 연간 약 196만 원의 교육비 부담이 경감되어 가계 소득이 월 16만 원 늘어나는 경제적 효과가 나타나기도 했다. 주로 저소득층 학생들을 대상으로 장학금을 지급하던 장학재단들은 무상교육이 시행되면서 다문화 가정이나 탈북 학생 쪽으로 지원 정책이 바뀌는 상황이 되었다.

2011년 곽노현 교육감 재임 기간에 서울시와 무상급식을 두고 보편적 복지와 선별적 복지 정책에 대한 입장 차이로 극심한 갈등을 겪다가 주민투표까지 이어져 오세훈 서울시장이 사퇴하는 일이 벌어졌다. 하지만 지난 2022년 교육감 선거에서는 선별적 복지를 주장하는 후보는 찾을 수 없었고, 임태희 경기도교육감 후보는 아침 급식 시행을 주요 공약으로 내세우기도 했다.

무상급식 무상교육 등의 보편적 교육복지가 일정하게 이루어졌지만, 교육 불평등 문제가 완화되었다고 느껴지지 않는 것 또한 현실이다. 사회 양극화가 심화되어 교육 불평등 문제를 교육 분야의 노력만으로 해소하기 어려운 구조적인 문제가 있긴 하지만, 사교육 영역에서의 교육 불평등이 오히려 심화되고 있는 것이 그러한 느낌의 주요한 요인이다.

학생 수가 급감하고 있지만 2014년 기준으로 18조 2,000억 원이던 사교육비 총액이 2024년 29조 원이 넘었다고 통계청은 밝히고 있다.[18] 월 소득 200만 원 미만 가정은 11만 4,000원을 사교육비로 사용하는 반면에 800만 원 이상 고소득층 가정은 월 59만 3,000원으로 5배 이상 높은 사교육비를 지출하고 있다.

서울교육정책연구소의 「학교와 교육 불평등 관계에 관한 보고서」 2016는 "교육 불평등은 국가와 시장에 의하여 제공되는 교육의 수단들에 대한 접근이 부모의 계급적 지위에 의하여 가속화될 때, 그리고 국가가 이를 방기하거나 중산계급에 차별적인 기회를 제공할 때 특히 심화된다"라고 지적하였다.

---

18. 통계청의 통계에서 드러난 29조 원은 초·중·고등학교 사교육비를 대상으로 하는 것이다. 영어 유치원 등 영유아 사교육비 시범 조사에서 분기당 8,000억 원 정도인 것과 매년 늘어나는 N수생 사교육비를 포함하면 35조 원을 넘는 것으로 추정된다.

교육 불평등과 정의로운 차등

보편적 교육복지 정책이 확산·정착되면서, 이제 '수익자 부담 원칙'이라며 교육재정의 부담을 학부모가 떠맡도록 하던 것에서는 벗어나게 되었다. 사회적 기본권으로서 국민 모두 교육받을 권리를 향유하는 것이 적어도 공교육의 영역에서는 이루어지게 되었다. 또한 적극적 역차별 정책을 통해서 교육 소외 계층과 교육 약자들의 교육권을 보장하기 위한 노력도 의미 있는 성과를 가져왔다.

2016년 '교육 불평등과 정의로운 차등'을 주제로 열린 국제교육포럼에서 조희연 교육감은 "교육 영역에서의 '정의로운 차등'은 현실적으로 불평등 구조가 현존하는 것을 인정하면서도 이를 완화하기 위한 다양한 차등적 정책을 취하는 것을 의미하고, 그것이 도덕적 관점에서나 사회정의의 관점에서 타당하다는 것을 의미한다. 물론, 정의로운 차등 정책은 한 사회에서 복지의 보편적 확장에 따라 그 적용의 지점과 형태가 다를 것이다"라고 밝힌 바 있다. 적극적 역차별 정책affirmative action을 서울 교육의 현실에서 '정의로운 차등'이라는 이름으로 추진한 것이다.

주요 정책과 사업으로 교육 취약, 교육 위기, 교육 소외 학생을 위한 교육복지 통합 지원, 특수교육 대상 학생의 행복한 학교생활 지원, 장애 학생의 교육권 보장을 위한 특수학교 설립, 다문화 학생을 위한 원스톱 지원 시스템 구축, 대안교육 및 학교 밖 청소년 지원 강화, 탈북 학생을 위한 학습·진로 맞춤형 멘토링 확대, 학부모의 안정적인 자녀교육 지원, 학교 간 교육 격차를 해소하는 학교 평등 예산제 등이 다양하게 추진되어 왔다.

교육복지 정책 차원에서도 '교육복지 투자 우선 사업'이 본격화하였고 결핍 모델 위주에서 장점 모델과 성장 모델growth model로 변화·발전해 왔으며, 학습 복지에 대한 논의로 진전되어 왔다.김명희, 2024

결핍 모델은 특정 대상의 부족한 부분을 채워 주는 방식인데, 교육복지 우선 사업, 다문화 및 탈북 학생 지원 등이 대표적이다.

이러한 정책이 정책 수혜 대상에게 부정적인 관점을 주게 되는 문제점을 해결하기 위해 제안된 것이 강점 모델이다. 이러한 모델은 특정 집단이 지니는 가능성, 능력, 잠재력에 집중하는 정책으로 이주 배경 학생을 이중언어와 이중문화를 보유한 글로벌 인재로 바라보고 장점을 살리자는 것이다.

서울시교육청은 세계적인 패션디자이너 이상봉 교수를 위촉하여 다문화 학생을 위한 패션디자인과 모델 교육을 시행해 왔으며, 2021년부터는 이를 '꿈토링 스쿨'로 발전시켜 체계적으로 운영해 왔다. 또 2024년부터는 음악·미술 분야로 확장하고 있는데, 이는 좋은 '성장 모델'로 발전해 나가야 할 것이다.

의미 있는 진전을 이룬 교육복지

교육복지는 "모든 학습자가 유의미한 학습 경험을 통해 전인적인 성장을 할 수 있도록 교육 기회를 제공하고, 교육 여건을 개선함으로써 교육의 질적 평등을 보장하기 위한 공적 지원"이다. 이를 확장하여 학습 생활복지의 개념은 학생들의 학습이 학교가 아닌 어디에

서든 이루어질 수 있어야 하며, 이 과정에서 보편성, 평등성, 의무성, 무상성, 전문성의 원리가 작동되어야 한다는 것을 말한다.

서울시교육청은 학교 밖 청소년에게 2019년 전국 최초로 교육 참여 수당을 마련하였다. 이 사업의 성과와 함께 도움센터의 검정고시 합격자(2019년 110명에서 2023년 227명)와 학교로 복귀하는 학생(2019년 19명에서 2023년 147명)이 증가하였다. 평등한 교육 여건 속에서 다양성을 존중하는 교육을 만들기 위한 정책은 지속적으로 발전하고 폭과 깊이를 더해야 한다.

서울시교육청은 22대 국회에 제안한 정책과제 중 하나로 '학생맞춤통합지원 체계'를 제안하였다. 이는 복합적 어려움이 있는 학생들, 특히 우리 사회의 다문화, 탈북, 장애 등이 있는 학생들이 필요에 맞는 맞춤형 통합적 지원을 받도록 하겠다는 취지이다. 교육복지 정책을 학교 안팎으로까지 확산하고 학생 개개인의 조건에 맞추어 심화시켜 온 것은 의미 있는 진전인데, 이미 일정한 성과를 거두었다.

다음의 사례는 교육 격차를 줄이기 위한 정책이 더 섬세하게 근거를 가지고 이루어져야 함을 보여 준다.

네덜란드에 있는 초등학교에서는 모든 학생에게 기본 단위의 교육 예산을 지급하지만, 부모의 교육 수준이 낮은 가정의 자녀들에게는 기본 단위의 1.25배를 지급한다. 또 선원의 자녀는 1.4배, 이민자나 부랑자의 자녀는 1.7배, 교육을 받지 못한 소수 인종의 자녀는 기본 단위의 1.9배를 받는다. 여기에는 지역 차이도, 시스템의 신뢰를 떨어뜨리는 예외도 없다. 이것이 교육 예산의 핵심을 이룬다.

이에 더하여 중등학교에서는 대학 진학을 준비하는 학생보다 직업교육과정을 이수하는 학생들에게 더 많은 교육비를 지원한다. 그들이 사용하는 실습실을 청소하고 유지하기 위해서는 더 많은 돈이 필요하다는 단순한 이유에서다. 네덜란드의 전형적인 중등학교에서는 직업교육을 받는 학생에게 135만 원의 교육비를 투자하는 반면, 대학 진학을 준비하는 학생에게는 많아야 40만 원 정도의 교육비만 지급하고 있다.『위기의 학교』(닉 데이비스)에서

사교육에서 해방되려면?

교육 불평등이 심화되는 근원지이자 화수분인 사교육 영역에 대해서는 제대로 된 기본적인 통계조차 마련되지 못하고 있다. 영어 유치원 진학을 위한 4세 고시, 7세 고시가 논란이 되고 있지만 영유아 사교육 관련 통계는 교육부 차원에서도, 서울시교육청 차원에서도 확보되지 않고 있다.

이형빈과 송경원은 함께 쓴 『사교육 해방 국민투표』에서 사교육 수요 해소, 사교육 대체, 사교육 공급 조절을 사교육 정책의 세 가지 접근 방안으로 제시하고 있다.

사교육 대체 방안으로 영유아 사교육 실태에 대한 체계적인 조사와 유아 공교육 시스템으로 사교육 흡수, 예체능 사교육비 완화와 공교육 흡수를 위한 종합대책, 늘봄학교(돌봄+무상 방과후)를 전 학년으로 연차적 확대(2029년까지)하는 방안이 마련되어야 한다.

사교육 규제 강화 방안으로는 사교육 모니터링 체제를 구축하여 사교육 현황과 주요 요인을 분석하고 대책을 마련하는 것이 시급히 이루어져야 한다. 현행 「공교육 정상화 촉진 및 선행교육 규제에 관한 특별법」에 교육기관과 선행교육에 유아교육 기관과 사교육 기관을 포함하여 과도한 사교육을 규제할 법적 근거를 마련하고, 「학원의 설립 운영 및 과외교습에 관한 법률과 조례」에 영유아 사교육 제한 근거를 포함해야 한다. 서울 지역의 국제중에서 설립 목적에 위배되는 과학고(3.4%)와 자사고(24.7%)에 진학하는 것을 규제하고, 사교육을 유발하는 영재 과학고 입시제도도 개선해야 한다.

사교육 수요 해소 방안으로는 업종 간 학력 간 과도한 임금 격차를 줄이고 "안정되고 쓸 만한 일자리 창출"을 위하여 비정규직의 정규직화 등 사회개혁과 대학서열체제 완화를 위한 교육개혁을 범정부 차원에서 추진해야 한다. 국제학교, 사립초, 국제중 등 의무교육 단계 특권 학교 실태 조사와 평가 시스템을 강화하고, 자사고(자율형공립고 포함)와 특목고의 일반고 전환을 시행령 개정을 통해 이루어 내야 한다.

교육 불평등 문제를 해결하기 위한 시즌Ⅱ를 새롭게 마련해야 한다. 영유아부터 초등학교, 중학교, 고등학교 단계에 이르기까지 교육 소외 계층과 교육 약자를 대상으로 하는 정책과 학교와 지역 단위의 정책을 마련하여 체계적으로 추진해야 한다.

영유아 단계부터 만 5세 이하 영유아를 대상으로 한 가칭 Early Dream Start 사업으로 주거 빈곤 아동에 대한 전수 실태 조사 및 의식주와 의료 긴급 지원을 하는 한편, LH·SH 등과 연계하여 아이들의 주거환경을 보장하고 빈곤 아동의 부모에게 산전 및 산후 건강

서비스, 양육 지원, 영유아기 학습 및 보육 등을 지원해야 할 것이다.

초·중·고 단계에서는 앞의 사교육 수요 해소 차원에서 언급한 국제중, 자사고 등 특권층의 전유물이 된 학교를 일반계 학교로 전환하는 것이 우선적으로 이루어져야 할 것이다.

이재명 정부의 국정 과제인 '서울대 10개 만들기'를 학벌·학력주의의 폐해를 극복하기 위한 정책 차원에서 공동 학위제 등과 결합하여 추진해야 할 것이다. 주요 대학은 신입생 선발에서 배경 특성의 다양성을 강화하는 지역균형선발제 등을 확대하여 저소득층 학생과 교육 소외 지역 학생의 진입 가능성을 높여야 한다. 사교육이 대입 전형에서 차지하는 비중을 낮추는 정책도 교육 격차 해소를 위한 필수 정책이다.

교육 격차의 실태를 객관화하고 효과적인 방안을 마련하기 위한 연구 기반과 증거 기반 정책도 강화해야 한다.

서울시교육청, 부산시교육청의 경우 교육 종단 데이터(학생 표집) 구축과 교육 격차 해소와 증거 기반 평가, 낙후 지역에 대한 사회 기반시설 구축 등의 종합적인 방안을 마련하고 있다. 또한 울산시교육청은 울산형 Early Head Start를 마련하여 지자체의 드림스타트(영유아 부모 지원 프로그램) 연계를 위한 협의 체계를 구축하고, 취약계층 영유아에 대한 독서 교육 프로그램, 부모 교육 지원 프로그램을 공동 추진하고 있다. 친환경 무상급식과 고교 무상교육 등 보편적 교육복지 정책이 빠른 시일에 정착하게 된 것에는 교육청이 커다란 몫을 차지하였다. 모든 이에게 질 높은 교육이 실현되는 교육 격차 해소, 교육 불평등에 대한 도전을 새롭게 한 단계 더 발전시켜 나가야 할 것이다.

생태전환교육은
기후위기 시대의 생존 전략

환경교육을 넘어 생태전환교육으로

서울시교육청은 2020년에 전국 교육청 중 최초로 〈생태전환교육 중장기 발전 계획〉을 발표하였다.

생태전환교육은 "기후위기 시대를 극복하기 위해 인간 중심적 사고에서 벗어나, 인간과 자연의 공존과 지속가능성을 위해 인간의 생각과 행동 양식의 총체적 변화를 추구하는 교육"이다. 그 목표는 전 지구적 기후위기 상황에 대한 민감성과 책임감을 지니고, 생태환경의 문제 해결에 기여하기 위해 노력하는 생태 시민을 기르는 것이다. '생태'는 인간을 만물의 영장이나 지구의 주인이 아니라 다양한 생명체의 일원으로 보는 관점이라는 점에서 인간 중심으로 세계를 보는 '환경'과 철학적 차이를 갖는다.심재영, 2024

환경교육은 공식적으로 1981년 고시된 제4차 교육과정부터 도입되었다. 2000년부터 시행된 제7차 교육과정에서 중학교에는 '환경', 고등학교에는 '생태와 환경' 과목이 만들어졌다.

서울시교육청은 2001년부터 학교에 생태연못과 자연학습장 등을 조성하는 사업을 추진하였다. 자연환경에 대한 교육적 효과를 극대화하고 학생들이 자연과 친해질 수 있는 계기를 마련하고, 교과서에 나오는 나무 및 유실수 등을 심어 현장감 있는 교육 장소로 학교를 활용, 교육활동과 접목하는 사업이었다.

2008년 11월 17일 서울 고교생 대표 40명, 외국인 학생, 학부모 및 관계자 등 200여 명이 모인 'C40 청소년 모의 정상회의'가 개최되었다. '기후변화 대응 실천 방안, 에너지 절약 및 효율화'를 주제로 열린 이 행사는 2009년 5월 서울에서 개최된 '제3차 C40 세계도시 기후 정상회의C40 Large Cities Climate Summit Seoul 2009 기후 박람회'를 대비한 것이었다.

C40 도시기후 리더십 그룹C40 Cities Climate Leadership Group은 세계 온실가스의 80% 이상을 배출하고 있는 40개 대도시가 기후변화에 대응하기 위해 2005년 발족시킨 협의체로 서울은 2006년 7월에 가입하였다. 이 대회 개최에 맞춰 서울시의 예산 지원으로 『환이랑 경이랑 함께 가꾸는 초록 서울』을 만들어 초등학교에 배포하였다.

이러한 환경교육을 넘어 생태전환교육이 등장하는 과정에서 '멸종 위기종'을 자임하고 나선 청소년들이 주요한 역할을 담당하였다. 2018년 8월 스웨덴의 15세 소녀 그레타 툰베리가 등교를 거부하고 국회의사당 앞에서 기후변화에 대처할 것을 요구하였다. 툰베리는 유엔본부에서 열린 기후행동정상회의에서 이렇게 질타하였다.

"우린 대멸종의 시작점에 서 있습니다. 그런데 여러분은 오로지 돈과 동화 같은 경제 성장 얘기만 하고 계십니다. 어떻게 그러실 수 있습니까?"

기후위기의 가장 큰 피해자는
우리의 어린이, 청소년

툰베리와 함께 전 세계 청소년들이 '미래를 위한 금요일Fridays For Future'이라는 연대 기구를 결성하고 '기후를 위한 학교 파업 운동'을 전개하였다. 한국에서도 이를 계기로 '청소년기후행동'이 본격적인 활동을 시작하게 된다.

청소년기후행동은 2019년 8월 조희연 서울시교육감과 만나서 탈석탄 금고 지정, 채식 급식 선택권 보장, 체계적인 기후위기 교육, 청소년 사회 참여 보장 등을 요구하였다.

그리고 2019년 9월 26일, 아래와 같은 내용을 담은 '생태문명 전환 도시, 서울' 공동선언이 발표되었다.

> 서울시와 서울시교육청은 기후위기의 가장 큰 피해자는 우리의 어린이, 청소년이라는 사실을 분명히 인식하고, 모든 정책을 수립하고 추진할 때 기후위기 대응과 생태적 전환에 집중한다.

〈생태전환교육 중장기 발전 계획〉을 바탕으로 학교 교육과정에서 생태전환교육 운영 강화를 위해 생태전환교육 반영을 의무화하면서 2023학년도에 학교(학년) 교육과정에 생태전환교육을 7시간 이상 반영한 학교가 912개교(초등 501개교, 중등 255개교, 고등 156개교)로 파악되었다. 전체 중학교(386개교) 1개 학년에 '학교로 찾아가는 생태전환 교실'이 운영되었고, 탄소 배출 제로 학교를 만들기 위해 학교의 온실가스 줄이기를 실시하고 '햇빛 발전소'를 만들어 직접 에너지를 생산하도록 지원하였다.

2020년 11월에는 '기후위기 시대, 먹거리 생태전환교육'을 주제로 생태전환교육포럼을 개최해 먹거리 생태전환교육의 필요성을 공론화하였고, 2021년 4월부터 월 2회 '그린 급식의 날'을 운영하고 있다. 지나친 육식 위주의 식습관을 개선하고 채식 급식을 먹을 수 있는 급식 환경을 마련하기 위해 2022년 76개 학교에 그린 급식 바bar가 설치되었다.

2023년 〈생태전환교육 기본 계획〉에서는 기존의 생태전환교육에 조직문화 및 시스템까지 총체적인 전환을 추구하는 교육으로 의미를 확장하였다. 생태전환 조직문화 조성 및 실천 차원에서 책자 형태 간행물을 감축하고 전자 간행물로 생산하는 '간행물 디지털 전환' 사업도 추진되었다.

2024년에는 생태적 조직문화 전면 확산을 시작하여 '1회용품 OUT, 종이 사용 DOWN, 자원순환 실천 GO'를 주요 과제로 추진하여 서울시교육청 화장실에는 손을 씻는 데 쓰는 일회용 휴지를 없애고 손수건을 사용하도록 하고 있다.

기후행동 365 실천 네트워크 활동

'기후행동 365 실천 네트워크 활동'은 학생, 교사, 학부모, 시민과 지역사회가 함께 하는 일상적인 실천 활동이다. 초등학생은 가정과 연계하는 활동을 위주로 하고, 중등은 진로와 연계하는 활동을 중심으로 한다. '교사 기후행동 365'는 교원의 생태전환교육 역량을 높이고 실제 수업 사례와 활동 사례를 공유한다. '학부모·시민 기후행동 365'는 학교-마을-자치구를 연계하는 네트워크를 구축했다.

코로나19 시기인 2020년에 전일중학교에서 학생들이 제안한 '그린 데이'가 실시되었다. 초록색 마스크, 초록색 핀, 초록색 손수건, 초록색 가방, 초록색 셔츠 등을 착용해 등교하면서 기후위기의 심각성을 환기시키는 활동이다. 태양열을 이용하여 쓰레기가 축적되면 압축하는 기능이 있고 쓰레기의 양 및 위치를 실시간 클라우드 서버에 보고하는 '스마트 쓰레기통'을 지역사회에 제안했다. 그리고 교육청에는 학교에서 쓰는 건전지 사용 제품을 충전식 제품으로 전환하고 충전식 코드 규격을 통일하자는 제안을 하기도 했다.

2024년 6월에는 '기후행동 365 실천 네트워크'의 활동을 공유하고 확산하기 위해 '2024 생태전환교육 한마당'을 개최했다. 이 행사에서 영림중학교 학생들은 기후행동 캠페인 자율동아리 '그린루리'가 매달 벌이고 있는 활동을 발표했다. 3월 22일, 지구를 위한 한 시간을 함께하는 어스 아워 인증 이벤트, 4월 22일, 지구의 날을 포함한 기후변화 주간에 절전, 분리배출, 다회용품 사용 등 지구를 위한 '지키자구 실천미션 챌린지', 5월 31일, 바다의 날에 해양 보호의 중요성을 알리기 위한 등교 맞이 캠페인과 폐플라스틱 뚜껑을 활용한 바다 모양 키링 만들기 이벤트 등이 있었다.

생태전환교육의 선두에서

서울시교육청은 생태전환교육과 관련하여 나름대로 선도적인 역할을 체계적으로 수행해 왔다. 그럼에도 날이 갈수록 심각해지는 기후위기 사태는 생태전환교육 시즌II를 요구하고 있다.

유네스코는 2024년 6월 녹색 교육Greening Education의 네 가지 핵심 원칙을 담은 교육과정 지침 「Greening curriculum guidance: Teaching and learning for climate action」을 발표하였다.

Action-Oriented (실천 지향적)	Learner-centred 학습자 중심
	Career-related 진로 관련
	Transformative 전환적(변혁적)
	Future-oriented 미래 지향적
Justice-Promoting (정의 촉진)	Based on a human rights approach 인권 접근에 기반
	Based on gender equality 성평등에 기반
	Based on inter-generational equity 세대 간 형평성에 기반
	Based on intra-generational equity 세대 내 형평성에 기반
Quality Content (양질의 내용)	Scientifically accurate 과학적으로 정확한
	Conveys urgency 시급성을 전달하는
	Age and developmentally appropriate 연령 및 발달 단계에 적합한
	Indigenous-influenced 원주민 지식에 기반한
	Balanced 균형 잡힌
Comprehensive & Relevant (포괄적이고 관련성 있는)	Comprehensive 포괄적인
	Lifelong 평생학습적
	Culturally relevant and context appropriate 문화적으로 관련 있고 맥락에 적합한
	Inclusive 포용적인
	Institution-wide 기관 전체가 참여하는

구분	세부 영역	학습 내용	관련 교육 원칙
환경 (Environmental)	기후 과학 (Climate Science)	- 날씨와 기후 - 온실가스 - 탄소순환 - 물순환 - 오염 - 재생에너지	Action -oriented (실천 지향적)
	생태계와 생물다양성 (Ecosystems and Biodiversity)	- 자연환경 - 생물다양성의 진화 - 생태계 서비스 - 인간과 자연의 관계 - 자연과의 재연결 - 생물다양성 손실	
사회 (Social)	기후 정의 (Climate Justice)	- 현대적 양상 - 사회적 결정 요인 - 역사적·경제적·정치적 과정 - 변혁된 미래	Justice -promoting (정의 촉진)
	회복력 구축 (Resilience -Building)	- 안전과 회복력 전략 - 기후 불안과 건설적 대처 - 상호 연결성 강화 - 긴급성과 공동체 행동	
경제 (Economic)	탈탄소 경제 (Post-carbon Economies)	- 경제 성장과 발전 - 순환경제 - 기후변화와 경제 - 에너지와 배출 - 탈탄소 사회에서 우리의 역할	Comprehensive & Relevant (포괄적이고 관련성 있는)
	지속가능한 삶의 방식 (Sustainable Lifestyles)	- 자연과의 교감 - 재생에너지 사용 - 책임 있는 소비 - 지속가능한 생활공간 - 지속가능한 이동수단 - 지속가능한 식습관 - 지속가능한 폐기물 관리	

학교는 '녹색 교육과정'[19], 학생은 '기후 문해력'[20] 제고는 이제 국제적 기준에 발맞추는 기본 척도가 되고 있다. 이와 관련하여 생태

---

19. https://www.unesco.org/en/sustainable-development/education/greening-future/curriculum(유네스코 녹색 교육과정)

20. https://www.cambridge.org/news-and-insights/OECD-to-embed-climate-literacy-into-PISA(피사-기후 문해력 미래역량 평가)

전환교육 교육과정을 점검하고 보완하는 것이 시즌II의 핵심 과제가 될 것이다.

'태양과 바람과 물의 학교'[21]를 서울 지역의 모든 학교로 확대해 나가야 한다. 태양광 발전 시스템, 풍력 발전기, 빗물 저금통 등 태양과 바람과 물로 에너지를 생산하여 쓰는 학교. 이처럼 생명의 근원인 태양과 물과 바람을 허투루 쓰지 않고, 기후변화로 인해 인간과 비인간이 겪고 있는 고통에 귀 기울이며, 지속 불가능한 산업 문명을 넘어 지속가능한 생태 문명을 지향하는 학교가 '태양과 바람과 물의 학교'이다.

주요 활동으로 학교 내에서 에너지 절약을 위한 다양한 캠페인과 교육을 실시하고, 태양광 패널 설치, LED 조명 교체 등 에너지 효율성을 높이는 시설 개선을 하고, 학교에서 발생하는 쓰레기를 줄이기 위한 재활용 및 분리배출 교육을 진행하며, 학생들에게 학교 내 탄소 발자국을 시각화하여 제시하고 있다. 학생들이 주도적으로 참여하는 탄소중립 프로젝트를 통해 실천적 경험을 제공하는 프로젝트 기반 학습과 동아리 활동들이 이루어지면서 참여 학교에서 탄소 배출량을 감소시키는 성과를 달성하기도 했다.

생태전환교육은 단순한 환경교육의 확장이 아니라, 인간의 삶과 문명의 방향을 근본적으로 재구성하는 변혁적 교육이다. 오늘날 인류가 직면한 기후위기와 생태적 붕괴는 과학기술의 문제가 아니라 인간 존재 방식의 문제이며, 교육의 근본 목적을 다시 묻는 전환의 선택을 요구한다. 앞으로의 교육은 '인간을 위한 교육human-

---

21. https://m.news.eduhope.net/25730

centered education'을 넘어 '생명을 위한 교육life-centered education'으로 확장되어야 한다. 그 속에서 우리는 자연과 더불어 배우고, 함께 살아가는 법을 익히며, 지구와 공존하는 윤리적 시민으로 성장할 수 있다. 생태전환교육은 바로 그 새로운 문명의 씨앗이며, 교육이 다시금 인간과 세계의 관계를 회복시킬 수 있다는 믿음의 실천이다.윤상혁, 2025

중학교 국어 교과서에 실린 법정 스님의 「먹어서 죽는다」는 글이 있다. 패스트푸드의 주원료인 고기를 만들기 위해 쓰이는 사료와 물로, 지구 다른 쪽에서는 기아로 죽어가는 아이들의 문제를 제기한 글이다. 학교에서 채식 바가 만들어지고 학생들이 육류를 대체하는 음식을 맛보는 행사를 벌여 나가는 것에서부터 시작하자.

작은 학교가 아름답다
인구 감소 시대의 새로운 학교 모델

학령인구 감소와 학교 통폐합 문제

『서울은 만원이다』, 산업화와 도시화가 진행되던 1960년대를 배경으로 한 소설 제목이다. 한 학교에 5,000명 이상 학생이 오전 오후로 나뉘어 학교에 다니는 2부제 수업은 과대·과밀 학교가 낳은 산물이었다. 하지만 1990년에 1,060만 명으로 최대치를 기록했던 서울 인구는 2023년 현재 941만 명 수준으로 지속해서 감소하고 있다. 이와 함께 서울에서도 폐교하는 학교가 나타나고 있다.

2014년에 115만 5,936명이던 서울의 학생 수는 2024년 현재 84만 7,751명으로 10년 사이에 30만 8,185명이나 줄어들었다. 급별로는 유치원생은 9만 1,895명에서 6만 2,880명, 초등학생은 45만 7,517명에서 38만 430명, 중학생은 28만 6,826명에서 19만 9,648명, 고등학생은 32만 398명에서 20만 5,784명으로 대폭 줄었다.

교원 수 역시 2014년에 유치원 6,651명, 초등학교 2만 9,613명, 중학교 1만 8,350명, 고등학교 2만 2,957명 등 총 7만 7,571명에서 2023년에는 유치원 6,492명, 초등학교 2만 8,080명, 중학교 1만 6,997명, 고등학교 2만 635명 등 총 7만 2,204명으로 5,367명 감소했다.

학급당 학생 수도 2014년에 유치원 21.9명, 초등학교 26.3명, 중학교 30.2명, 고등학교 30.9명에서 2023년에는 유치원 17.4명, 초등학교 21.3명, 중학교 23.8명, 고등학교 23.0명으로 줄었다.

교원 1인당 학생 수도 2014년에 유치원 13.7명, 초등학교 15.4명, 중학교 15.6명, 고등학교 14.0명에서 2023년에는 유치원 9.7명, 초등학교 13.5명, 중학교 11.7명, 고등학교 10.0명으로 줄었다. 이는 2021년 OECD 평균 초등학교 14.6명, 중학교 13.2명, 고등학교 13.3명에 비해서도 낮은 수치이다.

이러한 학령인구 격감으로 인한 교육 여건 변화로 인해 서울에서도 학교 통폐합 문제가 제기되었고, 농어촌 지역 학교의 고민이었던 '적정 규모'에 대한 논의가 필요한 상황까지 되었다. 서울에서 홍일초(2015년), 염강초(2020년), 공진중(2020년), 화양초(2023년), 도봉고(2024년), 성수공고(2024년) 등이 폐교하였다. 학교가 지역사회에서 차지하는 역할과 소규모 학교에 대한 입장 차이로 갈등이 벌어지고, 서울에서도 혁신자치학교로 운영되던 송정중학교가 폐교 문제로 심각한 내홍을 겪었다.

서울시교육청의 정책 대안:
이음학교, 서울형 작은학교, 도시형 캠퍼스

"초교 1학년 입학생 10명뿐"
-폐교 도미노, 서울도 예외 없다
서울 강서구의 A 초등학교는 올해 신입생이 10명뿐이다.

작년 13명보다 3명이 줄었다. 지난해 기준 이 학교의 전교생은 83명으로, 한 학년당 14명꼴이었다. 올해는 70명대로 줄어든다. 그나마 가장 학생이 많았던 6학년 18명이 올해 졸업하기 때문이다. 4년 뒤엔 서울의 초등학교 5곳 중 1곳은 한 학년당 40명도 안 되는 '소규모 학교'가 될 것이라는 전망이 나왔다. 학령인구 감소의 여파를 서울도 피할 수 없다는 것이다. 소규모 학교는 지역, 학교급별로 다른데 서울 초등학교의 경우 전교생이 240명 이하인 곳을 말한다.

24일 서울시교육청의 〈2025~2029학년도 초등학교 배치계획〉에 따르면, 관내 소규모 학교는 2029년 127개교로 올해 80개교보다 1.6배 늘어날 것으로 예측됐다. 비중으로 치면 전체 초등학교 수(611개교)의 20.8%에 달한다.

"학교 운동회도 제대로 못 해"

현장에선 학교 규모가 작아지며 교육의 질이 떨어질 것이라는 우려가 나온다. 서울 중구의 한 전직 초등학교 교장은 "한 학년 아이들이 운동회도 제대로 할 수 없고, 교사들 사이에선 학교 단체 행사를 진행할 때 단가를 맞추기 어렵다고 하소연하는 경우도 있다"라며 "'독수리 5형제'처럼 6년 내내 같은 반에서 끈끈하게 지내는 것도 좋겠지만, 그때 아이들은 무엇보다 서로 갈등도 겪고 화해하면서 사회성을 길러야 하는데 소규모 학교는 그런 교육이 쉽지 않다"라고 했다.

학교 간 통폐합이 더욱 활발하게 진행될 것이라는 전망

도 나온다. 이미 서울 홍일초(2015년), 염강초(2020년)에 이어 화양초(2023년)가 문을 닫는 등 '도심 폐교'는 현실화하고 있다.

"강남·서초는 여전히 쏠림 현상"

반면 강남·서초 쏠림 등 특정 학군 선호로 인한 지역 편차는 더 커질 것으로 보인다. 올해 중구·종로구 등 중부 지역의 학급당 학생 수는 19.7명인 반면, 강남·서초 지역은 24.4명이다. 교육청 관계자는 "인구 이동까지 고려한다면 강남·서초 지역 초등학교 학생 수는 더 늘어날 가능성도 배제할 수 없다"라고 했다.

박남기 광주교대 명예교수는 "학교는 친구를 사귀고 커뮤니티를 만드는 공간으로 보고, 교육은 인근 학원에서 시키겠다는 인식이 있다"며 "학교 주변의 교육 인프라 등을 개선하지 않는 한 학군지 선호에 따른 쏠림 현상을 해결하기는 어렵다"고 말했다. 또 "소규모 학교의 특색을 강화해 선호도와 만족감을 높이는 쪽으로 맞춤형 가이드라인과 지원이 필요하다"라고 덧붙였다.

_《중앙일보》, 2025년 2월 25일

이와 관련해 서울시교육청이 추진해 온 주요 정책으로는 이음학교와 서울형 작은 학교, 도시형 캠퍼스가 있다.

이음학교

　이음학교(서울형 통합운영학교)는 이웃한 학교 간 통합으로 초·중·고를 연계하는 교육 모델이다. 서울에는 초등학교와 중학교, 중학교와 고등학교, 초·중·고가 이웃하고 있는 학교가 500여 개로 전체 학교의 40% 수준에 달한다. 이음학교는 이러한 이웃한 학교가 학교급별 교육과정을 유지하면서도 체험활동, 동아리 활동, 진로교육, 각종 위원회 및 행사를 통합·운영하고, 교직원 간 교류를 통해 학교 간 연계 효과를 거둘 수 있도록 하는 정책이다.

　2019년 3월에 서울 해누리초·중학교, 서울체육중·고등학교를 시작으로 2020년 3월 서울 강빛초·중학교에 이어 2023년 3월에는 사립학교인 일신여중·잠실여고가 이 모델을 운영하고 있다. 공동 진로 박람회·주제 탐구·학교 신문 제작, 성장 워크북 및 중·고 학생 멘티 멘토링, 교원학습공동체, 중3 대상 예비 과정, 음악·미술·체육 교내 합동 행사, 문·예·체 강사 및 학부모 강연 공동 초빙, 오프라인 공동 소통 공간, 온라인 '이음학교방' 및 공동 유튜브 채널 등 23개 과정을 두 학교가 연계하여 통합적으로 운영하고 있다. 이러한 학교 모델의 장단점을 고려하여 우선 서울의 이웃한 학교를 이음학교로 연계 운영하는 방안을 모색하는 한편, 신설 학교에도 적용하는 방안을 강구해야 할 것이다.

　통합운영학교 모델은 1997년 (구)교육법에 설치 근거가 마련되면서 1998년부터 주로 농산어촌 소규모 학교로부터 시작하여 전국적으로 112개교가 운영 중이다. 교육부에서도 유치원과 초등학교의 연계, 초등학교·중학교 연계, 중학교·고등학교 연계, 초등학교·중학교·고등학교 연계 등의 이음학교 모델을 중소도시와 대도시의 학교 이전 재배치 정책 등과 연계해 추진해야 할 것이다.

서울형 작은 학교

'서울형 작은 학교' 정책은 도심 공동화와 학령인구 감소로 증가하는 소규모 학교(학생 수 240명 이하) 중에 지역사회에서 학교가 차지하는 기능적·문화적·역사적 가치 보존의 필요성으로 인해 통폐합 및 이전 재배치가 어려운 학교를 선정해 작은 학교의 장점을 살려 '가고 싶고 머물고 싶은 학교'를 만드는 정책이다.

2029년 서울 지역에서 소규모 학교의 비율은 20% 수준에 이를 것으로 예측된다. 서울시교육청은 전체 초등학교 611개 중 127개가 소규모 학교가 될 것이라고 전망한다.

서울 종로구 경운동에 위치한 서울교동초등학교는 1894년에 만들어진 최초의 초등학교이다. 서울 도심지에 위치한 이 학교도 저출생 파고를 피할 수 없어 2011년에는 신입생 수가 9명으로 감소해 폐교 위기에 처하게 되었고, 서울형 작은 학교의 1기 학교로 지정 운영되었다.

서울재동초등학교에서는 한옥 교실 '취운정'을 악기, 기타 체험활동 및 지역사회 문화공간으로 운영하였다.

서울응암초등학교에서는 '꿈꾸는 숲속 공방'에서 메이커 교육활동이 이루어지도록 하여 학교의 특색과 장점을 살려 운영하였다.

작은 학교의 장점은 코로나19로 등교 수업이 이루어지기 어려운 상황이 되면서 위력을 발휘하였다. 다른 학교들은 비대면 수업으로 전환하게 되었지만, 서울 지역의 작은 학교에서는 대면 수업이 정상적으로 이루어졌다. 2020학년도에 8개교 160명이던 신입생이 2021년에 201명, 2022년에는 221명으로 증가한 것은 이러한 작은 학교의 장점을 살린 학교 정책의 성과라 할 것이다. 서울형 작은 학교 3기를 2023년부터 운영하고 있는데, 2024학년도 취학 대상자 수가 감소하고 전체 신입생 수도 줄었으나 통학 구역 외 학생은 증가(20.0%)한 것은 주목할 부문이다.

소규모 학교에 관한 정책적 접근은 주로 학교 통폐합에 초점을 두고 진행되어 오다가 2016년을 기점으로 학교 규모 적정화 및 소규모 학교 지원 정책으로 방향이 선회되었다. 이와 관련하여 21대 국회에서 이용빈 의원은 소규모 학교 활성화 법안을 발의하였다.

이 법은 다양한 학교를 미래공동체학교로 지정하고 다양한 학교의 장점을 살려 운영할 수 있도록 함으로써 미래 사회를 위한 인재를 키우는 학교를 활성화하는 것을 목적으로 하고 있다. 이 법안에서 소규모 학교는 「초·중등교육법」 제2조에 따른 학교(분교 포함) 중 학생 수가 120명 이하이거나 특수학급을 제외한 학급 수가 6학급 이하인 학교 중에서 교육감이 지역의 실정에 따라 정한 기준에 해당하는 학교를 말한다.

교육부 장관은 학교에서 교원으로서 전임으로 근무한 경력이 15년 이상인 교육공무원 중에서 공모를 통하여 선발된 사람을 교장으로 임용하며 교감을 두지 않을 수도 있고, 교사들의 근무 기간이나 교육과정의 편성에서도 엄청난 자율권이 주어진다. 학교의 교육과정, 학년도, 학년제, 교과용 도서의 사용, 수업 연한에 관해서

「초·중등교육법」이나 「교육기본법」보다 〈학교 운영 계획서〉를 우선 적용하도록 하는 특별법이다.

송정중학교의 사례는 소규모 학교 정책을 추진하는 과정에 많은 시사점을 주고 있다. 서울시교육청 비서실장으로 재직하고 있을 때 혁신학교 중에서 혁신자치학교로 지정되었던 송정중은 인근 마곡중학교가 개교하면서 통폐합 대상 학교가 되었다. 당시 교육부의 통폐합 기준에 따라 절차를 진행하는 가운데 학교 구성원과 지역 주민들이 강력하게 반발하였다. 학교를 직접 방문하고, 강서양천지원청과 본청의 담당 부서와 해결 방안을 마련하여 송정중학교는 폐교를 면하게 되었다. 2025년 2월에 30여 명이 졸업한 이 학교는 IB 후보 학교로 선정되면서 신입생이 120명 수준으로 올라가게 되었다.

도시형 캠퍼스

도시형 캠퍼스는 "기존의 소규모 학교, 자치구가 운영하는 공공시설, 학교 인근의 민간 시설 또는 신규 개발되는 공공주택단지에 설립 운영되는 분교 형태의 학교"를 말한다.

> 서울시교육청이 도심 과밀 학교와 폐교 위기의 소규모 학교 문제를 동시에 해결하기 위해 '도시형 캠퍼스(분교)'를 설립한다. 법적으로 정규 학교의 설립이나 폐교 조건이 까다로운 상황에서 기존 학교의 분교 형태로 작은 학교를 만들어 학생 수를 분산하는 방식으로 과소 학교·과밀 학교

가 공존하는 상황을 해결하겠다는 것이다.

조희연 서울시교육감은 10일 이런 내용을 담은 〈도시형 캠퍼스 설립 및 운영 기본 계획〉을 발표하며 "(도시형 캠퍼스를 통해) 서울시 전역의 학생 수 감소와 지역별 개발 및 선호도 차이에 따른 인구(학생 수) 불균형 문제와 교육 격차를 해소하겠다"고 밝혔다.

그동안 서울 지역에는 학령인구 감소로 학급당 학생 수가 급감하며 폐교 위기에 몰린 소규모 학교, 학생이 과도하게 쏠려 과밀화된 학교가 공존했다. 재건축·재개발로 새로 만들어진 주택 단지에서는 학교 설립 조건에 미치지 못하더라도 통학 여건 개선을 위해 학교를 설립해 달라는 민원도 많았다. 이런 양극화를 해결하고 학교 규모의 적정화를 이루기 위해 고안해 낸 것이 도시형 캠퍼스다.

교육부의 학교 설립 심사를 거쳐 정규 학교가 되려면 통상 초등학교 기준 36학급, 학생 수 600~900명 정도의 요건을 충족해야 하는데 분교는 이보다 규모가 작아도 탄력적으로 설립이 가능하다는 게 교육청 설명이다. 폐교를 막고 과밀을 해소하기 위해 분교가 유용한 수단이 된다는 의미다.

_「서울에도 '분교' 생긴다… 과밀·폐교 해결 위한 '도시형 캠퍼스'」,
《한겨레》, 2023년 10월 12일

도시형 캠퍼스는 학생 수 급감과 서울의 도시 공간 변화 등 급변하는 교육환경 변화에 유연하게 대응할 수 있는 지속가능한 학교를 만드는 것을 목표로 설정하고 있다. 현재 2029년 3월 개교를 목표로 서울강솔초등학교 (가칭)강현캠퍼스 설립을 결정하였고, 종로구 효제초와 중부교육지원청 부지에 도심 내 학교와 공공주택, 업무 시설이 공존하는 '새로운 주교복합단지' 형태도 SH공사 및 서울시와 협력해 추진 중이다.

김영호 의원이 대표 발의한 「도시형 캠퍼스 설립 운영에 관한 특별법안」이 2024년 11월 27일 통과되어 법적 근거도 마련되었다. 이 법안은 "폐교 또는 통폐합되는 지역에서는 학생의 통학 거리 증가가 우려되고 대단지 아파트 건설 등에 기존의 설립 기준을 충족하지 못하여 학교 신설에 어려움이 있는 상황에서 도시형 캠퍼스의 원활한 설립 및 운영에 필요한 사항을 규정함으로써 학교 및 학교시설 운영의 유연화 및 다양화를 도모하고 교육환경 개선에 이바지한다" 라고 입법 취지를 밝히고 있다.

기존의 학교 정책은 단위학교 school-based 기반으로 교육과정 편성과 운영, 행정 업무 등이 이루어지면서 학교 규모에 관한 고려 없이 중·대규모 학교와 동일한 접근으로 이루어져 왔다. 저출생 고령화 시대가 본격화되는 상황에 맞게 기존의 학교 단위의 교육행정과 학교 설립 및 운영의 법령과 근거들을 재검토하고 이에 필요한 교육정책과 법적 근거를 마련하는 적극적 행정이 필요한 시점이다.

인공지능시대, 교육과 민주주의

민주주의 교육, 어떻게 할 것인가?

2025년 12월 3일 내란 1주년에 즈음하여 최교진 교육부 장관은 난우중학교를 방문하였다. 헌법과 기본권을 주제로 한 중학교 3학년 사회 수업을 참관하고 민주시민교육 활성화를 위한 현장 의견을 들으며 이렇게 말했다.

"작년 12월 3일에 생각지 못했던 계엄을 겪었지만 국회와 시민의 힘으로 헌법 절차에 따라서 헌정질서를 평화적으로 회복했고 전 세계적으로 K-민주주의의 힘을 자랑스럽게 보여 줬습니다. 이런 위기 상황을 겪으면서 헌법과 헌법정신을 지키는 일이 얼마나 중요한 일인지 우리 국민 모두가 다시 한번 깨닫는 계기가 됐습니다.

학생들이 우리 헌법이 규정하는 핵심 가치를 배우고 지키는 일은 혐오나 차별을 넘어서 성숙한 포용적인 가치관을 형성하고 민주사회의 건강한 시민으로 자라나게 하는 일입니다.

다양한 형태의 교육을 통해서 민주시민교육이 지식을 습득하는 것에 머무르지 않고 참여와 실천으로 이어질 수 있게 학교현장을 적극 지원할 것입니다."

교육부 장관이 학교를 방문하여 민주주의 관련 수업을 참관하는 모습은 민주주의 교육의 중요성과 현재, 향후 과제를 상징적으로 보여 주는 장면이다.

이재명 정부의 국정 과제로 민주주의 교육과 헌법 교육, 역사 교육 강화가 포함된 것은 친위 쿠데타 사태를 겪은 한국 사회에서 지극히 당연한 일이다. 그런데 민주주의 교육을 강조하는 것에 대해 동의하는 측에서도 그 방법과 내용에 대한 합의점을 찾기는 쉽지 않은 상황이다.

서울시교육청의 민주주의 교육 현황

민주주의 교육, 무엇을 어떻게 할 것인가? 이에 대한 답을 찾기 위하여 그동안 서울시교육청에서 이루어진 민주주의 교육의 현황을 살펴보는 데에서 시작하고자 한다.

참여형 민주시민교육을 표방해 온 서울시교육청은 이렇게 밝히고 있다.

"세월호 사건은 '그동안의 민주시민교육이 삶이 아니라 지식교육으로, 실천이 아니라 글자로 존재했던 것은 아닌가?'라는 반성으로 이어져 학생들이 헌법적 가치를 존중하는 일상의 민주주의자로 성장할 수 있도록 참여형 민주시민교육을 추진하였습니다."

공동체 문제에 관심을 두는 '교복 입은 시민'은 조희연 교육감 시기에 서울시교육청이 추진한 대표적인 민주시민교육이다.

서울시교육청의 〈2015~2020년 학생자치 활동 활성화 지원 계획〉에 따르면 왜 '교복 입은 시민인가?'에 대해 다음과 같이 제시하였다.

① 학생이 민주시민으로서 갖추어야 할 자기결정 역량을
신장할 수 있도록 지원.

② 학교 내외에서 학생을 시민으로서의 모든 권리를 가진
인격체로 대우하자는 시도.

③ 학생을 누가 시키고 명령해서 움직이는 수동적인 존재
가 아니라 스스로 움직이는 자발적·능동적 존재로 대
우하자는 인본주의적 관점.

④ 내 삶에 영향을 주는 일의 결정 과정에 참여하고 민주
적인 학생 문화를 내 손으로 만들어 가는 것은 장차
학생을 시민으로 성장하게 하는 시민정신의 요체이며,
이는 학생자치 활동을 통해 구동됨.

서울시교육청은 2017년에 독일의 '보이텔스바흐 합의'에 기반한 '서울형 민주시민교육 논쟁 수업'을 도입하였고 이는 이후 '역지사지 공존형 토론 수업'으로 발전하게 된다. 「서울특별시교육청 학교민주시민교육 진흥 조례」를 2018년 제정하여 기본 원칙 네 가지를 제시하였다.[22]

서울교육정책연구소의 정송 연구원은 '아동 청소년 인권 실태 조사' 데이터를 활용하여 청소년의 자기결정 능력과 청소년의 사회문

---

22. 제4조(기본원칙) 학교민주시민교육의 기본원칙은 다음 각 호와 같다. 1. 대한민국 헌법이 규정한 가치와 이념을 계승하고, 민주주의 발전에 기여한다. 2. 우리 사회에서 논쟁적인 것은 학교에서도 논쟁적으로 다루어질 수 있어야 한다. 다만 사적인 이해관계나 특정한 정치적 의견을 주장하기 위한 방편으로 사용해서는 아니 된다. 3. 주입식 방식이 아닌 자유로운 토론과 참여를 통한 교육 방식으로 이루어져야 한다. 4. 학교 구성원 누구나 민주시민교육에 대한 보편적 접근성은 보장되며 자발적인 참여를 지원한다.

제나 정치 참여에 대한 인식, 학생자치 활동과 관련된 서울 중학생의 결과를 분석하였다. 전반적으로 자신의 주체성을 높게 인식하고 있었으며, 청소년들의 사회 참여 필요성과 자치 조직의 역할에 대해서 긍정적으로 판단하는 것이 2016년에 비해 2020년까지는 증가하였다. 2022년도에 비율이 감소한 것은 코로나19가 영향을 준 것으로 보인다. '학생 참여 예산제' 운영 학교가 2015년 82개교에서 2024년에는 1,354개교로 증가하였고, 학교마다 350만 원의 예산이 편성 운영되고 있다.

학생자치 활동을 강화하기 위하여 학생회실 설치 등 제도적 기반을 마련하고 교육과정에 학급자치 시간을 편성하도록 노력하여 교복, 급식 선정, 휴대폰 사용 등에 대한 의제를 논의하면서 학생회 개최 횟수가 2021년 9.78회에서 2023년에는 11.19회로 증가하였다.

사회 현안에 대한 토론을 실시하는 프로젝트에 2019년 11개교에 1,700만 원이 지원되던 것이 2022년에는 159개교에 2억 6,000만 원으로 10배 이상 증가하였다. '학교로 찾아가는 노동 인권 교실'도 참가 학생이 2018년 1만 명 수준에서 2023년에는 3만 5,000명으로 증가하였다.

서울 학생들의 학교생활과 자치 활동

이러한 학생자치 활동을 강화하고 권리의식을 함양하기 위한 다양한 정책들은 서울 학생들의 학교생활에 어떠한 영향을 미치게 되었는가?

서울시교육청 교육 종단 자료의 결과를 통해 살펴보자. 이 조사에서 지난 10년 동안 학생들의 만족도는 학습 능력 배양과 특기 적성 계발과 교사와의 교육활동의 적절성, 시설 및 환경 개선 등의 항목에서 평균적으로 5점 만점에 0.5점 이상이 높아진 것으로 나타났다. 교사의 수업에 대한 열성과 학생들을 공정하게 대하는 정도, 학생을 이해하는 정도를 묻는 교사 인식 항목에서 0.59점, 학생 스스로가 느끼는 수업 집중과 수업 참여도, 과제 성실도 평균을 산출한 학습 태도 항목에서는 0.31점이 개선되었다. 이러한 결과를 종합한 학교 만족도 항목에서 0.42점이 높아졌다.

반면에, 학생들에게 믿고 이야기할 수 있는 친구가 있는지, 휴식 시간 등에 친구들과 함께 지내는지를 질문한 교우관계에서는 비록 작은 수치이지만 낮아진 결과를 보여 주고 있다. 이러한 결과는 교육부의 학생 정신건강 실태 조사(2022년)에서도 초·중등 학생 31.5%가 코로나19 이후 교우관계가 나빠졌다고 응답하였고 특히 초등학교 저학년의 경우 43.2%가 친구들과의 관계에 어려움을 느낀다고 응답한 결과와 비슷한 경향을 보여 주고 있다.

체벌 금지와 학생인권조례가 만들어진 것도 교복 입은 시민 프로젝트와 깊은 연관성을 지닌다. '체벌 여부에 대한 인권 실태 조사 결과'를 보면, 학생들이 체벌을 받았다고 인식하는 비율이 2015년 22.7%에서 2019년 6.3%로 줄었고 권리구제 신청도 2016년 51건에서 2021년 6건으로 줄어들었다.

서울시교육청 종단 연구 결과에서 학생들에게 가장 중요한 교우관계의 만족도가 낮아진 것 등에 대해서는 엄밀한 분석과 대책 마련이 필요할 것이다. 그럼에도 학생자치 활동이 활성화되는 것이 학교생활에 대한 만족도를 높인다는 것은 시사하는 바가 크다.

혁신고등학교의 모범 사례

도선고등학교에서는 매주 1회 학급자치 시간을 운영하고 매월 학생회 임원과 각 반의 정부회장이 참여하는 대의원회가 개최된다. 학생회와 동아리 활동으로 생태전환교육과 관련하여 '손수건의 저주: 휴지 줄이기 캠페인'과 탄소 줄이기 식생활 교육 및 잔반 줄이기, 세월호 기억의 날 행사, 도선나눔바자회 '당근' 등이 다양하게 전개된다. 학생, 교원, 학부모 3주체가 참여하는 공동체생활협약제정위원회를 통해 배움에 집중할 수 있는 학교문화 정착을 위해 '수업 중 자발적 핸드폰 비사용'이 결의되었고, 이의 효과적 실천을 위해 학급별 핸드폰 비치대가 설치되었다. '단정한 교복 착용'의 현실적 대안으로 다양한 생활형 교복을 제정하기도 하였다.

삼각산고등학교에서는 학교 공동체에 대한 학생들의 권리의식을 함양하고 다양한 행사를 스스로 기획·운영하며 책임지는 태도를 갖게 하고 있다. 학생회, 대의원회, 동아리연합회가 서로 긴밀하게 협조하여 학교 교육활동 계획·운영에 참여하고 있다. 2023 학교평가 교사 워크숍 및 학생 총회에서 학생자치 활동 활성화 방안으로 회의 방식과 활동 방식 전문가 교육의 필요성이 제기되어, 대의원 및 학생회 교육에 소통 리더 스쿨 퍼실리테이터 교육을 연계하기로 하였다.

혁신고등학교의 '모범 사례'인 이 두 학교는 학생자치 활동이 가져

오는 교육의 효과가 무엇인가를 실증적으로 보여 준다. 학생자치 활동이 제도적으로 보장되고 예산과 공간이 확보되면서 학생들이 자신들의 학교생활에 대한 개선을 중심으로 하는 활동에서 학교 구성원을 넘어서 사회 구성원으로 필요한 역량을 갖춘 민주시민, 생태시민으로 성장하는 모습을 확인할 수 있다.

청소년 언론의 수난 속에서 민주주의 교육을 생각하다

민주주의 교육은 가야 할 길이 많이 남아 있다. 서울 은평구 신도중학교에서 《토끼풀》 300부가량을 압수한 사건이 발생하였다.[23] 〈학교에도 언론의 자유를!〉이라는 제목의 입장문에서 학생들은 이렇게 주장한다.

> "우리는 선언합니다. 우리는 청소년이자 시민으로서, 교육청이 말뿐인 민주주의를 멈추고, 행동하는 민주주의로 나아가길 요구합니다."

> "언론의 자유는 교문 앞에서 멈춰서는 안 됩니다. 민주주의는 교실 안에서부터 시작되어야 합니다. 학교는 탄압의 공간이 아니라 민주주의의 교실이어야 합니다. 학생은

---

23. 「학생 언론 탄압, '윤석열 포고령' 연상케 한다"… 청소년 언론 '토끼풀', 신문 배포 금지에 사과 촉구」(《경향신문》, 2025년 10월 16일).

통제의 대상이 아니라 생각하고 표현하는 시민입니다. 표현에 대한 일정 기준을 충족한 언론은 자유롭게 배포될 수 있어야 합니다."

《토끼풀》의 편집장을 맡고 있는 문성호 학생은 어느 토론회에서 사회 현안에 대해 학생들이 관심을 기울여 참여해야 한다는 것을 강조하고, 학생자치와 관련해서 개선을 요구하였다.

"학교는 '정치'에 알레르기에 가까운 과민 반응을 일으킵니다. 이번 《토끼풀》 압수·폐기 사태도 이를 방증합니다. 지역 국회의원이나 구청장 인터뷰를 '정치적'이라고 매도하고, 학생들이 사회문제에 목소리 내는 것을 틀어막으려고 했습니다. 학교는 '신성한 공간'이면 안 됩니다. 영유아기에 바이러스를 약하게 만든 예방접종을 하는 것처럼, 학생들도 학교에서 '정치 예방접종'을 맞아야 합니다."

"학교 규칙 개정에 학생 의견을 수렴하거나 전교 회장을 학생들이 선출하는 게 사실상 유명무실합니다. 학교 규칙은 선생님들께서 알아서 만들어 와서 학생회에게 '학생들 규정 지킬 수 있게 잘 선도해라'라고 합니다."

"학교운영위원회는 소집 자체를 학생회에 알려 주지 않아 '참관'도 어렵고, 1년에 네 번 하게 되어 있는 '학교장 간담회'는 사실상 교장 선생님이 학생회 운영에 참견하고 훈계하는 자리가 되어 버렸다고 합니다."

함께 토론자로 참여하였던 조희연 전 교육감이 서울시교육청의 '교복 입은 시민 프로젝트'로 민주시민교육에서 일정한 성과를 거두었다고 한 평가를 무색하게 하는 생생한 목소리를 접하게 되었다.

김동춘 교수는 〈학교 민주시민교육 제도화를 위한 방안〉[24]에서 교육행정에 교육자치와 학교자치의 내용을 기본 원칙으로 포함하며, 학교 지배 구조와 운영을 민주주의의 원칙에 기초하도록 모든 학교 의사결정 규칙을 정하는 일(학교 운영위원회, 교칙, 학생회 등)과 국가나 지자체 단위의 모든 교육과정 편성을 학생 중심의 원칙하에서 수립하는 것을 제안하였다.

'교육의 정치적 중립성'과 관련해서는 정치권력이 부당하게 교사의 정치적 기본권, 교육과정, 교과서 개편에 관여하지 않으며 학교 교육에서의 자율성을 명확하게 하되, 교사나 교육 당국자가 특정 정당이나 정파의 이념을 전파하는 일을 제한하는 소극적 기준 위에서 교육의 정치적 중립성을 해석해야 하며, 넓은 의미의 정치교육, 즉 사회정치적 의제, 선거와 정치 참여의 의미를 학교에서 교육할 수 있도록 사회적 합의 기준을 마련해야 한다고 하였다.

또한 교육과정 총론에 '민주시민' 육성의 방향과 철학이 포함되도록 하는 한편, 국가 교육과정 총론에 교육과정 구성의 중점과 각 학교급별 교육 목표에 '민주시민' 관련 표현이나 내용을 일관성 있게,

______
24. 비상시국교육원탁회의 주제 발표문(2025년 3월 30일).

그리고 명료하게 제시할 것을 제안하였다.

'민주시민교육 활성화 법안'이 통과되면 중앙과 지방의 민주시민교육위원회에 교육청과 교사들이 참여하여 학교와 시민사회의 민주시민교육이 연계될 수 있도록 한다는 것도 강조하였다.

민주주의 교육은 단지 학생들을 민주시민으로 기른다는 관점을 넘어 학교와 사회 생활 전반에서 실현될 수 있는 조건을 만들어 가는 단계로 나아가야 한다. 독일의 보이텔스바흐 합의에 준하는 정치교육 원칙에 대한 사회적 합의를 도출하는 동시에, 학교 내에서 합의된 원칙에 따른 정치교육을 허용하고, 우리 사회에 당면한 현상과 문제에 대한 토론 교육을 활성화하는 방안을 국가교육위원회와 시도 교육청, 교육시민사회와의 연계를 통해 구체화해야 할 것이다.

예컨대 범교과학습 주제를 시민교육의 범주로 통합하여 시민교육 교육과정을 만들고 이를 바탕으로 사회 도덕과에서는 시민교육 교육과정을 주도적으로 반영, 개발, 적용하며 교과명 변경도 추진[25]하는 방안 등을 적극적으로 고려해야 할 것이다.

교사들의 정치적 기본권 보장도 시급히 이루어져야 한다.《토끼풀》압수 사건 같은 일이 벌어지는 요인 중에 교사 역시 사회 현안 수업, 정치 수업을 진행하는 것에 대해 정치적 중립을 지켜야 한다는 미명하에 눈치를 봐야 하는 상황과 맞물려 있다 할 수 있다.

민주주의는 권리와 책임이 균형을 이루어야 한다. 학교 구성원인 교사, 학생, 학부모의 권리를 보장하되 서로에 대한 존중과 협력이

---

25. 이중현(2025), 「초·중등 교육과정 '범교과학습' 개선으로 K-시민 양성」, 〈미래교육자치위원회 정책제안서〉(2025년 5월).

이루어지는 것이 민주주의의 화원으로서 학교의 모습이다. 이러한 측면에서 과도한 권리 주장 중심의 자유주의적 민주주의를 보완하여 공동체적 덕성과 법치에 기반한 공화주의적 요소를 결합하는 민주주의 교육의 재정립도 주요한 과제이다.

인공지능 교육, 어떻게 할 것인가?

1984년 영화 〈터미네이터〉 속의 아놀드 슈왈제네거는 인간의 모습과 감성을 지닌 전사였다. 요즘 논란이 되는 AI 윤리, 자율 무기 개발, 인공지능에 대한 통제 문제가 40년 전의 영화에 내포되어 있었다. 영화는 영화일 뿐이었는데 하루가 다르게 더 인간의 모습을 가진 인공지능이 상품이 되어 우리 곁에 와 있다. 인간은 산업혁명이 가져온 변화에 버금가는 충격과 변화를 만들어 내고 있다.

바야흐로 '인공지능시대'가 도래하였다. 인공지능시대의 교육현장은 교수학습 방법과 평가 영역에서 기존 방식과의 이별을 머뭇거리고 있는 형국이다. 연세대, 고려대, 서울대에서 인공지능을 활용한 부정행위가 잇따라 적발되었다.

초·중·고 학생을 위한 AI 사용 가이드라인이 필요하다

서울 강서구의 한 고등학교 2학년 국어 수행평가에서 AI를 활용한 부정행위가 발생하였다. 시험을 감독하던 교사는 한 학생의 화면에 '구글 클래스룸'이 아닌 다른 페이지가 열린 것을 목격했고 접속 기록을 확인한 결과 1분이 채 되지 않는 시간 동안 일부 학생들의 답안 분량이 비정상적으로 늘어난 사실이 드러났다. 학생들은 AI로부터 받은 답변을 옮겨 적거나 메모장에 미리 써 둔 내용을 붙여 넣었다고 자백하였다.[26]

교실 안에 이미 AI 사용이 일상화되고 있지만 초·중·고 학생을 위한 가이드라인은 마련되지 못하고 있다. 서울시교육청은 2023년 배포한 〈학교급별 생성형 AI 활용 지침〉을 현재까지 그대로 적용하고 있다. 이 지침으로는 학생들이 AI의 답변을 그대로 수행평가에 제출해도 사실상 교사들이 제재하기 어렵다. 사건이 발생하자 "AI 에듀테크 공교육 도입 및 활용 가이드라인"을 마련하여 내년 개학 전에 학교에 안내할 예정이라고 밝혔다. AI 리터러시와 윤리교육의 미흡한 준비 수준이 적나라하게 드러나고 있는 것이다.

중고등학교에서 인공지능을 사용하는 학생과 사용하지 않거나 못하는 학생의 격차는 점차 확대되고 있다. 한국청소년정책연구원의 「청소년의 생성형 AI 이용 실태 및 리터러시 증진 방안 연구」 보고서에 따르면 전국 중학생 2,835명과 고등학생 2,835명 등 총 5,778명이 참여한 온라인 설문조사에서 67%가 딥페이크 이미지 영상 제작이나 '생성형 인공지능(AI)'을 사용하고 있다는 연구 결과를 밝히고 있다.

사용하게 된 계기는 '관심과 호기심'이 43.7%로 가장 많지만 수업이나 과제라고 응답한 비율도 16.7%에 달한다. '생성형 AI로 인한

---

26. 「고등학교도 AI 부정행위 터졌다… "전원 재시험 결정"」(《서울경제》, 2025년 11월 28일).

문제점'에 관한 5점 척도 측정 항목에서 생성형 AI가 산출한 잘못된 정보로 인한 허위 정보 확산은 4.18점, 기존 저작물을 무단으로 활용해서 발생하는 저작권 침해 문제는 4.12점, 생성형 AI 의존으로 인한 인간의 창의성 저하는 3.99점으로 대체로 높게 나타났다. 생성형 AI가 만들어 낸 정보의 오류나 편향성을 확인하는 교육 2.19점, 잘 활용하는 방법에 관한 교육 2.44점 등 '생성형 AI 관련 교육 경험'은 4점 척도에서 낮은 점수를 받았다.[27]

세계 여러 나라의 AI 활용 지침

2025년 6월, OECD(경제협력개발기구)는 〈OECD 교수 나침반 Teaching Compass〉을 공식 발표하였다. 〈OECD 학습 나침반〉이 "학습자가 자신의 삶과 배움을 스스로 항해하는 존재"라며 학습자 주도성learner agency을 강조했다면, 〈OECD 교수 나침반〉은 "그 항해를 함께 설계하고 지원하는 교사의 주도성teacher agency"을 핵심 주제로 내세웠다.[28] 여기에서 AI를 단순한 도구가 아니라 학습의 동반자로 인정하고, 교사와 학생, 그리고 AI가 함께 수업을 설계하고 실행하는 새로운 교육 생태계를 제시하고 있다.

핀란드 교육문화부와 국가교육위원회는 2025년 3월 31일 유아교

---

27. 「중고생 3명 중 2명 "생성형 AI 써 봤다"-교육 경험은 부족」(《연합뉴스》, 2025년 1월 19일).

28. OECD, OECD Teaching Compass: Reimagining Teachers as Agents of Curriculum Change, p. 5, "centres teacher agency as a driving force in educational change".

육 및 초·중등교육, 직업교육, 인문학 등 모든 교육 단계에서 인공지능AI을 활용하는 국가 권고안을 발표하였다. 권고안에 따르면 교육과정에서 유아교육, 교육 및 훈련 제공자가 디지털화 사회에서 필요한 기술 습득을 가르치는 것을 필수적 사항이라고 요구하였다. 교사와 교육자들에게는 AI 활용 교육이 필수적이고, 평가 방식에서 AI를 어떻게 반영할지에 대한 고민도 필요하다며 AI는 기존 학습 방법을 없애는 것이 아니라 학습 방식에 다양성을 제공한다고 설명하였다. 유럽연합의 AI 규정, 데이터 보호법, 저작권법 등을 기반으로 교육기관과 교사는 AI를 교육 및 학습에 적절히 활용하도록 안내를 받아야 한다. 고용주는 AI 애플리케이션 도입 이전에 적법성을 검토하고, 지침을 마련해야 할 책임이 있다. 교육기관은 언제, 어디서 AI를 사용할 수 있는지 명확히 정의해야 하며, 이를 통해 교직원이 AI를 안전하게 다룰 수 있도록 해야 한다[29]고 제시하고 있다.

중국 교육부는 2024년 12월에 초·중·고 학생들의 발달 단계에 맞춰 AI 활용 교육과정에 대한 공지를 발표하였다. 초등학교 저학년 학생은 체험형 학습을, 중학생은 응용 중심 학습을, 고등학생은 프로젝트 기반의 AI 학습을 추진하며, AI 활용 교육과정의 목표는 학생들의 비판적 사고력 및 프로젝트 기반 AI 학습을 추진하는 것이다.

---

29. 「핀란드] AI 활용 교육 권고안 발표」(《교육플러스》, 2025년 4월 1일).

AI 인재 양성의 길은?

2025년 11월 10일, 3대 강국을 최우선 국정 과제로 선정하고 있는 이재명 정부의 교육부에서 〈모두를 위한 인공지능AI 인재 양성 방안AI for All〉을 발표하였다.

교육과정 재구성을 통해 정보 교과 내 인공지능AI 교육 시간을 확대할 수 있도록 하고, 교대 및 사대의 인공지능 교육과정 개발 등 예비 교원 단계부터 교원의 역량 강화를 지원하는 한편, 인공지능 중점 학교(일반 학교보다 정보 교과 시수를 확대할 수 있고, 다양한 인공지능 동아리 활동과 진로 체험 프로그램 등 운영)를 2028년 2,000개 교까지 단계적으로 확대한다는 것이 골자이다.

이재명 정부는 인공지능과 관련된 인재 양성과 인재 유입, 인재 유출 방지를 주요 정책으로 하고 교육부가 주관하는 인재 양성 정책을 발표한 것이다. 그런데 인공지능시대에 더욱 중요성이 강조되는 인문학과의 결합, 독서교육 강화 방안조차도 이 계획에는 보이지 않는다. AI 인력 양성에 초점을 맞추다 보니 AI 교육의 목적과 철학, 기본 원리, 도입 시기와 교육과정에의 적용 등에 대해서는 2026년 이후 연차적으로 도입하겠다면서 후순위로 밀리고 있다.

중학교 정보과목 교육과정 재구성 방안에 대해서도 68시간 중에 인공지능을 13시간에서 21시간으로 늘리면서 다른 시간이 줄어드는 것인데, 정작 수업을 담당하는 정보교사들과 협의조차 제대로 되지 않았다는 비판이 제기되고 있다.

윤석열 정부에서 이주호 전 교육부 장관은 디지털 기반 교육혁신을 내세우면서 2023년 2월 〈모두를 위한 맞춤 교육의 실현을 위한 디지털 기반 교육혁신 방안〉을 발표하였다. 당시 이주호 장관은 "학생은 학습 수준·속도에 맞는 배움으로 학습에 자신감을 갖게 되고, 학부모는 풍부한 학습 정보를 바탕으로 자녀를 더 깊이 이해할 수 있게 되며, 교사는 학생의 인간적 성장에 더 집중할 수 있게 되어 교실은 학생 참여 중심의 맞춤 교육이 이루어지는 학습 공간이 될 것으로 기대된다"라고 밝혔다. AI 디지털 교과서를 도입하여 AI의 학습 분석 결과에 따라 개별 학생의 학습 속도와 역량에 맞는 맞춤형 학습 지원이 가능하여 교육 격차도 완화하고 나아가 한국 교육의 고질적 문제인 사교육비 부담도 완화할 수 있다는 정책 목표가 실현된다는 것이다.

이주호 장관은 AIDT(인공지능 디지털 교과서) 보급에 속도전을 펼쳤지만 교원단체들을 비롯한 교육시민단체의 국회 청원 운동이 벌어지고 결국 학교현장의 외면을 받아 교육자료로 규정되었다.

2025년 8월 AIDT의 법적 지위를 '교과서'에서 '교육자료'로 조정한 결정은 기술과 산업이 교육의 중심이 되는 것을 경계하면서, 교사의 전문성과 교육적 판단을 우선하겠다는 의지를 담은 조치라고 할 수 있다. 공약에서 법적 지위를 교육자료로 하겠다던 이재명 정부는 국정기획위원회에서 논란을 거치면서 법 개정을 통해 그 공약을 관철시켰다. AI 디지털 교과서 정책의 진행 과정은 '정책 불순응'의 대표적인 표본이 될 것이다. 이재명 정부가 AI 3대 강국이라는 국정 과제를 조속히 달성하기 위해 또 다른 속도전을 편다면 교육현장은 또다시 몸살을 겪게 될 수도 있다.

인공지능 교육에 대한 계획을 세울 때
생각해야 할 것들은?

인간이 주도하는 인공지능이라는 당위적 가치를 내세우는 수준에서는 인공지능 교육의 종합 계획표가 마련되기 어렵다. 우리나라의 경우 외국에 비해 디지털 교육의 효과에 대한 연구가 제대로 이루어지지 않은 상태인 것도 문제이다.

한국교육학술정보원KERIS에서 만든 『2023 디지털 교육 백서』에 디지털 기기 사용 시간이 늘어날수록 학생의 수학 성적이 떨어졌다는 연구 결과가 나와 논란이 되었다.[30] 디지털 자원의 사용 시간과 수학 성취의 관계에 대해서는 학습 활동에서 디지털 사용 시간이 한 시간 증가함에 따라 우리나라는 3점, OECD 평균은 4점 하락하는 것으로 나타났다는 것이다. 주요 과목인 수학에서 우리나라를 포함한 전 세계적으로 디지털 기기를 사용하는 시간과 성적이 반비례한다는 결과를 국책기관에서 정직하게 내놓은 것이다.

외국의 연구들은 발달 과정에 있는 학생들이 디지털에 빨리 노출되는 것에 대한 문제점을 드러내고 있다. 노르웨이에서 안네 망엔과 동료들이 10학년 학생들을 대상으로 연구한 결과를 보면, 종이 기반 표준화 시험을 본 학생들이 디지털 시험을 본 급우들보다 성적이 나았다.

이와 같은 결론이 뉴질랜드의 4~10학년생들, 미국의 3~8학년생들을 대상으로 한 연구에서도 나타났다. 이 연구에 따르면 컴퓨터

---

30. 「스마트폰 쓸수록 수학 점수 '뚝뚝', '알림 강박' 있으면 더 하락」(《경향신문》, 2024년 1월 23일).

스크린을 사용할 때 읽는 속도가 종이로 읽을 때보다 더 빨라지고 독해 점수는 더 낮아지고, 나이 어린 1~6학년 아동을 대상으로 한 연구에서 저학년생은 종이보다 디지털로 읽을 때 속도는 더 빨라지고 실수는 더 많아지는 경향을 보인다.[31]

덴마크 아동교육부는 만 0~6세 어린이의 영상 시청 증가로 인한 부정적인 영향을 막기 위해 법률 개정 및 이니셔티브를 추진하고 있다고 한다. 2022년 국립복지연구센터의 조사 결과 컴퓨터, 태블릿PC, TV 등을 만 3세 아동이 1시간 이상 사용하는 비율이 2009년 29%에서 2021년 52%로 급증한 데에 따른 조치이다.

스웨덴은 스마트폰과 태블릿PC 등 디지털 기기 사용을 줄이고 도서 구입 비용으로 약 823억 원을 지원하였다.

프랑스와 네덜란드에서는 학교에서 스마트폰 사용을 제한하는 법률을 제정했다는 언론 보도들에 따르면 서구 국가들은 디지털 기반 교육의 교육적 효과에 대한 체계적인 연구를 바탕으로 한 정책 추진이 이루어지고 있음을 짐작할 수 있다.

한국교원대 산학협력단의 「2022 디지털 리터러시 역량 강화를 위한 지원 자료 및 콘텐츠 개발」 보고서에는 만 3~5세 유아 절반 이상이 24개월이 되기 전에 스마트폰, 태블릿PC 등 디지털 기기를 처음 접한 것으로 나타났다. 돌잔치에 내놓는 물건에 스마트폰이 들어가는 시대가 되었지만 디지털 기기의 영향력이 커지는 상황에서 한국의 경우에 취학 전과 초등학교, 중학교 등 단계별로 종이책과 디지털 책의 교육적 효과에 대한 연구 등은 거의 전무한 실정이다.

---

31. 나오미 배런(2023), 『다시, 어떻게 읽을 것인가』, 어크로스.

〈AI 에듀테크 공교육 도입 및 활용 가이드라인〉 이전에 인공지능 시대의 교육에 대한 제대로 된 논의를 시작해야 한다. 생성형 AI의 급격한 발전으로 교육현장의 AI 활용이 보편화되면서 기술 종속 및 무비판적 수용에 대한 우려도 늘어나고 있다. 단순한 'AI 활용Use'을 넘어, "AI를 주체적으로 통제하고 윤리적으로 판단하는 '지휘' 역량을 어떻게 가지도록 할 것인가"라는 질문에 대한 답이 이제는 명료해져야 하며, 그것이 교육과정에도 반영되어야 할 것이다.

학부모들은 "AI가 아이의 사고력을 키워 주는지, 오히려 약화시키는지 누가 검증했는가? 아이가 스스로 사고의 흐름을 구성하고 이해하는 교육적 장치는 어디에 있는가? 지금의 교육 구조에서 어떤 기준의 우선순위가 정해진 것인가? 또다시 사교육 시장을 자극하는 것은 아닌가?"[32] 이처럼 묻고 있지만 책임 있는 답변을 할 주체가 없는 실정이다.

디지털 기반 교육혁신 사업은 코로나19로 인한 원격 수업이 전면적으로 도입되면서 급속하게 확산되었다. 교육청은 어려운 예산 사정에도 불구하고 디지털 교육과 관련한 전자 칠판 등의 기자재 구입에 수백억 원을 투여하고 있다. 하지만 유아교육 단계, 초등학교 단계에서 디지털 기기를 사용하는 것이 적합한지에 대한 실증적인 연구에는 예산이 배정되지 않고 있다.

실증적 연구 기반의 인공지능 교육에 관한 정책이 마련되어야 한다. 디지털 격차 문제는 인공지능 사용이 본격화되면서 더욱 심각한 불평등 상황을 맞이하게 될 수 있다.

---

32. 이윤경(2025. 12. 9), 「현 정부 AI 교육정책의 성찰과 방향」, 『인공지능시대, 교육의 본질을 묻다: 인공지능 기술의 교육적 활용 기준과 원칙』(국회 토론회 자료집).

"가정 배경 차이가 그대로 AI 교육 격차로 이어집니다. 가정마다 기기 보유 수준이 다르고, 부모의 디지털 역량 차이가 크며, 스스로 학습을 설계할 수 있는 아이와 그렇지 않은 아이의 차이가 극명합니다. 이미 학원에서 코딩 및 챗GPT 활용법을 배운 아이와 기본 사용법조차 모르는 아이의 간극이 커지고 있습니다."

이렇게 말하는 학부모의 지적에 귀 기울여야 한다.

지난 대선에서 이재명 후보는 "한국형 챗GPT 전 국민 무료 사용"을 공약으로 내세웠고 AI 기본 사회를 표방하고 있다. AI 기본 교육이 이루어지기 위해서는 챗GPT나 제미나이가 상용화된 사회에서 여기에 접근할 수 없는 학생들을 위한 대책도 마련되어야 할 것이다.

인공지능시대의 교육은 기술이 얼마나 정교해지는가보다 어떤 교육철학을 바탕으로 설계되고 운영되는가에 따라 결정될 것이다. AI는 교사를 대체하는 존재가 아니라, 교사의 전문적 판단을 넓혀 주고 학생의 배움을 도와주는 조력자여야 한다. 인공지능시대가 전면화된 여건에서의 교육 철학과 원리, 교수학습과 평가 방안이 시급히 정립되어야 한다.

주민직선제 교육자치의
성과와 전망

전망은 제대로 된 성찰과 다가올 미래를 구성하는 요소들을 탐구하는 과정에서 만들어진다. 성찰省察은 현실을 진단하고 미래로 나아가기 위한 기본적인 덕목이다. 교육제도의 일환인 교육자치가 1992년 지방교육자치제도가 부활한 이후에, 특히 주민직선제 교육감 제도가 도입되면서 어떠한 변화를 가져왔는가? 이 변화가 우리 교육의 발전에 기여했는가? 혼란과 퇴행을 가져왔는가? 이러한 질문들이 교육자치제도를 성찰하기 위한 문항들이다.

이를 바탕으로 2024년 12월 3일 친위 쿠데타로 확연히 드러난 한국 사회의 민주주의 위기를 포함한 복합위기 사회에서 교육자치의 역할은 무엇이고, 이에 무엇을 재정립해야 할지 도출해 내야 할 것이다.

여기에서는 2010년 6월 전국 동시에 주민직선제로 교육감이 선출된 이후 지난 15년 동안 교육현장을 바꿔 온 주요 정책을 통해 교육자치제도의 공과를 평가할 것이다. 이와 함께 국민주권정부를 표방한 이재명 정부 출범 이후 지방자치제도의 변화와 연동하여 이루어질 지방교육자치와 학교자치제도의 변화를 조망하고자 한다.

이재명 정부가 출범하고 2026년 지방자치 선거가 벌써 정치권을 중심으로 관심 영역으로 자리 잡고 있다. 교육자치제도는 오래된 논란인 교육감 선출 제도와 학교자치를 활성화하는 데 기여하는 교육자치가 되어야 한다는 주장이 다시 반복되고 있다.

교육 당사자가 교육의 목표와 방법을 함께 설정하고 서로가 협력하여 서로를 성장시키는 교육 실현에 도움이 되는 것이 교육제도가 존재하는 이유이다. 이러한 측면에서 교육자치제도의 공과를 살펴보고, 교육자치제도가 "모든 이들에게 질 높은 교육"을 실현하는 데 기여할 수 있게 하기 위한 과제를 제안하고자 한다.

주민직선제 도입 이후 교육의 변화 과정 개괄

교육자치와 일반자치의 통합, 직선제 폐지와 러닝메이트 제도 도입 등에 대한 논란은 반복적으로 제기되어 왔다. 하지만 이와 관련한 연구에서도 교육감 선출 제도와 선거 비용, 후보자의 특성, 공약의 유사성, 유권자의 선호도 등에 관한 연구가 대부분이고 교육의 변화 양상에 대한 연구는 찾아보기 어려운 실정이다. 정작 주민직선 제도가 기존의 제도에 비하여 긍정적이든 부정적이든 어떤 변화를 가져왔는지에 대한 제대로 된 평가와 적합한 근거도 없이 교육감 직선제는 다시 존폐를 다투는 도마 위에 오르게 되는 형국이다.

교육자치제도가 본래의 목적을 달성하기 위해서는 이와 관련한 제대로 된 연구가 이루어져야 할 것이다. 여기에서는 주민직선 교육감 선거제도가 전면화된 2010년 이후에 우리 교육에 나타난 주요한 변화 양상과 주요 정책들을 살펴보고, 교육자치제도가 "모든 이에게

질 높은 교육"을 실현하는 데 기여하기 위한 방안을 제안해 보고자
한다.

진보 교육감 시대가 열리다[33]

2010년 6월 2일 전국 동시 선거에서 6명의 진보 교육감이 당선
되었다. 이는 지방자치 선거와 함께 전국에서 동시에 실시된 최초의
선거였다. 2009년 김상곤 경기도교육감이 당선되면서 진보 교육감
이라는 명칭이 회자되기 시작했지만, 본격적으로 진보 교육감이 조
명을 받게 된 것은 2010년 교육감 선거에서 6명이 당선된 결과라
할 것이다.[34]

곽노현 서울시교육감은 다음과 같은 10대 공약을 내세우고 서울
시민의 선택을 받아 당선되었다.

- 서울형 혁신학교를 도입하여 선진국형 수업을 실시하
  겠습니다.
- 낙후된 지역을 교육특별지구로 선정하여 강남북 교육
  격차를 해소하겠습니다.

---

33. 2008년 서울시교육감 선거에서 주경복 후보는 "시민이 선택한 민주 교육감",
    2009년 김상곤 후보는 경기희망교육연대가 결정한 범도민 후보를 내세웠다가
    2010년 선거에서는 "우리 교육감"이라는 문구를 사용하였다. 2010년 선거에서
    서울의 곽노현 후보와 전북의 김승환 후보가 민주진보 진영의 단일 후보를 표방
    하였고, 강원도 민병희 후보는 "범도민 민주 교육감", 전남 장만채 후보는 "전남교
    육감 도민 추대위 추대" 후보를, 광주 장휘국 후보는 "MB 특권 교육 심판! 진보
    교육감 시민 추대" 후보를 사용하였다.
34. 2010년 교육감 선거에서 민주진보 진영으로 분류되는 후보는 서울 곽노현, 인
    천 이청연, 강원 민병희, 경기 김상곤, 충남 김지철, 충북 김병우, 전남 장만채, 전
    북 김승환, 광주 장휘국, 부산 박영관, 경남 박종훈, 울산 장인권 등 12명이었고
    이 중에서 6명이 당선되었다.

- 학생인권조례를 제정하여 학생들이 행복한 학교를 만들겠습니다.
- 친환경 무상급식을 실시하여 최고의 밥상을 제공하겠습니다.
- 방과후 돌봄학교를 확대 실시하여 맞벌이 부부의 고민을 해결하겠습니다.
- 특목고, 자사고, 국제중 특권 교육을 폐지하여 입시 사교육비를 줄이겠습니다.
- 일제고사 대신 기초학력 진단 프로그램을 실시하여 학습 부진아 없는 학교를 만들겠습니다.
- 고등학교 무상교육을 실시하여 공교육비를 확 줄이겠습니다.
- 투명한 시민 참여 행정으로 교육 비리를 줄이겠습니다.
- 교장 공모 등 학교 운영에 교사 학부모의 참여를 확대시켜 민주적인 학교를 만들겠습니다.

경기도교육감 재선에 나선 김상곤 후보의 '김상곤 교육감의 6대 공약'은 기존의 혁신학교, 학생인권조례, 친환경 무상급식을 중심으로 교육과정과 수업 모델 등으로 확충되고 한 단계 진일보한 내용으로 구성되었다.

- 창의적 지성 교육으로 학력 대혁신, 인문 사회 과학 등 종합 교양으로 상상력을 키우는 교육, 교육과정 혁신을 위해 학교와 교사별로 특성화된 다양한 교육과정 운영,

토론식 모둠수업, 블록수업, 프로젝트형 수업 확대, 서술형 과정 평가 위주로 평가 방식 전환. 이를 위해 교사들에게 교사 자질 혁신 프로그램NTTP을 도입하여 전문적 역량을 갖추도록 하고 교원 행정업무 경감을 위한 행정업무 전담 인력을 배치.

- "무상급식에서 무상교육까지", 보편적 무상급식 중학교까지 확대(2014), 초등학교 학습 준비물 전액과 중학생 1인당 2만 원 지원, 저소득층부터 체험학습, 수학여행비 등 사부담 공교육비 지원 확대. 유치원 공교육화와 공립 유치원 확충, "유아교육도 무상의무교육으로", 공사립 유치원비 지원 대상 확대 및 지원액 증액, 사립유치원 교사 처우 개선 및 사립유치원비 공립 수준 인하. 교육 격차 해소 정책으로 교육복지 투자 우선 지역에 대한 체계적 관리와 집중 투자, 교육복지 수준 지수화로 교육 격차 해소, 특수학교 및 특수학급 증설. 학교 회계직의 고용안정 대책 수립(경력 인정 및 호봉 승급), 교육기관 비정규직 문제 해결을 위한 종합 대책 수립.

- 혁신학교를 3년 내 200개 확대, 미래형(신설), 도시형(교육복지 투자 지역), 전원형(농산어촌) 모델을 추진하고, 혁신학교 벨트 및 권역별 거점 학교를 설치하고, 교육청 산하에 혁신학교 프로그램 연구 및 교원 연수 전문 기관인 혁신학교 아카데미 설치.

- 민주적 가치 및 인성 교육을 강화하고, 평화·인권·공존·소통의 시민 교육. 협력적 학습의 실현과 창의적 체

험활동 등에서 다문화 이해와 국제화 교육을 강화. 레
  인보우 스쿨 설치로 다문화 교육 프로그램 및 체험활동
  공간 제공.
- 학생회장의 학교운영위원회 참여 보장과 학생인권조례
  제정. 위기 학생 및 학업 중도 탈락 학생을 위한 장기 위
  탁기관(Wee 스쿨) 설립과 정신건강 진단 지원으로 인터
  넷 중독 우울증, ADHD 등 조기 발견 및 치료 방안을
  마련.
- 수업과 평가 체제를 혁신하여 선행학습 내신 사교육비
  경감, 토론식 모둠수업과 서술형 과정평가 위주로 학교교
  육 혁신. 수시 수행평가로 선행학습 수요 경감, 고교 입시
  에서 경기도형 내신과 자기주도학습 능력 평가로 사교육
  비 경감. 2012년 안산·의정부·광명 등의 평준화 추진.
- "학교는 학부모, 교사, 학생이 함께 만들어 갑니다"를 슬
  로건으로 내세우면서 학부모의 학교교육 참여 방안으
  로 학부모의 수업 지원 기회 확대와 학부모 등 지역사회
  전문가의 방과후학교 참여 확대, 학부모 교육 및 상담과
  다양한 연수를 실시하고 학교 운영 중요 사항에 대한 학
  부모회 및 교직원회의 참여 확대 보장. 다수의 학부모가
  참여할 수 있도록 '학부모의 밤', 학부모회의 저녁 시간
  에 실시.

2010년 교육자치 선거에서 진보 교육감의 대거 당선은 이명박 정
부가 들어서면서 전면화한 시장주의 원리에 의한 교육정책과는 다

른 진보적 교육개혁을 교육행정에서 전개할 수 있는 기반이 마련된 것이다.

학교의 변화를 열망하는 수많은 민주시민과 진보적 교육 주체들은 2010년 교육자치 선거를 통해서 반세기 넘게 고착화된 입시 경쟁 교육을 철폐하고 민족, 민주, 인간화 교육을 강화하고자 하였다. 또한 촌지를 비롯한 학교 안의 부정부패를 척결하여 학부모와 학교의 신뢰를 회복하고자 하였으며, 친환경 무상급식을 중심으로 하는 보편적 교육 복지를 확대하고 민주·인권 평화교육을 실현하고자 하였고, 그들을 중심으로 하는 진보 교육을 표방한 교육 권력이 등장하게 된 것이다.[35]

교육자치 측면에서 중앙정부와 지방자치단체인 교육부와 교육청의 역할과 권한 정립, 정책 경쟁과 갈등과 조정 과정 등이 본격적으로 전개되게 되었다. 또한 진보적 교육개혁 운동을 전개해 온 세력을 대변하여 교육감이라는 행정 권력을 가진 '진보 교육감'들이 우리 교육의 문제점을 해결하고 교육 발전에 기여할 수 있는지 시험대에 오르게 되었다.[36]

무상급식, 무상교육 등 보편적 교육복지 정책이 전면적으로 실시되고, 학교개혁 운동의 산물인 혁신학교가 전국 17개 교육청에서 전체 학교의 15% 수준으로 확산되고, 혁신교육지구를 모델로 하

---

35. 광주 교육단체 워크숍 자료.

는 지방자치단체와의 협력 사업 모델도 17개 시도에서 운영되는 등 2010년을 기준점으로 지난 15년 동안 한국 교육의 여건과 교육정책의 변동에서 교육감 직선제가 가져온 성과는 적지 않다.

그렇지만 학벌 학력 사회 구조를 자양분으로 하는 과잉 입시 경쟁 구조 등 우리 교육이 안고 있는 고질적 문제는 개선되지 못하고, 인구 격감이 이루어지는 상황에서도 사교육비는 천정부지로 치솟는 등 오히려 악화되기까지 하였다. 물론 지방교육자치로 한국 사회의 고질적 교육 문제를 해결하는 것은 근본적으로 한계를 지닐 수밖에 없다. 그럼에도 더 나은 교육으로 만들기 위한 교육자치 제도의 장점을 살리고 개선해야 할 과제를 도출하고 해결책을 마련하는 것은 교육개혁의 주요한 동력이 될 것이다.

2011년 취임 1주년 교육혁신 공동 선언문과 7대 과제

2011년 6월 6명의 진보 교육감은 취임 이후 1년 동안의 노력에도 불구하고 교육개혁이 제대로 이루어지지 못하고 있다는 문제의식을 가지고 교육개혁을 위해 필요한 일곱 개의 과제를 제기한다.

주민직선교육 1년, 저희 교육감들은 여전히 불행하고 위

---

36. 파울로 프레이리는 인구 960만 명에 지자체 내 691개 학교, 71만 명의 학생, 3만 9,614명의 교육 관련 직원을 관장하는 상파울루 교육감으로 1989년부터 2년 동안 재직하였다. 그와 수백 명의 동료들은 민중적 공교육은 모두에게 학교교육의 기회를 동등하게 제공해 줄 뿐만 아니라 모두가 참여해 함께 만들어 가도록 하는 것이라 한다. 교육의 장에서 대다수의 이익인 민중적 이해를 진실되게 부르짖는 것이라는 교육 목표를 가지고 4년의 주어진 시간 동안 치열하게 교육개혁을 추진하였다. 한국 사회에서 진보 교육감으로 불리는 교육감과 그의 동료들은 어떠한 교육 목표와 신념을 가지고 어떻게 그 목표를 달성하기 위한 역정의 과정을 밟아 간 것인가?

태로운 교육 현실 앞에 깊은 자괴감과 막중한 사명감을 느끼며 다시 한번 결의를 다지고자 합니다.

교육개혁의 부름을 받고 쉼 없이 달려왔지만, 아이들의 고통, 선생님들의 좌절, 학부모들의 불안은 끝나지 않고 있습니다. 희망 교육을 위하여 매진하여 왔지만, 교육의 절망은 걷히지 않고 있습니다. 청소년 자살률과 낮은 출산율의 저 서글픈 수치가 바로 교육 문제에서 기인한다는 사실은 참담할 따름입니다. 우리 학생들의 행복지수는 OECD 국가 중 3년 연속 최하위권이고, 국제 학업성취도 평가에서는 세계 2위이지만, 배려하고 더불어 사는 부문에서는 세계 꼴찌입니다.

교육을 하면 할수록 개인과 공동체가 불행해지고 있습니다. 정답만 찾는 주입식, 암기식의 획일화된 경쟁 교육에서 더 이상 희망을 찾을 수 없습니다.

_〈주민직선 교육감 취임 1주년 교육혁신 공동 선언문〉에서

지난 15년 동안의 교육의 변화 양상을 살펴보기 위하여 진보 교육감들이 중점적으로 제기했던 교육개혁 과제와 정책들을 중심으로, 성명서에서 제기한 일곱 개의 과제에 어떠한 변화가 이루어졌고 그 성과와 한계는 무엇인지 살펴보고자 한다.

새로운 교육 패러다임이 필요합니다

혁신학교는 2009년 13개교로 출발하여 해마다 운영교가 증가함으로써 양적인 성장을 거듭했으며, 우리 교육의 병폐 극복 노력을

통한 새로운 교육 변화의 주도로 혁신학교의 전국적 확산 계기를 마련했다.구순란, 2018

서울시교육청 2024년 말 통계에 따르면, 전국적으로 초등학교 1,226개교, 중학교 566개교, 고등학교 242개교로 2,081개교에서 운영 중이며 이는 전국 학교 중 12.23% 수준이다. 이 통계에서 제외된 대구교육청은 운영하지 않고 있고, 제주는 자율학교 하위 유형으로 운영하고 있으며, 전북은 혁신학교 24개교, 혁신+학교 42개교, 미래학교 66개교, 합계 132개교에서 운영하고 있다.

한편, 경기혁신교육의 철학과 추진 과제를 바탕으로 단위학교의 특성에 따라 운영된 교육활동을 통해 학생, 교사, 학부모의 교육 만족도를 높일 수 있었으며, 학생 중심의 창의적이고 다양한 교육활동은 학생들의 기초학력 미달 비율을 지속적으로 감소시키고 있다고 보고하고 있다. 지역사회와 협력하여 학교와 지역의 상생 모델을 제시, 상향식 혁신 모델 및 네트워크 모델을 구축했으며, 교육 문제 해결을 위한 혁신적 시도와 도전으로 문제 해결에 기여했고, 국가 교육정책 흐름을 전환하는 계기를 마련했다.경기혁신교육 10년

서울형혁신학교[2011]는 학생, 교원, 학부모, 지역사회가 서로 소통하고 참여하며 협력하는 교육문화 공동체로 배움과 돌봄의 책임교육을 실현하고 전인교육을 추구하는 학교이다. 공교육의 변화 추구 성과로는 학생 배움과 성장에 초점을 맞춘 교육과정·수업·평가 혁신, 전문적 교사학습공동체 활성화, 교육과정뿐만 아니라 학생 지도와 학교 정책 결정에서도 전문성과 자율성을 발휘하여 학습하고 실천하는 학교를 만들었다. 민주적 거버넌스 구조로 교사뿐만 아니라 학생, 학부모가 함께 교육 주체로서 책임 있는 역할을 하며 조화롭

게 학교를 운영하였고 마을까지 협력하여 마을교육공동체를 형성하는 데 기여하였다.서울시교육청, 2014-2024 서울교육백서

혁신학교는 교육 격차의 감소백병부·박미희, 2015, 교육활동 중심 및 교육과정과 수업, 전문적 학습공동체, 새로운 학교문화 조성 등의 혁신김성아·송경오, 2015, 일반 학교에 비해 행정업무 경감 등으로 교사가 학생에게 집중하는 여건이 조성되어 담임과 학생 간 관계 맺기에 더 집중이 가능함박종철, 2013 등 다양한 연구가 진행되고 그 성과가 확인되었다.

진보 교육감들은 혁신학교를 거점으로 학교 단위의 개혁 모델을 창출하고 공교육 전체의 혁신을 도모하였다. 하지만 혁신학교가 학력을 저하시키거나 특정 교원단체가 주도하고 있다, 교장을 학교 구성원 중 N분의 1로 치부하는 학교라는 등의 비판을 받으면서 2022년 교육감 선거에서 보수 교육감이 당선된 지역에서는 명칭이 사라졌다. 진보 교육감 지역에서도 혁신학교의 학교 정책 차원에서의 역할 설정이 명확하지 않은 상태이다. 이와 관련하여 성열관2025은 서울형 혁신학교의 향후 과제로 혁신교육 기준(스탠더드) 개발의 필요성을 제기하였다. 혁신교육 기준 또는 스탠더드를 설정하고 그 나머지 실천은 학교에 맡기는 방식이 필요하며, 혁신학교의 부담을 줄이고, 서울 혁신교육 기준을 개발하고 브로셔를 배부 등을 통해 모든 학교에서 수업과 평가 혁신을 이어 가도록 이끌어야 한다는 것이다. 혁신학교는 3%로 줄이되 높은 수준으로 유지하고, 서울시교육청은 일반 학교 혁신화에 에너지를 집중 투자하는 전략을 제안하고 있다.

학벌 경쟁이 국민 모두를 불행하게 하고 있습니다

학벌 경쟁은 교육의 본질을 배반하고, 아이들의 꿈을 빼앗고 있습니다. 공동체의 미래를 단지 특권층 진입을 위한 졸렬한 탐욕의 시장에 처분해 버리고 있습니다. 대한민국에서 학벌은 권력이고 대학서열은 계급입니다. 학벌의 압력은 취업, 대학, 입시로 이어지며 고등학교, 중학교, 초등학교 심지어 유치원에까지 과잉 경쟁을 채찍질하고 있습니다. 혁신학교, 무지개학교, 창의적 지성을 위한 독서토론, 감수성의 성장을 위한 문화 예술 체육 교육 등 교육의 본질을 회복하려는 모든 노력들이 대학입시의 벽에 막혀 있습니다. 건강한 노동을 멸시하고, 인간의 가치를 격하시키는 비인간적 특권 사회, 우리 모두 그에 맞서 담대한 실천을 해 나가야 할 때입니다. 교육감들이 그에 앞장서겠습니다. 우리 선생님들이, 학부모들이 밝고 맑게 키운 우리 아이들을, 대학에 대하여, 기업에 대하여 당당하게 옹호할 것입니다.

학벌과 학력이 "안전하고 쓸 만한 일자리"를 담보해 주는 학벌 경쟁 사회에서 전인적 교육을 지향하는 혁신학교, 독서 교육, 문화 예술 교육이 활성화되기 어렵다고 진단하고 있다. 이러한 문제를 해결하기 위해 개별 교육청과 시도교육감협의회 차원에서 대학입시와 대학체제 개편에 대한 논의와 정책 제안이 지속적으로 이루어져 왔다. 최근에 임태희 경기도교육감도 상대평가 폐지, 수능 서술 논술형 평가 도입 등이 담긴 대학입시 개편안을 발표하였다. 하지만 비정규직이 절반을 차지하고 경제 사회적 불평등 구조가 심화되는 상황에서 학벌체제는 강화되고 수도권 집중 현상이 심화되면서 지역소멸 문제와 연동하여 지방 대학 살리기가 주요한 과제로 제기되고 있는 실정이다.

서울시교육청에서 '고졸 전성시대' 등 직업계 고교생을 공무원으로 채용하는 정책을 추진하는 등 학벌 차이를 극복하기 위한 노력이 이루어지기도 했으나, 교육청의 고졸 채용은 2018~2022년 동안 1만 819명 중 477명(2.6%)으로 347개 공공기관 2만 5,349명 중 1,916명(7.6%)의 3분의 1 수준에 머물렀다.

교육과정을 교육 주체의 손에 맡겨야 합니다

국가 주도의 독점적인 교육과정 운영은 교육의 자율성을 고사시킵니다. 교육과정은 자기주도적 학습이라는 교육의 본질상 교육자치가 가장 필요한 분야입니다. 국가가 획일적인 교육과정을 만들고 이를 일방적으로 적용한다면, 수업의 자율성, 학생들의 자기주도적 학습, 맞춤형 다양성 교육은 근본적으로 차단되고 맙니다. 교육과정은 행정 당국이 아니라 교육 주체들을 위한 것입니다. 아이들의 삶, 공동체의 일과 동떨어진 교육과정은 교육의 소외에 불과합니다.

이제 교육과정 개정은 학생, 선생님, 학부모 등 교육 주체들 손에 넘겨줘야 합니다. 교과부는 현장의 선생님들에

게 교육과정 편성권과 교과 개설권 그리고 교과서 집필권
을 대폭 이양하고, 교육과정 개정에도 선생님은 물론 학부
모, 학생 및 지역사회 구성원들의 참여를 보장해야 합니다.
이를 통해 학생 개인별 교육과정 선택권을 대폭 확대하고,
교육과정과 수업의 다양성을 확보해야 합니다.

2022 교육과정에서는 교육과정 개발 과정에 국민의 참여를 확대
하여 정책 수요자들의 사회적 합의를 통한 최선의 대안을 설정해
나가는 과정으로 국민과 함께하는 교육과정의 의미를 설명하고 있
다. 현장의 자율적인 혁신을 지원 촉진하기 위해 분권화를 바탕으로
한 학교 교육과정의 자율권에 대한 근거를 마련하였다. 연간 34주를
기준으로 한 수업 시수 운영에 대해 한 학기 기준 17주 수업을 수업
16회와 자율 운영 1회로 전환하고, 초등학교와 중학교 선택과목 개
발 운영이 가능하도록 하였다.

서울시교육청은 중학생 모두가 학급 친구들과 함께 뮤지컬, 연극,
영화 등을 창작하는 경험을 하도록 하는 '협력 종합 예술 활동'을
도입하고 초등학생을 위한 '초등예술하나', 고등학생을 위한 예술 동
아리로 예술 교육을 확대 강화하는 정책을 추진해 왔다. 이러한 교
육과정의 자율성 확대는 2010년 당선된 교육감들이 시도 교육청
차원의 ○○형 교육과정을 계발하고 학교 교육과정의 제도화를 위
한 여건을 마련하는 정책의 결산이라 할 것이다.

하지만 혁신학교 학력 저하론과 맞물려 진보 교육감들이 주창한
역량 함양 교육과 과정 중심 평가나 성취 평가제는 자리 잡지 못하
고 있다. 성취 기준을 구성하고 있는 핵심 개념에 대한 혼란을 여

전히 정리하지 못하고 있으며, 교과 역량과 핵심 개념과의 관계, 핵심 역량과 교과 역량 간의 관계가 모호하다. 이러한 이유로 학교현장에서는 국가 및 지역 교육과정에서 제시하는 학습자상·핵심 역량 등이 문서상에만 존재하고, 막상 교실에서는 협소한 개별 교과 성취 기준이 교육목표로 대체되어 수업·평가를 실행하는 경향이 있다.

2022 개정 교육과정은 객관적 지식(아는 것), 방법적 지식(하는 것)의 통합 버전이라 할 수 있는 '핵심 아이디어'와 '깊이 있는 지식'을 다룬다. 역량 기반 교육과정을 표방하면서 지식교육을 소홀히 하고 역량만을 강조했다는 주장은 2022 교육과정에 들어와 어느 정도 해소되었다. 한편, 생성형 인공지능의 출현은 인간에게 '호기심'을 유지하면서 '좋은 질문을 만들 것'을 요구한다. 인간은 정답을 말하는 것을 넘어 의견을 말해야만 성장을 유지할 수 있는 단계로 진입하였다. 지식이란 인식 주체의 외부에 독립적으로 존재하는 것이라는 절대적 지식관으로는 인공지능시대 변화에 대응하기 힘들다. '학력 vs 역량' 프레임은 인지 역량(지성)이 역량의 가장 중요한 요소이며 그 안에는 객관적 지식과 방법적 지식이 모두 포괄됨을 보임으로써 극복하는 것이 필요하다.함영기, 2025

대구교육청을 중심으로 도입된 IB가 전국적으로 확산되고 있지만 교육부 차원에서의 명확한 방침은 정해지지 않은 상태이다. IB는 교육과정-수업-평가 전반을 체계적으로 아우르는 프레임워크이고, 교육과정 질 관리를 위한 체계적인 프레임워크이며, 연역적 방식으로 구성된 프레임워크이자, 교사의 교육과정 재구성과 학생의 탐구를 단계적으로 안내하는 프레임워크이다. 반면에, IB는 도구적 합리성 위주의 탈가치적 프레임워크, 개방적인 질문이 생략된 프레임워크, 다양한 가능성을 배제하는 폐쇄적인 프레임워크, 탈맥락적 프레임워크, 교사의 탈전문화를 유도할 수 있는 프레임워크, 교사 배제 교육과정으로 비판받을 소지가 있는 프레임워크라는 한계를 지닌다.이형빈, 2024

교육자치제도가 지역의 특수성을 고려한 교육과정의 설계와 운영, 교육 당사자가 주도하는 수업-평가-교육과정의 일체화로 나아가기 위한 점검과 발전 방안을 마련하는 것이 필요한 시점이다.

보편적 교육복지로 교육안전망을 구축해야 합니다

보편적 교육복지는 사회의 기본이며, 공통의 인권입니다. 학교 시절은 누구에게나 생애 첫 희년禧年이 되어야 합니다. 우리 아이들은 그 차이에도 불구하고 우정과 환대의 공동체 속에서 모두가 같은 성장의 기쁨을 누릴 수 있어야 합니다. 중증장애인의 자녀도, 기초생활수급자의 자녀도, 다문화 가정의 자녀도, 가정 해체기의 자녀도 똑같은 대동의 삶을 경험할 수 있어야 합니다. 이 교육의 희망은 우리 삶의 희망이고, 공동체의 미래이기도 합니다.

친환경 무상급식 실시에 대한 보편적 복지, 선별적 복지 논쟁과 갈등의 파고를 넘어 무상교육은 고등학교 무상교육은 물론 무상교복, 신입생 입학 축하금 등 OECD 국가 중에서도 높은 수준의 교육복지 정책이 시행되고 있다. 이명박 정부에서 자사고 확대 등 신자유주의 교육정책[37]을 본격화하던 상황에서 보편적 교육복지 정책을 전면화하는 것으로 전환한 것은 진보 교육감의 주요한 역할로 평가해야 할 것이다. 그런데 서울의 경우에 2020년 91만 5,590명에서 2023년 85만 7,223명으로 학령인구가 감소했으나 특수교육 대상 학생은 1만 2,911명에서 1만 3,888명으로 증가했고, 특수교육을 받을 수 있는 학교는 2019년 유치원 80개교(9.4%), 초등학교 440개교(72.5%), 중학교 201개교(52.1%), 고등학교 88개교(27.5%)에 머물러 있다. 학부모들이 무릎을 꿇는 호소로 서울서진학교가 개교했으나 여전히 서울 지역에 특수학교가 없는 구가 9개에 이르며 새로운 학교 설립은 난항을 겪고 있다. "모두를 위한 교육", 사회적 기본권으로서의 교육복지 체제 구축은 여전히 우리 교육이 지향해야 할 과제이다.

교육재정 확충과 공정 배분으로 공교육의 질을 더욱 높여야 합니다

교육재정의 확보와 공정 배분은 공동체의 초석이며, 사회정의의 필요조건입니다. 교육이 없으면 자유도 없습니다. 교육은 공기와 물과 같은 공공재公共財이며, 공통의 부 commonwealth로서 공화국의 기초입니다. 교육은 사회 전체가 함께 책임지고 함께 향유하는 공동체의 기본 자산입니다. 교육재정 확보와 아울러 공정 배분 또한 중요합니다.

---

37. 영·미의 신자유주의 교육정책의 본질은 교육재정의 감축이다. 일반고에 비해 3배의 등록금을 받는 자율형사립고는 재정 지원을 하지 않아도 되는 학교로, 중상층 이상의 경제력이 있는 학부모에게 학교선택권을 갖도록 하면서 정부 차원에서는 재정 감축의 효과를 가져오게 된다.

우리 헌법이 보장하는 균등 교육 원리는 이 양자를 모두
명령하는 것입니다. 교육재정 확보율이 아무리 높아도, 공
정 배분이 결여되어 있다면, 교육의 공공성은 실패로 귀결
될 것입니다. 또한 공정 배분은 단순한 평균적 분배가 아
니라 공교육의 기본 수준을 고르게 높이는 분배가 되어야
할 것입니다. 즉 '교육의 최소 수혜자들'의 필요가 우선적
으로 고려되어야 합니다. 그리하여 계층적·지역적 적정 분
배가 이루어져야 하고, 특히 농산어촌의 교육 상황이 감안
되어야 할 것입니다.

시도 교육청은 예산의 대부분을 중앙정부의 교부금과 지방자치단
체의 전입금에 의존하고 있다. 서울시교육청은 2015년 4조 4,462억
원 수준이던 지방교육재정교부금이 2022년 8조 5,733억 원으로 최
고치를 기록하다가 2024년 6조 8,000억 원 수준으로 2021년 수준
으로 감소하였다. 경제부처에서 교육재정이 남는 것으로 내세우는
대표적인 항목인 순세계잉여금의 경우 2015년 1,256억 9,600만 원
에서 2023년에는 1조 3,416억 수준을 기록했다. 하지만 순세계잉여
금은 2023년 세수 감소로 교부금이 줄어드는 상황이 벌어지면서
2024년에는 7,746억 원 수준으로 편성되었다. 2024년 상반기 세수가
줄어들면서 내국세와 연동되는 교부금이 2025년 6월에 추가로 2조
원이 줄어들어 교육재정안정화기금도 고갈됨으로써 일부 교육청은
다시 지방채를 발행해야 할 실정이다.
박근혜 정부의 누리과정 도입, 윤석열 정부의 유보 통합과 늘봄학
교, 디지털 교과서 등 국정 과제의 재원을 지방교육교부금에서 조달

하는 정책이 추진되면서 교육청, 교육시민사회와의 대립과 갈등이 반복적으로 벌어지고 있다.

이재명 정부가 주요한 국정 과제로 추진할 것으로 예상되는 '서울 대 10개 만들기' 사업에는 연간 최소 1조 원의 추가 재원이 드는데, 교육감의 권한을 대학으로까지 확장시켜 주고 교부금이나 교육세에서 재원을 충당하는 방안을 검토하는 것으로 파악되고 있다. 교육의 영역이 영유아부터 평생교육까지 확장되는 시대에, 이에 필요한 교육재정 규모를 산출하고 재원 조달 방안을 마련하는 것은 AI 산업에 100조 원을 투자하는 것만큼 필요한 과제이다

더 필요한 곳에 더 많은 지원을 하여 교육의 형평성을 보장하는 것, 출발선 평등을 위한 제도적 기반을 갖추는 것은 공교육의 기본적인 책무이다. 진보 교육감들은 교육 불평등을 극복하기 위한 적극적 역차별 정책과 보편적 교육복지 확대를 통해 사회적 기본권으로서의 교육을 실현하기 위한 노력을 기울여 왔다.

2022년 교육감 선거에서는 선별적 복지를 주장하는 후보는 찾을 수 없었고, 임태희 경기도교육감 후보는 아침 급식 시행을 주요 공약으로 내세우기도 했다.

'정의로운 차등'은 보편 복지와 선별 복지가 추구하는 방향을 통합하는 개념으로, 교육 불평등 완화를 위하여 균등한 기회 제공과 공정한 자원 배분을 통해 모든 학생이 각자의 역량을 발휘하도록 하는 서울 교육의 대표적인 정책 방향이다.서울특별시교육청, 2019 그런데 사교육 영역에서의 교육 불평등은 오히려 심화되고 있다. 매년 학생 수가 줄어드는 상황에서도 2014년을 기준으로 18조 2,000억 원이던 사교육비 총액은 2025년에는 40조 원에 육박하고 있다. 월 소득

200만 원 미만 가정은 11만 4,000원을 사교육비로 사용하는 반면에 800만 원 이상 고소득층 가정은 월 59만 3,000원으로 5배 이상 높은 사교육비를 지출하고 있다.

서울교육정책연구소의 「학교와 교육 불평등 관계에 관한 보고서」2016는 "교육 불평등은 국가와 시장에 의하여 제공되는 교육의 수단들에 대한 접근이 부모의 계급적 지위에 의하여 가속화될 때, 그리고 국가가 이를 방기하거나 중상 계급에 차별적인 기회를 제공할 때 특히 심화된다"라고 지적한 바 있다.

교사, 학생, 학부모가 교육자치의 주인공입니다

중앙정부에서 시도 교육청으로, 시도 교육청에서 개별 학교로, 학교에서 선생님들, 학생들, 학부모들에게로 이어지는 자치의 연쇄 속에 자유의 공간이 확대되고, 그 공간에서 모든 교육 주체들은 자율성을 단련할 것이며, 우리 민주주의는 성숙해질 것입니다.

우리 교육감들은 앞으로도 주민자치 시대, 참여·소통·공유의 집단지성 시대에 걸맞은 새로운 교육자치의 패러다임을 만들어 나갈 것입니다. 기존의 교과부-시도 교육청-지역교육지원청-학교로 이어지는 수직적 거버넌스로는 새로운 시대의 비전을 담을 수 없기 때문입니다. 시민 참여를 확대한 수평적 민관 거버넌스를 통해 그동안 교육행정의 주변에 머물러 있어야 했던 선생님, 학생, 학부모를 공교육의 명실상부한 주인으로 세울 것입니다. 모든 교육 주체들의 기대와 성원 그리고 염원이 교육청의 담을 넘고, 학교의 담을 넘어 공감의 메아리를 울리게 될 것입니다. 이 길에 중앙정부도 함께 가야 합니다.

교육백년지대계가 정권이 바뀔 때마다 요동치는 교육행정은 이제 끝내야 합니다. 이를 위해 교육계, 지방자치단체, 경제계, 정부, 국회, 시민사회 등 책임 있는 주체들이 모여서 사회적 대토론과 합의를 위한 민간 독립 기구(가칭 국가교육위원회)를 구성할 것을 제안합니다. 이는 여야가 바뀌고, 정부가 바뀌어도 큰 원칙은 일관되게 갈 수 있는 교육 희망의 청사진을 새롭게 그리기 위함입니다. 지금의 절망적인 교육환경을 혁신하고, 창의적이고 행복한 인재 육성을 위해 우리 교육의 대원칙들을 만들어야 합니다. 그리고 실천해야 합니다.

교육혁신에 관한 사회적 대토론과 합의를 위한 민간 독립 기구 구성을 제안합니다

주민 참여 예산제 도입과 민관 거버넌스 확충, 학교자치를 강화하기 위하여 학부모회의 법적 근거 마련, 학생회 활성화를 위한 제도적 기반 마련, 토론이 있는 교직원회의 등을 추진해 왔다. 하지만 교육 구성원 간의 상호 신뢰와 협력을 바탕으로 하는 교육공동체로서의 학교자치는 서이초 사건과 대전의 김○○ 양 사건, 제주도 중학교 교사 사건 등으로 형해화되고 있다.

윤석열 정부에서는 이러한 문제가 학생인권조례 등 진보 교육감들이 추진해 온 정책에서 비롯된 것이라 공격했고 국민의힘이 다수 당인 지역에서는 조례를 폐지하기까지 했다.

노무현 대통령이 공약인 교육혁신위원회를 설치하여 교육부의 독점적 정책 결정 구조와 탑다운 방식의 정책 추진을 바꾸고자 했고, 문재인 정부는 국가교육회의를 구성하여 이러한 취지를 달성하고자 했다. 시도 교육감과 교육시민사회의 노력으로 국가교육위원회가 제도화되었으나 위원 구성과 운영 등에서 낙제점을 받고 있다. 이재명 정부에서는 국가교육위원회의 공론화와 사회적 합의에 의한 정책 추진의 역할을 강화하려 하고 있다.

지방교육자치제도의 쟁점과 향후 전망

지방교육자치제도는 1949년 「교육법」에 규정되어 1952년 시행된 이래 70년 넘게 운영되었다. 1987년 헌법 개정 후 1988년 「지방자치법」이 전부 개정되었고, 이어 1991년 「지방교육자치에 관한 법률」이 제정되었다. 지방의원 선거를 통해 교육위원회가 구성되면서 실질적인 지방교육자치가 시행되었다고 평가받고 있다. 교육감 직선제가 2006년에 도입되어 2010년 전국동시지방선거로 실시되면서 민선 4기 교육감 시대(2022년~)를 지나고 있다.

주민직선제 교육감 제도의 도입이 가져온 괄목할 긍정적인 변화에 대한 제대로 된 평가도 없이 교육감 선출 방식, 교육자치와 일반자치의 통합에 대한 논의는 일반 자치단체와 정치권의 공격과 교육청과 교육시민사회의 방어전 양상으로 진행되어 왔다.[38]

국민주권정부를 표방하는 이재명 정부에서 지방교육자치는 어떻게 운영될 것인가? 박수정은 주민직선제도가 도입된 2010년대 지방의 교육 분권과 거버넌스를 둘러싼 환경 변화를 1) 법과 제도 차원에서 교육감 직선제, 교육위원회 폐지, 지방분권 강화, 2) 교육청 차원에서 교육감의 위상 강화, 지방교육정책 강화, 3) 지방 차원에서 참여적 거버넌스 확대, 교육청과의 연계 수요 확대, 4) 교육부 차원에서 분권과 갈등, 학교자치 입성, 미래교육지구, 5) 정부 차원에서 지방자치와 일반자치의 통합 추진, 부처 간 연계로 정리한 바 있다.^{박수정, 2021}

교육자치제도의 변화는 지방분권과 지방자치단체의 변화, 교육청과의 협력 사업 추진 체계 등과 밀접한 관련을 갖고 이루어지게 되어 있다. 2022년 「지방자치법」의 전부 개정, 특별자치단체와 광역화 등 지방행정 체제 개편 동향에 주목할 필요가 있는 것이다.

이번 대선에서 이재명 후보는 지방자치와 관련해서는 다수의 공약을 내놓았지만 교육자치와 관련해서는 거의 언급조차 하지 않았다.

- 5극 3특 구현으로 국가 균형 발전과 자치분권을 달성하겠습니다.
    - 5극 초광역권(수도권, 동남권, 대경권, 중부권, 호남권)별 특별지방자치단체 구성
    - 부울경 메가시티 등 초광역 단위 특별지방자치단체 활성화

---

38. 지방교육자치제도에 대해 교육부는 수호자의 입장을 취해 왔으나 윤석열 정부에서는 러닝메이트 제도의 도입에 공식적으로 찬성 입장을 표명하였다.

- 3개 특별자치도(제주, 강원, 전북)의 자치 권한 및 경쟁
  력을 강화할 수 있는 특별법 개정 추진
- 균형 발전을 위한 국가자치분권회의 신설 추진
- 중앙지방협력회의 내실 운영을 통한 실질적 지방분권
  추진

• 재정 분권 강화를 위해 지방 재정을 대폭 확대하겠습
  니다.
  - 지방교부세 확대, 지방자치단체 자체 세원 발급 등 지
    방 재정을 확충하는 지방분권 추진
  - 지방의회법 제정, 지방의회 사무 인사 권한 및 인사청
    문회, 감사 청구 등 필수 사항 마련

• 자치 분권 및 주민 참여 확대를 위해 주민자치회를 활성
  화하겠습니다.
  - 주민자치회 입법화를 통한 풀뿌리 민주주의 확대
  - 단순 자문기구가 아닌 마을 행사 개최, 주민 참여 예
    산 검토, 위탁 사무 수행 등 적극적인 자치 사무 수행

교육자치와 학교자치 측면에서의 공약이 아니라 안전하고 상호
존중하는 학교 만들기 항목에서 교권 보호 강화와 병렬적으로 민주
적 학교 운영 기반 마련과 관련하여 학부모회의 기능과 권한 강화,
교사회·학생회·학부모회 대표의 학교운영위원회 참여 제도화를 제
시하고 있을 뿐이다.

1987년 6월 항쟁으로 직선제 대통령 제도가 부활되고 형식적 민주주의 수준에서는 일정한 궤도에 올랐다는 평가를 받았던 한국 사회가 친위 쿠데타로 민주주의의 토대마저 흔들리는 사태를 겪게 되었다. 벼랑 끝의 민주주의를 지켜 낸 국민들의 힘으로 출범하게 된 이재명 정부는 국민주권정부를 표방하고 있다. 국민주권정부는 분권과 자치를 기본 원리로 하는 거버넌스가 필요조건이다.

촛불 항쟁으로 탄생한 문재인 정부의 국정 기조 중 하나가 "분권"이다. 이에 지방정부에 자주 조직권을 부여하고, 자치 행정권, 자치 입법권을 강화하는 한편, 자치 재정권을 보장하였다. 그리고 지방자치에서 실질적 민주주의가 실현될 수 있도록 지방정부의 자치권이 주민으로부터 나온다는 것을 명시하고, 주민이 지방정부를 조직하고 운영하는 데 참여할 권리를 가진다는 점을 명확히 했으며, 주민 발안, 주민투표, 주민소환 제도의 헌법적 근거를 신설하였다. 교육정책에서도 교육자치 강화, 초·중등교육의 교육청으로의 권한 이양을 설정한 바 있다.

하지만 교육자치와 일반자치의 통합에 대한 애매모호한 입장으로 시도교육감협의회와 교육시민단체와의 갈등을 겪었다. 초·중등교육을 시도 교육청으로 이양한다는 정책은 특별교부금 비율을 1% 줄이는 수준에서 미미하게 이루어졌다. 이마저도 21대 국회에서 디지털 교육 강화를 명분으로 회귀한 바 있다.

「교육기본법」, 「초·중등교육법」 등 대다수의 교육 관련 법령들은 관련 사무의 권한 주체를 '교육부 장관과 교육감' 또는 '국가와 지방자치단체'와 같이 이중으로 명시하고 있다. 지방자치단체 또는 교육감에게 권한을 부여함에 대해서도 그 권한 행사의 요건과 기준 등을 대통령령을 비롯한 하위법령에서 별도로 규정하고 이의 한계 내에서만 권한 행사를 가능하게 하고 있다. 2018년 당시 김승환 교육감이 시도교육감협의회장으로 권한 이양을 위한 법률 정비와 개정, '교육의 지방분권 추진에 관한 법률' 제정[39] 등을 의욕적으로 추진했지만 교육부의 반대로 제대로 추진되지 못했다.

이재명 후보는 대선 공약으로 국가교육위원회의 역할 정비를 내세웠지만 교육 거버넌스의 기본 틀인 교육부와 국가교육위원회, 시도교육감협의회, 교육청과 교육지원청, 학교의 역할과 교육시민사회와의 협치와 관련한 내용이 전무한 상황이다. 향후 국정기획위원회에서 이에 대한 보완이 제대로 이루어지기를 기대하기도 어려운 지경이다. 윤석열 정부에서 RISE 사업 추진 전략으로 지방자치단체에 대학 정책에 대한 권한을 부여한 것처럼 '서울대 10개 만들기' 사업 등 국토균형 사업과 지역 소멸에의 대응과 관련하여 교육청의 역할 강화와 더불어 재원 조달의 책임을 전가하는 정책을 추진할 가능성을 배제하기 어려운 지경이다.

선거제도와 관련해서 더불어민주당, 조국혁신당, 진보당, 기본소득당, 사회민주당의 공동 선언문에 언급한 "민주헌정수호 다수연합 실현을 위한 제도적 기반을 마련한다. 이를 위해 대선 직후 교섭단체 요건 완화를 마무리하고 결선 투표제를 도입한다"라는 조항과 교원의 정치 활동 보장 공약을 법제화하게 될 경우에 2026년 교육감 선

---

39. 이 법안의 제4조(교육 지방분권의 기본 이념) 교육의 지방분권 추진은 교육의 자주성 및 전문성을 보장하고 각 지역의 특성에 맞는 교육을 실시함으로써 지방교육자치와 학교자치를 구현하고 학생의 교육을 받을 권리를 실질적으로 보장 및 확대하는 것을 기본으로 한다.

거에서 유·초·중등 교원이 교직을 사직하지 않은 채 출마할 수 있는 여건이 마련될 수 있을 것이다.

「지방교육자치에 관한 법률」에는 교육의 자주성, 전문성, 지방교육의 특수성, 지방교육의 발전을 명시하였다. 지방교육자치는 지방의 자치와 교육의 자치라는 이중의 자치로서 "민주주의, 지방자치, 교육자주라는 헌법적 가치를 골고루 만족시킬 수 있어야 한다"[99헌바113]라는 헌법재판소의 결정은 지방교육자치제도의 성격과 정당성을 확인하는 주요 근거가 되고 있다. 또한 입후보자에게 교육 경력, 교육행정 경력을 요구하는 것은 공무담임권 등 기본권 침해라는 헌법소원에 대해 헌재는 교육감에게 요구되는 고도의 전문성 및 자주성 요청에 부합하고 공익과의 이익형량에도 타당하다고 기각 결정[2008헌마483-563병합]을 내린 바 있다.

교육감 선거와 관련한 헌법재판소의 기본 입장은 국회에 맡겨진 입법형성권의 재량 영역, 대통령 및 국회의원 선거 등 정치 선거와 완전히 같은 방식은 불가하고, 교육계, 시도 지사, 지방의회 일방이 교육감의 선발을 무조건 좌우하는 방식은 헌법적으로 허용될 수 없다는 것을 명시하였다.[99헌바113]

신현직은 지방교육자치를 지역적 자치와 교육자치라는 영역적 자치를 결합한, 지방분권(단체자치)과 민중통제(주민자치)를 기반으로 한 행정자치를 교육의 특수성을 기초로 한 전문자치와 결합시킨 제도로 보았다.[40] 지방교육자치제도는 국민의 교육기본권 보장을 위하

---

40. 신현직(1990), 「교육기본권에 관한 연구」, 서울대학교 법학박사 학위 논문, p. 155.

여 지방분권의 원리, 자주성 존중의 원리, 주민통제의 원리, 전문적 관리의 원리에 의해 운영되는 제도인 것이다. 선거법 개정 과정에서 정당 자격 제한 조항을 삭제하기도 했으나 이와 관계없이 교육 경력과 전문성을 갖춘 후보들이 주민에 의해 선출되었다.

하지만 2023년 6월에는 「지방자치분권 및 지방행정체제개편에 관한 특별법」을 「국가균형발전 특별법」과 통합하여 「지방자치분권 및 지역균형발전에 관한 특별법」을 제정하였다. 이 법률에는 종전과 같이 다음 조항을 명시하였다.

제35조(교육자치와 지방자치의 통합) ① 국가는 교육자치와 지방자치의 통합을 위하여 노력하여야 한다. ② 교육자치에 관하여는 따로 법률로 정한다.

이 조항은 2013년에 제정된 「지방자치분권 및 지방행정체제개편에 관한 특별법」에서도 동일하게 규정되었던 바, 지방교육자치제도와 맞지 않아 지속해서 문제를 제기했음에도 여전히 같은 문구로 존속되었을 뿐만 아니라 조문명에도 '교육자치와 지방자치의 통합'을 명시하였다. 러닝메이트 제도 등 일반자치에 귀속되는 교육감 선거제도가 위헌일 가능성이 높은 상황에서도 이 조항을 근거로 일반자치와 교육자치 통합론은 주기적으로 반복되고 있다. 이러한 소모적인 논쟁을 종식시키기 위해서는 앞장에서 살펴본 것처럼 교육자치제도가 교육정책의 측면에서, 교육 발전의 측면에서 어떠한 역할을 하였는가에 대한 실증적인 연구와 사회적 논의가 이루어져야 할 것이다.

주민직선제가 가져온 변화 중 하나는 교육감의 직무수행은 권한 수행의 중점이 "관리 유지 행정"에서 "정책 개발 행정"이라는 이른바 "공약 행정"의 성격이 두드러지게 나타났다[41]는 것이다. 또한 중앙과 지방, 교육감과 시도지사 간의 정치-행정 권력의 불일치mismatch 상황이 구조적으로 발생하고 특별히 중앙과 지방, 즉 교육부와 시도교육청 간의 정책 경쟁이 활발해지는 "정책 경쟁의 시대"를 맞이하게 되었다. 주민직선제가 도입되면서 후보자들이 학교와 교육현장에 착근한 공약을 개발하여 선택을 받고, 당선자는 이를 달성하도록 노력하게 된다. 4년 후 선거에 임한다는 점에서 보수와 진보 성향 교육감을 막론하고 기초학력 보장과 학력 및 진로 지도 정책, 학교 안전과 미래교육 등에서 교육현장의 요구와 사회 변화에 적극 부응하려는 지방교육행정기관의 모습을 보여 주고 있다.[42]

이러한 측면에서도 교육현장의 당사자인 초·중등학교 교원도 대학 교원과 같이 그 직을 유지하면서 교육감 선거에 입후보하고, 출마 당선 시 휴직을 허용하는 개정안이 조속히 통과되어야 할 것이다.

선거 비용 문제는 이미 제출되어 있는 선거공영제 선거관리위원회가 주관하는 선거운동(후보 연설, 토론회)에 중점을 두고서 정치선거와 차별화하는 방안 등을 보완하여, 모든 이를 위한 더 나은 교육 추진에 최선의 적임자가 선출될 수 있도록 해야 할 것이다.

---

41. 나민주 외(2015), 「지방교육자치의 성과와 과제」.
42. 고전(2024), 「교육감 주민직선제(2007-2022) 결과 진단과 대안 논의」.

서울시교육청 예산 변동을 통해 본 교육재정 정책의 과제

OECD 수준 교육 여건 확보는 여전한 과제

서울 등 대도시는 인구 밀집으로 과대·과밀 학급 해소가 주요한 교육 여건 개선 사업이었다. 2014년에도 학교당 평균 학생 수가 초등학교 765명, 중학교 749명, 고등학교는 1,008명에 이르렀다. 2022년에 초등학교 651명, 중학교 528명, 고등학교 646명으로 줄어들었지만, 일부 학교는 여전히 과대·과밀 학급 문제로 어려움을 겪고 있다.

코로나19 시기에 방역과 사회적 거리두기를 감안하여 학급당 학생 수를 20명 수준으로 낮춰야 한다는 주장이 제기되고 법제화가 추진되었다. 서울도 초등학교 1학년부터 이 사업을 추진했지만 가장 큰 난관은 과대·과밀 문제였다.

학교급별 학교당 학생 수 변화 추이(2012~2022년)

구분	'12	'13	'14	'15	'16	'17	'18	'19	'20	'21	'22	변화율(%)
초	845	786	765	754	728	713	713	704	680	662	651	−23.0
중	832	796	749	686	625	593	563	539	536	541	528	−36.5
고	1,086	1,051	1,008	970	942	884	811	740	701	676	646	−40.5

단위: 명, 자료: 학교 정보 공시 자료 분석 결과를 제시

「학습 결손 방지를 위한 ‘서울형 학급편성 기준’에 관한 연구」에서 초등학교의 경우 조사 기간에 23.0%의 감소율이 나타났지만, 중학교와 고등학교는 학생 수 감소율이 36.5%와 40.5%로 각각 나타났다. 학급당 학생 수도 초등학교는 감소율이 16.9%였지만, 중학교와 고등학교는 25.4%와 29.2%로 각각 나타나 상대적으로 큰 감소율을 보였다. 출산율이 1.0 이하로 떨어지게 되면서 초등학교의 감소율이 상대적으로 낮아지게 된 것이다.

학급당 학생 수와 교원 1인당 학생 수를 중심으로 살펴본 교육 여건에서 OECD 수준의 교육 여건이 일정하게 확보되었음을 말해 주고 있다.

서울시교육청 교육통계 자료와 백서 등으로 살펴본 현황은 학급당 학생 수 등에서는 OECD 수준의 교육 여건을 갖추게 되었고, 2020년 우리나라의 학생 1인당 공교육비 지출액이 OECD 평균보다 높은 것으로 나타났다. 그런데 서울시교육청의 전문 상담 교사 배치율은 2014년 초등학교 0.2%, 중학교 40.2%, 고등학교 36.2%에서 2023년 초등학교 32.4%, 중학교 55.4%, 고등학교 64.4%로 증가했지만 절반 수준에 머무르고 있다.

KESS 교육통계서비스(2020)에 따르면 유·초·중등 전체 학생은 601만 14명이고, 특수학교 학생은 2만 6,269명이다. 박남기 교수는 “2015년 국립특수교육원에 따르면 우리나라 특수교육 대상자는 전체 학생의 1.3%이지만, 미국은 7%, 덴마크는 13%, 핀란드는 17%이며, 경제협력개발기구OECD 국가 평균은 약 6%”라며 “우리나라의 특수교육 대상 학생 비율이 현저하게 낮은 이유는 특수교육이 필요함에도 불구하고 특수교육을 받지 못하는 학생이 많기 때문”이라고 지적한 바 있다.

서울의 경우 서진학교 등 특수학교가 만들어지고 특수학급 비율이 2014년 일반 학급 3만 7,508학급 중에 특수학급이 1,198개(3.1%)에서 2023년에는 일반 학급 3만 3,766학급 중에 특수학급이 1,438개(4.1%)로 증가했다. 하지만 특수교육 대상 학생 수가 2018년 1만 2,741명에 비해 2022년 1만 3,366명으로 4.9%가 늘었음에도 가장 가까운 거리에 있어야 할 특수학교는 서울의 25개 구 중 8개 구에는 없는 실정이다.

송기창 교수는 "학급당 학생 수나 교원 1인당 학생 수는 OECD 평균 수준에 도달할 것으로 예상되지만 2000년을 기준으로 보더라도 OECD 국가에 비해 19년 동안 저투자를 해 왔기 때문에 저량貯量, stock, 즉 인프라 축적 수준은 여전히 OECD에 비해 부족하다고 볼 수 있다. 또한 OECD 평균을 투자 목표로 했던 것은 열악한 재정 상황을 고려한 전략이었으나, 이제는 경제 규모에 비추어 볼 때 OECD 평균 수준에 만족할 것이 아니라 상위권 수준을 목표로 해야 할 것이다. 따라서 적어도 10년간은 OECD 평균을 능가하는 투자를 지속할 필요가 있다고 본다"송기창, 2020라고 주장하였다.

조희연 교육감이 2014년 교육지표로 제시했던 "모두가 행복한 혁신미래교육"을 하기 위한 교육 여건은 여전히 갖추어지지 않았다.

교육재정은 허투루 쓰이고 있는가?

감사원은 2022년 8월 24일 「지방교육재정교부금 제도 운영 실태」

감사 결과 보고서를 발표했다. 이에 따르면 경기도교육청은 2021년 소득 수준에 상관없이 관내 학생 모두에게 '교육 회복 지원금' 명목으로 1,664억 원을 지급하였다. 서울시교육청도 2021년 2022년 입학 지원금 명목으로 초·중등 신입생에게 960억 원을 지급한 것을 예산을 낭비한 사례로 지적하였다.

2023년 7월 4일 「인구축소 사회에 적합한 초·중·고 교육 행정·재정 개편 방안」 보고서가 발표되었다. 주요 내용은 작년 감사원과 마찬가지로 현행 내국세 연동 방식이 유지되면 교육교부금은 2020년 55조 9,000억 원에서 2070년에는 210조 8,000억 원 등으로 증가할 것으로 예상하고, 반면에 3~17세 학령인구는 2020년 673만 5,000명에서 50년 뒤 285만 1,000명으로 절반 이상 줄어들어 학생 1인당 교육교부금은 2020년 830만 원에서 2070년 7,390만 원으로 뛸 것이라고 추산한 것이다.

현재 87만 명 수준인 서울 학생 수는 2070년에는 30만 명 이하 수준으로 줄어드는데, 경제 성장은 국민 1인당 경상 GDP가 5~6배 증가하여 2070년에는 1,000조 원이 넘는 내국세를 징수하는 상황을 그리고 있다.

이러한 상호 모순적인 전망을 담은 보고서의 의도는 내국세의 20.7%를 초·중등 교육재정에 사용하는 것은 불합리하고 법 개정이 필요하다는 것이다. 이러한 발표가 날 때마다 "곳간 넘치는 교육재정-10년 뒤 '초·중·고 1인당 교부금 3,000만 원'", "교육청 교부금 퍼주기, 안 써도 될 43조 3년간 줄줄 샜다"라는 자극적인 제목의 기사와 사설이 넘쳐나는 일이 반복되고 있다.

교육 회복 종합 방안은 2021년 (교육부가) "코로나19 유행과 대응 상황이 지속되면서 학교를 가지 못하고 비대면 수업이 일상화되면서 빚어진 학생들의 교육 격차와 소외 등의 문제를 회복하기 위한 정부 대책"이다.

서울교육정책연구소의 「코로나19 전후 학생들의 심리와 정서 변화」 연구 보고서에 따르면, 학생들의 심리와 정서 변화에서 걱정이 늘었다는 응답이 41.5%, 불안한 마음은 36.8%로 나타났다. 이 연구에서는 정책 제언으로 학교 상담 지원에 대한 인식 및 역할 제고, 학생 맞춤형 심리 시스템 구축 등을 내놓았다. 코로나19 장기화에 따라 체육수업이 부족하고 신체활동이 제한되면서 학생 건강 체력 평가에서 4등급, 5등급 비율이 2019년 12.25%에서 2021년에는 17.7%로 증가하였다.

이러한 문제를 해결하기 위해 외국에서도 별도의 예산을 책정하여 학생들의 건강과 학업성취도의 결손 문제를 해결하기 위해 노력하고 있다. 서울시교육청은 2022년에 건강 체력 회복 지원 513억 원, 방역 지원 887억 원, 미세먼지 관리 357억 원, 신속 항원 검사 도구 구입 등 학교 방역 지원 400억 원을 편성하였다.

교육부와 교육청이 이러한 교육력 회복 사업을 추진하는 것에 대해서 감사원이 일부 부적절한 사례를 근거로 지적하는 일은 적절한 것인가? 코로나19가 장기화되면서 가정 경제가 어려운 상황에서 입학 준비금을 지급한 것이 지적을 받아야 할 대표적인 사례인지도 따져 봐야 할 대목이다.

학교 구성원들의 인건비와 학교 살림살이를 위한 학교 운영비, 안전한 교육시설 및 환경 개선 사업은 필수 기본 사업이다.

지난 10년 동안 평균 2.4% 정도가 인상된 인건비는 물가상승률을 감안하면 처우 개선이 이루어졌다고 보기 어려울 것이다. 특히 초임 교사의 낮은 급여가 교사들이 이직을 생각하게 하는 요인이 되고 있다고 교원단체들은 주장한다. 몇 차례 연금법이 개정되면서 교원과 공무원에 대한 선호도가 낮아지고 이직률이 증가하는 것도 현실이다.

학교 운영비는 교무 학사 운영, 학교시설 장비 유지, 교과활동 지원, 학생 및 교직원 보건 안전 관리, 학교 환경 위생 관리 등에다가 학교 급식, 방과후 교육활동, 교육복지 우선 사업과 교육 격차 사업 등 학교의 역할이 강화되면서 필요한 항목이 추가되고 있다. 이와 관련하여 서울시교육청 예산에서 학교 운영비로 편성된 예산은 2015년 6,551억 원 수준이던 것이 2019년 8,477억 원, 2022년 9,857억 원, 2023년 1조259억 원으로 늘어났다가 2024년에는 9,965억 원으로 줄어들었다.

코로나19로 인한 방역 사업과 미세먼지에 대비해 방진망과 공기청정기를 필수 설치하는 등 학교의 시설은 증가하고 있다. 학교에 디지털 기반 교육 사업이 증가하고 있고, 매년 열대야 일수를 경신하는 기후위기에 따른 냉난방비 증가는 학교 운영비의 상당 부분을 차지하고 있다. 서울은 30~40년이 넘는 노후 학교의 비율이 높다. 「시설물의 안전 및 유지관리에 관한 특별법 시행령」에 따르면 주요 부재에 결합이 발생해 긴급히 보수 보강이 필요하며 사용 제한 여부를 결정해야 하는 상태인 D등급을 받은 학교들도 적지 않다. 중학교의 35%, 고등학교의 62% 정도가 사립학교이고 교육청이 상대적으로 이들 학교의 시설 개선 사업에 미온적인 것도 현실이다.

2024년 3월에 1957년 준공된 동도중학교가 학교의 요구에 의해 정밀 안전 점검에서 D등급을 받은 상태에서 개학하게 된 것이 언론에 보도되기도 했다. 2023년 예산에 석면 제거 787억 원, 내진 보강 585억 원, 방화에 취약한 드라이비트 해소에 211억 원이 배정되었다. 이러한 학교 안전과 관련한 예산은 중장기 계획을 세워서 편성해야 할 상황이다.

교육재정은 여전히 불안정하다

국회에서 2026년 예산이 통과되면서 교육부 예산도 106조 3,607억 원이 확정되었다. 외견상으로 보면 전년도에 비해 3조 7,171억 원(3.6%)이 증가한 것으로 보인다. 하지만 고등·평생교육지원특별회계가 2025년 15조 5,000억 원에서 2026년 16조 4,000억 원(+0.9조 원) 증가하고 유아교육특별회계가 영유아특별회계로 전환되면서 2025년(유특) 3조 1,000억 원이 2026년 9조 3,000억 원(+6.2조 원)으로 증가하였다. 보건복지부의 예산이 교육부로 넘어오면서 관련 법 개정에 따라 6.2억 원이 늘어난 것을 감안하면 3조 원가량이 줄어든 것이다. 지방교육재정교부금은 71조 6,687억 원으로 2025년도 본예산인 72조 2,794억 원에 비하면 감소된 수치이다.

서울시교육청은 2026년 예산안으로 11조 4,773억 원을 편성하였다. 2024년도에 전년 대비 1조 7,310억 원 감소하였고, 2025년에도 3,578억 원이 감소했던 것에 비해 6,746억 원이 늘어난 규모이다. 곳간에 남아 있던 교육재정 안정화 기금과 교육시설 환경 개선 기금을 최대한 활용해 예산을 늘린 것이다. 인천 등 다른 교육청이 기채를 발행해야 하는 수준인 것에 비해 그나마 여유가 있지만 서울시교육청도 2025년 말 1조 2,256억 원이던 교육재정 안정화 기금 및 교육시설 환경 개선 기금이 2026년에는 3,355억 원으로 줄어들게 되었다. 2025년에 교육부 본예산에 비해 추경안에는 2조 원 가까이 감액된 바가 있다. 2026년 세수의 추이에 따라 교육청의 예산도 다시 한번 요동을 치게 될 것이고 그나마 남아 있던 기금을 헐어야 하는 상황이 올 수도 있을 것이다.

2026년 교육부 예산 총괄표

구분	2025년		2026년			증감	
	본예산	추경(A)	정부안	증감	확정(B)	(B-A)	%
총지출	1,048,684	1,026,437	1,062,663	945	1,063,607	37,171	3.6
[교육 분야]	981,822	959,402	993,829	945	994,774	35,372	3.7
•영유아 및 초·중등교육	813,807	794,937	820,465	700	821,165	26,228	3.3
•(지방교육재정교부금)	722,794	702,812	716,742	△54	716,687	13,875	2.0
•고등교육	155,491	151,941	160,169	223	160,392	8,451	5.6
•평생·직업교육	11,023	11,023	11,673	15	11,688	666	6.0
•교육 일반	1,501	1,501	1,522	7	1,529	28	1.8
[사회복지 분야]	65,661	65,834	68,834	–	68,833	2,999	4.6
•기초생활보장	1,652	1,652	1,711	–	1,711	59	3.6
•공적 연금	64,010	64,182	67,123	–	67,123	2,940	4.6
[보건 분야]	1,201	1,201	–	–	–	△1,201	순감
•고등평생교육지원특별회계	158,635	155,067	163,683	229	163,909	8,841	5.7
•영유아특별회계	31,020	31,020	92,233	715	92,948	61,928	199.6

단위: 억 원, %

2024년 합계출산율이 0.58로 전국 최저 수준인 서울도 전년과 비교해 3,132명 증가하는 추세로 바뀌고 있다. 이러한 증가세가 지속되기 위해서는 사교육비 등으로 저출산 문제의 주범이 되어 버린 교육 부문의 역할이 적지 않을 것이다. 저출생 문제 해결 차원에서도 공교육의 내실화와 사교육비 경감, 과도한 경쟁 교육 완화 정책은 전략적으로 추진되어야 한다. 이러한 전략이 성공을 거두기 위해서는 미래를 위한 투자 사업인 안정적인 교육재정 확보는 필수 사업 항목이 되어야 한다.

직선제 이후 교육자치 4기 동안 친환경 무상급식, 고교 무상교육, 유·초·중·고 입학 준비금까지 그동안 학부모의 공교육비 부담은 줄어들게 되었다. 하지만 사교육비는 지속적으로 폭증하였고 그간의 정책적 효과를 무색하게 하는 수준이 되었다. 더구나 2026년부터 시행하는 학생 맞춤형 복지와 AI 기본 교육 등을 위해서는 교육재정이 추가로 확보되어야 한다. 고교학점제가 여건이 미흡한 채 추진되면서 학교현장이 몸살을 앓고 있지만 고교 교사 증원조차 제대로 이루어지지 못하고 있다. 복합위기 사회, 인공지능시대의 교육재정 수요를 정확하게 파악하고 안정적으로 담보할 수 있는 제도적 기반을 마련하는 것은 교육자치 영역을 책임지기 위한 최우선 과제이다.

3부

교사 한만중의 삶과 생각

1장

교단에서 바라본 세상

고민이 있을 때 누구와 상담하는가?

아이들에게는 안타깝지만 교사는 고민을 들어주고 풀어주는 대상이 아닌 듯하다. 지난 5월 3일 통계청이 발표한 청소년 통계 중에서 "고민이 있을 때 누구와 상담하는가?"의 질문에 대한 대답에서 교사는 1.4% 수준에 불과했다. 전교조 참교육연구소가 어린이날을 맞이하여 한 설문조사 결과에서도 고민 상담의 대상으로 학교 선생님을 택한 것은 7.6%에 불과했다. 중복 답변이 가능한 설문에서 나온 이 결과는 하루에 절반 가까이를 함께 보내는 교사가 상담자 역할을 제대로 하지 못한다는 것을 보여 준다.

두 개의 통계가 교사와 학생과의 관계를 전적으로 보여 주는 것은 아닐 것이다. 하지만 아이들이 겪고 있는 고민과 스트레스의 절반이 공부와 성적, 진로에 대한 것임에도 교사들에게 해답을 기대하지 않는 것은 결코 바람직한 상황이 아니다.

담임교사는 매년 학기 초에 반 아이들과 상담을 시도하게 된다. 생활기록부와 학생 환경 조사서, 작년 담임선생님 등을 통해 듣게 된 정보를 바탕으로 아이들의 가정환경, 친구 관계, 고민과 희망을 묻고 교사에게 바라는 점 등을 물어보는 방식으로 진행된다. 하지만 그동안 해 온 상담 활동을 되돌아보면 바쁜 업무를 마치고 지친 상태에서 상담을 위한 제대로 된 준비도 못 한 채 의무감으로 상담을 해 온 것을 부인할 수 없다. 더구나 아이들은 학원 가야 하는 시간에 선생님과 상담하는 것을 아까워하는 태도를 보이거나 조바심을 내는 상황에서 진지한 대화를 나누기보다 기초 정보를 확인하는 수준에 머무르게 된다.

개인적으로 작년에는 동료 선생님들에게 상담이 중요하다고 자료 제공까지 한다고 큰소리를 쳤지만 학생생활부 일이 몰려든 것을 핑계로 정작 우리 반 아이들 상담은 다 마치지도 못했다. 시험 결과가 나오면 성적표를 나누어 주면서 부족한 과목에 대해 훈계 수준의 상담을 하고 가정통신문에 이른바 "쫑알쫑알"을 써서 보내고, 진로 체험의 날에도 학생 안전 지도에 더 신경을 써 온 것이 현실이다. 물론 현재의 어려운 여건에서도 아이들과 부대끼며 친구이자 선배 역할까지도 훌륭하게 담당하시는 분들이 적지 않다(4월 26일 자 〈그대와의 점심시간〉에서 조혜정 선생님은 그런 교사의 모습을 보여 주셨다).

하지만 아이들에게 교사가 인생의 선배로서, 학습의 전문적인 조력자로서, 진로에 대한 구체적인 설계자로서 다가가기에는 스스로가 많은 것들을 채워야 하고 제도적으로도 보완해야 할 것들이 적지 않다. 아이들 속으로 가기 위해서는 교사들이 아이들을 이해하기 위한 연구와 활동이 절실히 필요하다. 아이들이 좋아하는 노래와 연예인, 컴퓨터 게임, 일본 만화를 접해 보지도 못한 교사들이 그들을 이해하고 고민을 나누기는 쉽지 않다. 예전에 모둠일기를 통해 아이들과 대화를 나누던 방식에서 SNS를 이용하여 반 아이들과 페이스북을 통해 만나거나 반카페를 만드는 단계로 진화해 나가야 한다.

경기도 남양주 호평중학교에서는 교장 선생님과 예순이 되신 선생님들이 축구팀을 만들어 학생들과 몸을 부대끼고 마음을 나누고 있다고 한다. 교사가 교육활동에 전념할 수 있는 여건을 갖추는 것도 시급히 이루어져야 한다. 혁신학교에서는 교무업무 보조원이 별도로 배치되어 있다. 교사 본연의 교육활동을 담당하기 위한 여건을 제도적으로 갖추고자 하는 것이다. 다른 학교에도 교무업무 보조원을 배치하고 학급당 학생 수를 경제협력개발기구OECD 수준인 25명으로 낮추어 모든 학교를 혁신학교 수준으로 끌어 올려야 한다. 아이들을 제대로 이해하고 함께하기 위한 상담 활동이 이루어지도록 학기 초에는 상담 주간을 만들어 오후 시간에는 학생과 학부모 상담, 가정 방문 등을 실시하도록 하는 것도 하나의 방안이 될 것이다.

아이들에게 교사들이 비록 친구처럼 편안하지는 않지만 고민이 있을 때 찾아가 보고 싶은 대상으로 다가가기 위해 교사와 교육행정기관에서 할 일이 많다.

_《경향신문》, 〈교단에서〉, 2011년 5월 10일

기간제 교사는 교육공무원이 아닌가

L선생님은 교단에서 20년이 넘게 기간제 교사로 살아오셨다. 30대 중반에 다른 직장을 다니다가 기간제 교사가 되신 후 직장 생활의 대부분을 교직에서 보내셨다. 학교를 옮기고 나서 생활지도부 일을 맡게 되면서 담당 업무의 전임자로 많은 도움을 주셨다. 여름방학에 남교사 모임에서 1박 2일로 여행을 가서야 선생님이 기간제 교사인 것을 알게 되었다. 3년 휴직을 한 교사 대신에 기간제로 채용되더라도 매년 계약을 갱신해야 하고, 경력에 관계 없이 13호봉을 최고 호봉으로 하면서 아들 또래의 후배 교사보다 급여를 적게 받았던 일 등 기간제 교사로 살아오면서 적지 않은 가슴앓이를 해 오셨다.

J선생님은 3학년 담임과 수학 과목을 담당하시는 젊은 여선생님이셨다. 학년이 다른 선생님을 가깝게 만나게 된 것은 선생님 반 학생들을 폭행 사안으로 조사하게 되면서였다. 말썽을 피운 녀석들보다 더 죄송스러워하면서 생활지도부에 들어오시던 모습이 지금도 인상적으로 남아 있다. 퇴근 시간이 한참 지난 후에 선생님이 계신 교무실을 지나다 보니 늦게까지 아이들을 타이르고 학부모님들과 상담을 하고 계셨다. 담임 업무에 수업계와 방과후수업까지 맡아서

누구보다 힘든 일을 많이 맡으신 선생님 역시 기간제 교사였다.

서울중앙지법에서 기간제 교사에게도 정규 교사와 똑같이 성과급을 줘야 한다는 판결이 나왔다. 그러나 언론 보도에 따르면 교육과학기술부는 "기간제 교사는 교육공무원이 아니기 때문에 성과급 지급 대상이 아니다"라며 항소를 하겠단다. 교과부는 성과급이 지급된 이래 근무 기간이 2개월 미만인 자와 성과급 대상 기간 중 직위해제나 다른 징계를 받은 자와 함께 기간제 교원 등을 지급 제외자로 규정해 왔다. 행정안전부의 지침이라지만 기간제 교사들을 징계 대상자와 동일하게 취급하는 것이다.

「교육공무원법」에 교원의 임용권자는 교원이 휴직이나 파견, 연수, 정직, 직위해제로 후임자의 보충이 불가피할 때, 특정 교과를 한시적으로 담당하도록 할 필요가 있을 때 기간제 교원을 임용할 수 있다고 규정하고 있다. 학교의 정상적인 운영을 위해서 기간제 교원은 반드시 필요한 존재이고 수업과 학생 생활교육과 업무분장 등 모든 분야에서 정규직 교원과 동일한 교육활동을 담당하고 있다. 국공립은 병가와 산가 등의 제한적인 경우에 기간제 교사를 채용하고 있지만, 사립은 당연히 정규 교원을 임용해야 하는 경우에도 기간제 교원을 채용하여 2011년 통계에서 전국적으로 4만 명이 넘는 기간제 교사가 존재하고 있다.

대학의 경우에 비정규직 교수가 절반 이상인 기형적인 구조에서 많은 문제가 발생하고 있는 상황에서 국정감사 결과를 보면 전국의 사립 초·중·고교에서 신규 교원의 70.9%를 기간제 교사로 채용하는 등 초·중등 교육에서도 기간제 교원의 비율은 해마다 증가하고 있다. 「교육공무원법」에 기간제 교원은 책임이 중한 감독적 직위에 임용될 수 없다는 차별적 조항을 명문화하고 있지만 두 선생님의 경우처럼 담임과 기획업무 등 정규 교사의 역할뿐만 아니라 기피하고 있는 업무까지 부여하는 실정이다.

기간제 교원이 똑같은 교육활동과 업무를 담당하면서 정규직 교원에 비해 차별을 받는 학교에서 좋은 교육이 이루어질 수 없다. 하지만 이번 판결을 통해 여론의 주목을 받게 된 성과급 지급 외에도 기간제 교사들은 정규 교원에게 인정되는 교육공무원법상의 신분 보장, 고충 처리 등 관련 규정의 적용에서 배제되는 등의 차별을 받고 있다. 1년 이상이 되어야만 퇴직금과 고용보험이 지급된다는 조항을 악용하여 계약 일자를 3월 2일로 하는 등의 부당한 사례들이 발생하고 있다. 기간제 교사 중에 시간강사는 교육 경력조차 인정받지 못하고 있다.

비정규직 문제 해결의 기본 원칙이 비정규직을 최소화해야 하는 것처럼 산가와 병가 등 불가피한 사유로 인한 것을 제외하고 기간제 교원을 채용하지 않도록 해야 한다. 특히 해마다 기간제 교원을 늘리고 있는 사립학교는 법 개정을 통해서라도 해결해야 한다. 특정 교과를 한시적으로 담당하도록 할 필요가 있을 때라는 애매한 조항을 악용하여 신규 임용의 70% 이상을 기간제 교원으로 채용하면서 임용 비리가 구조적으로 발생하고 있는 것이다.

기간제 교원으로 채용된 경우에는 동일 노동, 동일 임금의 원칙과 차별받지 않고 존중받는 교사로서 교육활동에 전념할 수 있는 환경이 조성되어야 한다. 이번 성과급 지급에 관한 판결을 계기로 기간제 교사들이 우리 교육에서 어떤 역할을 맡고 있는가를 재조명하고 제대로 논의조차 되지 못했던 부당한 차별이 없어져야 할 것이다.

기간제 교사들의 가슴앓이가 깊어지는 학교에서 아이들이 행복한
질 높은 교육은 이루어질 수 없다.

_《경향신문》, 〈교단에서〉, 2012년 7월 2일

교장공모제 확대와 학교혁신

지난 16일 국회 본회의에서 전국의 자율학교를 대상으로 교직 경력 15년 이상의 교사가 교장에 공모할 수 있도록 하는 「교육공무원법」 개정안이 통과되었다. 교장공모제는 2007년 처음 시범 실시가 이루어진 후에 6차례의 시범 운영을 거쳐 이미 전국적으로 68명의 평교사 출신 교장들이 학교 운영의 책임자로 역할을 담당해 왔다. 일부 교원단체에서는 이들에게 교장 자격증이 없다는 이유로 무자격 교장이라는 딱지를 붙이고 있지만, 홍동중학교, 조현초등학교 등 학교혁신의 메카로 평가받는 학교들은 아이러니하게도 교장 자격증이 없는 교장 선생님들이 학교의 변화를 주도해 왔다.

지금도 학교현장에서는 연말에 있는 근무평정 결과를 두고 1순위를 받기 위한 처절한 경쟁이 벌어지고 있다. 경력 점수와 연구 점수, 근무평정 점수를 합산하여 교감으로 나가기 위한 순위가 결정되기 때문이다. 50대 후반의 교사들이 자신의 교육활동과 별반 관련이 없는 연수에서 1등을 차지하기 위해 연수 리포트를 작성하는 데 온 신경을 쏟아야 하는 일, 이들을 대상으로 연구 논문을 대필해 주는 대행사들까지 존재하는 것은 교직 사회에서 공공연한 비밀이다.

선배 교사들이 관리직으로 진출하기 위해 이러한 처절한 경쟁을 벌이는 것을 지켜보면서 교직에 처음 들어선 교사들은 적지 않은 회의를 품게 되는 안타까운 일들이 벌어지고 있다. 연구학교에 부여되는 0.125점을 받기 위해 학교교육에 별반 도움이 되지 않는 시범학교 지정이 이루어지는 등의 교원 승진제도는 구조적으로 교사들을 승진제도의 족쇄에 얽매이게 하고 교육의 본질에서 멀어지게 만들어 온 것이다.

2002년 전국에서 모여든 교사들이 국회에서 평교사 선언을 한 적이 있다. 교직에 있는 동안 교장, 교감이 되지 않고 평생 평교사로 살겠다는 다짐을 하는 행사였다. 이러한 선언에 담긴 뜻은 교사들이 승진제도에 얽매이지 않고 교육활동에 전념할 수 있으려면 점수로 교사들을 줄 세우는 교장 임용제도가 바뀌어야 한다는 간절한 염원을 담은 것이었다.

이번에 국회에서 통과된 교장공모제 확대 법안도 그 도입 취지로 "현재의 교장 임용제도는 단위학교의 여건과 특성에 맞는 교장 임용이 아니라 근무평정제도에 기반을 둔 연공서열 중심의 승진제도에 따라 이루어지고 있어 교장 승진을 위한 과열 경쟁을 유발하고 학교 특성에 맞는 책임 경영을 어렵게 하고 있다. 이에 공모를 통하여 교장을 임용할 수 있도록 하여 유능한 인재에게 교장직 문호를 개방하고, 단위학교의 책임경영을 강화하려는 것임"이라고 밝히고 있다.

교육이 희망이 되지 못하고 국민이 고통을 겪고 있는 현실을 타개하기 위해서는 교육이 바뀌어야 한다. 그 중심에 학교의 혁신과 변화가 요구되고 있다. 서울의 경우에 교장 선생님들의 평균 재임 기간이 2년이 채 되지 못하고 있고 농어촌 지역의 경우에도 도시 학교로 옮겨 가기 위한 자리가 되고 있는 실정이다.

　이러한 비합리적인 승진제도에서 학교가 목표를 갖고 학교 구성원과 지역 주민의 요구에 맞추어 역할을 담당하는 것은 사실상 불가능하다. 교사들부터 자신이 다니는 학교를 도시 학교로 옮겨 가거나 승진을 위한 통과의례로 여기는 상황에서 농촌을 떠나게 되는 주요인이 교육 문제라는 비판에서 자유로울 수 없는 것이다. 공모제 교장들이 교육적 성과를 이루어 낸 대부분의 학교들이 농어촌 지역 학교들이다. 교장 선생님이 4년 동안 관사에서 생활하며 학부모, 지역 주민들과 함께 부대끼는 생활의 공동체가 되면서, 전북의 백석중학교 같은 경우에 경쟁률이 10 대 1이 넘는 학교가 된 것이다.

　이제 자율학교로 적용 대상을 제한하고 있지만 전국에 3,000여 개의 학교에서 기존의 점수제 교장 제도와는 다른 교장 임용제도가 시행되게 되었다. 평교사 출신의 교장들이 2007년에 교장공모제를 통해 처음으로 교장이 된 지 4년이 지나 다시 평교사로 교단에 서게 되는 사례들이 나타나고 있다. 교장이 물불 가리지 않고 돌진해야 할 무한경쟁의 정점이 아니라 학교를 자신의 교육철학과 학교 구성원의 총의를 모은 교육공동체로 이끌어 나가는 역할을 하고, 교장에서 평교사로 다시 교단에 서는 새로운 교직 문화가 만들어지고 있다. 어떠한 제도도 완벽할 수는 없다. 교장공모제 역시 교장 임용 제도 중의 하나일 뿐이다. 하지만 적어도 농어촌 지역과 도시의 소외된 지역에서부터라도 학교를 바꾸고 혁신해 나가는 데 교장공모제는 유효한 제도인 것만은 분명하다. 교육의 변화를 갈망하는 모든 이들의 여망이 이 제도의 법제화를 계기로 함께 꽃을 피우게 되기를 간절히 바란다.

_《경향신문》, 〈교단에서〉, 2012년 9월 19일

학생을 범법자로 신고하는 것이
교사의 일이 될 수는 없다

교사 초년병 때 일이다. 중학교 3학년 선배들이 후배 교육을 시킨다고 한 아이를 돌려가며 가슴을 때리다가 장파열이 일어나는 사건이 벌어졌다. 다행히 담당 교과 선생님이 통증을 호소하는 아이를 병원으로 옮겨 수술을 받아 큰 사고는 막을 수 있었다. 그러나 사건은 이것으로 끝나지 않았다. 피해자와 가해자 부모 간에 치료비를 포함한 보상비가 너무 큰 격차를 보였다. 결국 피해자와 가해자 간에 합의가 되지 않아 주동자가 된 두 명의 아이가 구속되었다. 일주일 동안 수업과 담임 업무도 다른 분에게 맡기고 최악의 상황을 막으려 안간힘을 썼지만 결국은 제자들을 소년원에 보내게 된 것이다.

학교를 옮기고 나서 그 아이가 지나가던 행인의 가방을 빼앗다가 구속되었다는 소식을 듣게 되었다. 최상위권 성적에 학생회 간부까지 맡았던 학생이 꿈을 키워 가는 시기에 우발적인 사건으로 범법자가 되어 버린 것이다. 지금도 그 아이를 생각하면 가슴 한쪽이 무거워진다. 처음 폭력 사건이 일어났을 때 더 노력해서 합의를 보게 했더라면 그 아이의 일생이 달라지지 않았을까.

교직 경력이 스무 해를 넘긴 2010년에 학생부 업무를 맡으면서 정말 힘든 한 해를 보냈다. 학교폭력자치위원회가 열 번 이상 개최되고 선도위원회는 부지기수로 열게 된 것이다. 거의 매일 사건을 조사하고 피해자와 가해자 학부모들을 만나는 일을 하다 보니 정작 내가 맡은 반에서는 학기 초에 시작한 개별 상담을 학년 말까지 끝내지도 못한 불성실하고 무능력한 담임이 돼 버렸다. 더더욱 심신을 힘들게 만들었던 것은 최소한의 죄의식도 없이 폭력을 일삼는 아이들을 교육을 통해 변화시키지 못하는 무능력감이었다. 매점에서 일상적으로 돈을 빼앗는 바람에 사회봉사를 보낸 아이가 징계 기간에 다시 학교에 들러 금품을 빼앗는 일이 벌어졌다. 결국 지방의 대안학교로 전학을 보내는 것이 생활지도부 담당 교사로서 할 수 있는 일이었다.

전 사회적 과제로 부각된 학교폭력에 대해 국무총리가 직접 범정부 차원의 대책을 내놓았다. 대책이 발표된 이후에도 실효성과 타당성에 대한 논란이 분분한 가운데 연일 학교폭력과 관련해 학부모의 고소 고발이 언론에 보도되고 경찰은 현직 교사를 입건하는 일들이 벌어지고 있다. 한편 검찰과 경찰은 범죄와의 전쟁을 선포하듯이 일진회 소탕 작전을 벌이고 나섰다. 이 과정에서 학교마다 일진회 관련 학생들의 인적 사항을 요구하는 경찰과 교사 간의 갈등 양상이 빚어지고 있다.

학교폭력과 관련하여 교사의 역할은 무엇인가. 해마다 수백 명의 아이들이 스러져 가는 주요 요인인 학교폭력에 대해 교사는 무한책임을 져야 하는 존재이다. 하지만 단 한 명의 아이라도 학교폭력의 희생자가 되지 않도록 하기 위해서는 교사가 자신의 역할을 제대로 담당하게 해야 한다. 교육과학기술부는 학교 평가와 기관 평가가 학교폭력을 왜곡시키는 데 어떠한 역할을 해 왔는가에 대한 최소한의 반성도 없이 학교폭력을 은폐하는 것을 성적 조작과 같은 4대 범죄로 취급하겠다고 엄포를 놓고 있다.

이번에 경찰에 입건되거나 학부모들에 의해 고발 조치가 이루어진 교사들은 학교폭력 사안을 알고도 신고하지 않았거나 적절한 조치를 취하지 않은 것을 직무유기로 규정하고 있다. 이러한 행정조치와 형사법적인 조치가 취해지는 상황이 벌어지면 교사들은 어떻게 할 것인가. 가해자든 피해자든 자식 같은 제자들을 어떻게 해서라도 교육적으로 지도하고자 하는 교사들이 오히려 행정조치의 희생자가 되어 버린다면 학교폭력 문제를 해결하는 데 교육은 없고 행정조치가 남게 될 것이다.

교사들이 아이들 속으로 더 가까이 다가서고 왕따 등 학교폭력 문제에 더 많은 관심과 시간을 투여하더라도 그 양상을 정확하게 파악하고 대처하는 일은 쉽지 않다. 학교폭력으로 인한 경제적 보상 문제가 불거져 나올 경우에 교사가 할 수 있는 일은 최선을 다해 설득하는 일일 뿐이다. 하지만 아이들을 범죄행위자로 취급해 경찰과 교육 당국에 신고하는 것이 결코 교사가 할 일은 아니다.

교사들이 학교폭력에 대한 무기력감에서 벗어나 문제 해결의 주체가 될 수 있도록 부족한 전문성을 기르고, 학교 단위에서 전 교원이 함께 머리를 맞대고 고민할 수 있도록 지원하는 것이 교육 당국이 해야 할 일이다. 하지만 정부의 종합대책과 검경이 쏟아 내는 학교폭력과의 전쟁 앞에서 교사들은 또 다른 무기력감과 보신주의를 떠올리고 있다.

_《경향신문》, 〈교단에서〉, 2012년 2월 13일

교사는 교육에 전념하고 싶다

언제부터인가 아침에 학교에 출근하자마자 습관처럼 처음 하는 일은 컴퓨터를 켜는 것이다. 예전에 지시사항을 전달하는 아침조회 대신에 이제는 컴퓨터가 오늘의 할 일을 알려 준다. 차 한 잔을 타서 마시며 내부 연락망인 '연실 쿨 메신저'를 보고 업무와 관련된 공문이나 학교 일을 제대로 처리했는지 살펴보면서 하루가 시작되는 것이다.

아이들과 하루를 시작하는 아침조회에도 상당 부분의 시간은 가정통신문과 안내문 등을 나눠 주고 공문과 관련해 무엇인가를 조사하는 데 할애된다. 학교운영지원비나 급식비를 내지 못한 아이들에게 미납 고지서를 나누어 주고 교원 평가에 반영되는 학부모 만족도 조사에 부모님이 꼭 참여하도록 전해 달라는 말들을 하다 보면 1교시가 시작될 시간이다.

교사들은 농담 반 진담 반으로 "수업을 하면서 틈틈이 일을 하는 것이 아니라 일을 하면서 틈틈이 수업을 한다"고 한다. 이 말이 그리 과장되지 않은 것이 학교의 현실이다.

서울시교육청에서 교원들이 교육활동에 전념할 수 있는 환경 조성과 학교 자율성을 확대하기 위해 기존에 해 온 177개 정도의 사업을 폐지하거나 정비한다고 한다. 기존에 교육 당국이 추진했던 교원업무 경감 대책과 다른 것은 교육청이 불필요한 업무를 관성적으로 집행해 왔다는 것을 인정하는 데서 출발했다는 것이다. 교육정책이 교실에서 학생과 교사 간에 이루어지는 교육활동을 중심에 두고 추진하는 것이었다면 당연히 사라져야 할 일들이 여전히 적지 않게 이루어지고 있다. 교육감배 마라톤대회 등 학생들의 참여가 부족한 행사와 하루 종일 일률적으로 진행해 왔던 '과학의 날' 등 행사를 학교 단위로 판단해 운영하도록 한 것은 획기적인 일이다.

2011년부터 교원행정업무 경감 2단계 계획을 추진하고 있는 경기도교육청도 도와 지역 교육청이 중복으로 내려보내는 공문이 많다는 진단에 따라 공문서 생산을 줄이는 정책을 추진하고 있다. 교육 당국이 이른바 잡무 때문에 본연의 교육활동이 제대로 이루어지지 못하고 있는 학교 현실을 실질적으로 바꾸기 위해 노력하고 있는 것은 만시지탄이지만 의미 있는 변화이다.

하지만 교무업무 보조원 배치, 교육정보 통합관리 체제 정비를 통한 학교 통계 처리 부담 경감 등 교사들이 체감할 수 있는 획기적인 정책은 여전히 출발선을 맴돌고 있는 수준이다. 교사가 본연의 교육활동에 전념하게 해야 한다는 개념조차 여전히 명확하게 정립되지 못하고 있다. 예컨대 교육정보부장이 정보통신기술(ICT) 교육에 관한 정보 제공 등의 업무를 수행하기보다 컴퓨터 수리공 역할을 하고 정규 교육과정에 전념해야 할 교사들이 사교육비 경감 차원에서 추진되는 방과후학교 업무에 파김치가 되는 기형적인 일들이 당연하게 이루어지고 있는 것이 학교 현실이다.

교원 업무 경감 대책을 추진하는 이유는 무엇인가?

단순히 교사들의 일의 양을 줄여 주는 차원이 아니라 교사와 학생 사이에 시행되는 교육활동에 대해 창의적이고 의욕적인 기획이 이루어지는 교육환경을 만드는 것이다. 교사들이 학생들과 학급 야영을 하거나 경춘선 열차 기행 등 창의적 학급 활동을 기획하는 것은 학교 관리자의 눈치를 보게 되는 행정 위주형 학교에서는 어려운 일이다. 교무업무 보조원이 배치되고 학급당 학생 수가 적은 혁신학교에서 다양한 교사 연수와 교육과정 연구가 이루어지고 있는 모습이야말로 업무 경감의 궁극적 목표가 아닐까? 서울 강동구의 강명초등학교에서는 아이들뿐만 아니라 교사들까지 방학이 빨리 끝나서 학교에 가고 싶다는 이해하기 힘든(!) 일들이 벌어지고 있다고 한다. 교사들의 도전적인 교육활동 기획이 교사와 학생, 학교를 변화시키고 있는 것이다.

교사들이 교수·학습 활동과 상담·생활지도 등에 전념할 수 있는 환경을 조성하고, 교육청이 학교 지원 중심으로 일하는 방식을 개선해 교육 전반에 새로운 활력이 넘치도록 하는 것이야말로 교육 당국과 교사들이 함께 만들어 가야 할 과중하지만 행복한 업무이다.

_《경향신문》, 〈교단에서〉, 2011년 10월 31일

체벌 부활,
서로의 지혜를 모아야 할 때

모 교원단체의 여론조사 결과에 따르면, 교사들의 89%가 체벌 금지 조치 이후 교권이 흔들리게 됐다고 말한다. 하지만 이 여론조사 결과 중 또 하나 주목해야 할 것이 있다. 체벌 금지 조치 이후 체벌이 사라졌다는 데 동의하는 교사가 60%, 수업과 생활지도 면에서 변화가 생겼다는 교사가 72%에 이르렀다는 것이다.

체벌이 금지된 후 내가 주변 선생님들에게 들은 것은 "너무 화가 나서 아이를 혼내고 나면 며칠 동안 심란해서 수업이 제대로 되지 않았어요", "체벌을 가하지 않고 할 수 있다면 그 길로 가야지요"라는 말들이었다. 다시 말해, 체벌 금지 이후 수업과 생활지도 면에서 어려움은 생겼지만, 체벌이 줄어들거나 사라지고 있고 교사들은 체벌 대신 새로운 수업 방법과 생활지도 방법을 고민하게 됐다는 것이다.

물론 체벌 금지가 급격히 이뤄지면서 적지 않은 부작용이 따랐던 것은 사실이다. 또 서울시교육청이 대안으로 제시한 성찰교실과 상벌점제 운영, 학부모 소환제 등도 여전히 미흡하다. 극소수이긴 하지만 교사에게 폭언을 퍼붓고 폭행을 가하는 아이들, 교사의 교육적 권위를 침해하는 일부 학부모로 인해 고통을 겪는 교사들은 분명히 존재한다. 이에 대한 실질적인 해결 방안을 마련하기 위해선 체벌을 금지할 것이냐, 부활할 것이냐는 식의 원론적인 논쟁을 넘어 서로의 지혜를 모아야 할 것이다.

만약 어떤 학생이 교사에게 폭언과 폭행을 가했다면, 왜 그러한 행동을 저지르게 되었는지를 철저하게 과학적으로 규명해야 한다. 그동안 학교현장에서는 이런 사안이 발생할 경우 쉬쉬하면서 은폐해 왔고, 언론들은 '막장교실'을 대표하는 사례로 선정적 보도를 해 왔다. 그러나 정작 이러한 문제에 대해 제대로 된 사례 분석은 이뤄진 적이 없다.

교사의 교권과 학생의 인권은 결코 대립되지 않는다. 체벌에 의해 교권을 유지해야 한다면 그러한 교사의 삶 역시 행복할 수 없기 때문이다. 과밀학급이라 교사가 학생 한 명 한 명의 이름조차 제대로 불러주지 못하고, 입시 진도를 나가느라 학생의 고민을 들어줄 여유도 없는 현실 속에서는 교사와 학생 모두 불행해질 수밖에 없다.

체벌 금지 조치와 교권 침해 논쟁을 한 단계 발전시켜 가기 위해서는 교원단체, 학부모 단체, 학생회 등이 주체가 돼 사랑과 신뢰의 학교 만들기 운동을 펼쳐 나가고 교육청은 이를 지원해야 한다. 학교 구성원들이 함께 준비해 가야 할 정책이 교육청의 일방적인 방침과 선정적인 언론 보도를 통해 교사와 학생들에게 알려지게 되면 교육계는 또다시 소모적인 논쟁과 갈등을 겪게 될 것이다.

_《경향신문》, 〈교단에서〉, 2011년 1월 3일

교육다운 교육, 사람을 위한
교육을 바란다

2012년 용의 해가 밝았다. 올해는 제발 우리 교육이 삶과 희망의 교육으로 거듭나기를 기원한다. 교육은 사람을 일구고, 학교는 사람답게 사는 사회를 만들어 갈 교육의 터전이다. 그런데《경향신문》의 '10대는 아프다' 특집을 보고 있으면, 우리 사회의 교육은 아이들을 병들게 하고 그 절규가 죽음이라는 극단적인 선택으로 나타나고 있다.

대구교육청에서 중학생의 집단 따돌림으로 인한 자살 사건에 대해 이주호 교육과학기술부 장관과 교육감들이 긴급 대책 회의를 하던 지난해 12월 29일, 광주와 청주에서 14세의 어린 중학생들이 또 생을 마감하였다. 사후약방문격으로 국회와 교육행정 기관마다 대책들을 연이어 발표하고 있지만 그 순간에도 아이들은 죽어가고 있다.

청소년 중에 자살을 생각해 본 학생이 다섯 명 중 한 명에 이르고, 2009년 한 해에만 202명의 아이가 자살한 처절한 현실을 일시에 해결하는 묘책은 결코 쉽게 마련되지 않는다. 전국 최상위 성적을 강요하면서 체벌을 가하는 어머니를 살해하는 극단적인 사건이 벌어졌지만 우리 사회는 여전히 학벌·학력 사회에서 살아남기 위한 입시 경쟁 교육을 멈추지 않고 있다.

아이들을 죽음으로 내모는 것들은 우리 교육과 사회에 구조적으로 내재되어 있다. 경제협력개발기구OECD 국가 중에 모유를 먹고 자라는 아이들 비율이 가장 적고 햇볕을 쪼이는 시간과 운동량, 수면 시간 모두에서 최저인 가장 비인간적이고 비교육적인 환경에서 아이들이 살아가고 있다. 어른들은 주 50시간의 최장 노동 시간과 비정규직이 절반을 넘는 불안전한 고용구조에서 아이들과 함께할 시간과 여유를 갖지 못한 채 하루하루를 버티고 있다. 학교폭력의 희생자인 아이들 앞에서 죄인인 교사들은 과대·과밀 학급에서 교과서 진도를 나가고 시험을 대비해 주는 입시 기술자로 살아가고 있다.

2011년 5월 3일 통계청이 발표한 청소년 통계 중에서 "고민이 있을 때 누구와 상담하는가?"라는 질문에 교사라는 대답은 1.4% 수준에 불과하였다.

돈과 직업으로 사람을 순서 지우는 천민자본주의와 학벌·학력 사회의 비인간적인 사회체제는 학교라는 공간에서도 힘센 자와 약한 자 간의 자리매김을 구조화시키고 있다. 힘센 아이들의 그룹이 만들어 낸 폭력적인 구조에서 일상적으로 고통을 받으면서도 아이들은 교사와 부모에게 그 아픔을 드러내지 못하고 있다. 학교에서 매달 실시하는 학교폭력 설문조사에 아무리 익명성을 보장한다는 설명이 덧붙여져도 아이들이 겪고 있는 현실을 담아내지 못하고 있다.

소모적이고 비인간적인 입시경쟁 교육은 우리 사회의 미래마저 암울하게 만들고 있다. 「2010 한국 청소년 핵심역량 진단 조사」 보고서는 국제학업성취도평가PISA 등 국제비교 자료를 기초로 '청소년 핵심역량 지수'를 비교한 결과를 제출하였다. 이 보고서는 지적 역량은 비교 대상 36개국 중 2위이나 학습 흥미도는 최저 수준에 머무르고 있음을 보여 주었다. 더욱 심각한 것은 '사회적 상호작용 역량'은 36개국 중 35위이며, '관계지향성' 영역에서는 최저점인 48.3점을 받아 인도네시아의 절반 수준에 불과하였다. 보고서는 세계에서 가장 많은 시간을 시험 대비 공부로 보내고 오락 게임으로 스트레스를 풀고 있는 아이들의 모습을 적나라하게 보여 주었다.

최근 전 사회적인 과제로 제기되고 있는 학교폭력 문제를 해결하기 위해서는 이 지난하고 고통스러운 현실을 직시하는 데에서 출발해야 한다. 또한 이제까지 경쟁과 석차 내기를 중심으로 해 온 교육에서 벗어나 협력과 나눔을 배우고 일구는 교육으로 전환하기 위한 길고 질긴 노력이 이루어져야 한다.

교과부는 2012년 업무보고에서 창의와 인성을 기르는 것을 국정의 목표로 제시하였다. 하지만 비공개 사항인 학업성취도 평가 결과를 순위로 만들어 우리 학교가 관내에서 몇 등이라는 식으로 학교장들이 교사들을 채근하는 상황에서 학교는 일제고사에 대비하는 문제풀이 교육에 매달릴 수밖에 없다.

창의 인성이라는 거창한 목표 이전에 죽어가는 아이들을 살리기 위해서는 아이들의 삶을 중심으로 진정한 전인교육이 이루어지도록 교육과정을 바꾸는 일들이 이루어져야 한다. 교육적으로 검증도 되지 않은 전자교과서를 만드는 데 돈을 쏟아부을 게 아니라 법정 정원에도 미치지 못하는 교원을 늘려 교사가 아이들 속에서 함께 살아갈 수 있도록 해야 한다. 교사들이 교육활동에 전념할 수 있는 교육 여건과 교육철학을 갖춘 혁신학교와 대안학교가 다른 일반 학교에 비해 학교폭력이 일어날 가능성이 적은 것은 존중과 배려, 배움과 나눔의 가치를 구현하기 위해 학교 구성원들이 서로 노력하기 때문이다.

학교폭력과 입시경쟁 교육으로 희생된 아이들을 위한 우리의 결의와 실천은 바로 교육다운 교육, 사람을 위한 교육이 학교와 이 사회에서 이루어지도록 하는 것이다.

_《경향신문》, 〈교단에서〉, 2012년 1월 9일

학습 속도 느린 아이를 위한 교육은?

이른바 일제고사가 실시되면서 교육과학기술부가 내세운 명분은 기초학력 부진 학생들을 파악해서 대책을 마련한다는 것이었다. 하지만 2009년 이후 해마다 반복되는 일제고사에 대비한 대책은 마련되고 있지만 정작 기초학력 부진 학생들에 대한 실효성 있는 대책은 마련되지 않고 있다.

학업성취도 평가를 치르는 초등학교 6학년과 중학교 3학년 학생 중에 기초학력 판별을 받기 쉬운 학생에 대한 집중 지도가 일제고사 전에 이루어진다. 학교평가에 학업성취도 평가 결과가 반영되고 2011년부터는 학교 성과급에도 반영되면서 기초학력 부진 학생으로 판별될 가능성이 높은 학생들은 일제고사에 대비하여 집중적인 훈련을 받는 경우가 늘고 있다. 하지만 공부를 해야 할 이유를 잃어버리고 최소한의 흥미도 없는 이 아이들에게 억지춘향격으로 예상 문제를 반복해서 풀게 하는 방식은 오히려 학생들이 학습에서 더 멀어지게 만들 수 있다.

이전의 학교에서 기초학력 부진 학생이 전체 학생의 15%가 넘는 비율이 되면서 학력증진 중점학교로 지정되었다. 1억 원의 예산이 내려와서 학교 내에 두 개의 공부방을 운영하였다.

교실을 개조해서 영화 감상도 가능하게 꾸민 꿈틀 공부방과 은행나무 공부방에서 아이들은 저녁식사를 하고 함께 생활하였다. 삼겹살 파티를 하고 텅 빈 교정에서 맘껏 농구와 축구를 하면서 아이들은 공부방에 적응하게 되었다. 정규 수업 시간에는 몇 시간이고 엎드려 잠만 자던 아이들을 공부방에 끌어다 놓고 억지로 공부를 시키는 것이 아이들에게는 보통 고문이 아니었을 것이다. 대답 잘하는 학생들, 성적 좋은 학생들, 활발한 학생들의 그늘에 가려져 엎드려 있건 딴짓을 하건 관심 밖에 있던 아이들에게 공부는 고역일 뿐이었다.

성적을 올리기보다는 일단 학습 태도를 고치는 것, 수업 시간만은 수업 외의 다른 행동을 하지 않도록 하는 것에 집중하였다. 그런데 중간고사에서 대반전이 일어났다! 기초학력은 어느 정도 있는데 공부에 흥미가 없어서, 시험 점수 자체에 애착이 없어서, 소수 정예 학원에 다닐 기회가 없어서 성적이 나빴던 아이들을 중심으로 전교 등수 57등, 45등 상승…. 석차로 반 하나를 너끈히 뒤로 더 세운 학생들도 여럿 나온 것이다.

올해도 6월 26일에 학업성취도 평가가 실시된다. 벌써부터 이 시험에 대비하여 초등학교 학생들이 8교시 수업을 하는 등 비교육적인 사례들이 속출하고 있다. 하지만 학습에 흥미가 없는 학생들에게 '학습에 대한 지향성'을 갖게 하기 위한 실효성 있는 대책은 제시되지 않고 있다. 실제 수업 과정에서 보조교사를 배치하고 학습 능력과 흥미를 고려하여 만든 보조 교재를 학생들의 조건에 맞게 제공하는 것은 최소한의 방안임에도 전혀 고려되지 않고 있다.

학습 부진 학생에 대해 지속적인 연구를 해 온 서근원 교수는 학교에서 부진 학생을 구제하기 위해서 노력하고 있음에도 부진 학생이 나아지지 않는 것은, 학습 부진이 개선되지 않는 원인을 학생에게서 찾는 방식에 있다고 지적한다. 학생들은 가정환경과 학습 결핍의 다양한 요인에 의해 학습 부진 상태에 처하게 된다. 이러한 학생들의 생활 조건과 학습 태도를 변화시키기 위한 섬세하고 종합적인 노력을 해야 학습 부진 상태에서 벗어나게 된다는 것이다.

하지만 우리 교육은 수학, 과학 영재 등 학습 속도가 빠른 학생들을 위한 공간과 교육과정을 마련하는 데 치중해 왔다. 핀란드는 학습 부진이라는 표현 대신에 학습 속도가 느린 학생이라는 개념을 사용한다고 한다. 학습 속도가 느린 학생들은 그들에게 맞는 교육환경과 교수 방법을 통해 학습 방법에 대한 개선이 이루어지는 교육을 받게 되는 것이다.

19대 국회에서는 기초학력보장법을 제정하고 학습 속도가 느리지만 우리 사회의 소중한 일꾼으로 자라날 아이들에게 진정으로 필요한 교육 시스템을 만들기 위한 노력이 한층 더 이루어져야 할 것이다.

_《경향신문》, 〈교단에서〉, 2012년 6월 4일

학교 비정규직 노동자를 아십니까?

춘래불사춘 春來不似春이라지만 교정 곳곳에는 봄을 만드는 새 생명의 움직임이 분주하다. 봄처럼 풋풋한 아이들이 올해에는 제발 학교폭력으로 고통을 받지 않고 사랑과 희망의 교육공동체에서 맘껏 성장하기를 기원한다.

좋은 학교에서 좋은 교육을 받은 아이들이 건강하고 좋은 사회를 만들 수 있다. 학급당 학생 수를 줄이고 교육 여건 개선에 필요한 노력만큼 중요한 일 중 하나가 교직원들이 자부심을 느끼며 헌신적으로 일할 수 있는 여건을 만드는 일이다. 교육의 질은 교사의 질을 넘지 못한다는 말이 있지만 학생과 교직원이 행복한 학교에서 행복한 교육이 이루어지기 때문이다.

학교 구성원 중에 교육활동에 꼭 필요한 일을 하면서도 그 존재조차 제대로 알려지지 않은 분들이 많다. 그중에서 이른바 학교회계직에 속하는 학교 비정규직 노동자들이 있다. 학교회계직이란 "각급 학교에서 교육 및 행정업무 등을 지원하거나 보조하기 위하여 필요한 근로를 제공하고, 학교회계에서 보수를 받는 자로서 공무원이 아닌 근로자"를 호칭한다. 조리종사원과 영양사, 과학실험보조, 급식보조(배식원), 전산보조, 방과후학교 코디네이터 등 서울시교육청이 파악하고 있는 비정규직의 직종이 46개에 이르고, 4만 3,000명에 육박하는 규모이다.

작년에 교무실에 업무 보조원으로 20년을 넘게 일하신 분이 퇴직하시게 되었다. 공식적으로 만들어진 명칭도 없이 어떤 이들은 ○○○ 여사님으로, 어떤 이들에게는 ○○○ 씨로 불리면서 공문서 전달, 교무실 청소 등을 하면서 반평생을 살아오셨다. 하지만 직장인 학교를 떠나면서 이분들은 퇴임식 같은 공식적인 행사와 감사장도 받지 못하고 정든 직장을 떠나는 경우가 대부분이다.

올해에도 학교 홈페이지마다 학교 비정규직을 채용하기 위한 공고가 게재되어 있다. 작년 말에 정부 차원에서 공공 부문 비정규직을 줄이기 위한 대책이 발표되었지만 학교 비정규직의 규모는 오히려 증가하고 있다.

2010년 서울시교육청은 체벌 금지 조치를 취하면서 전문상담사를 채용하였다. 올해에는 교원이 교육활동에 전념할 수 있도록 하기 위한 교원 업무 정상화 방안을 추진하면서 교무업무 보조원을 전 학교에 추가로 배치하였다. 학교폭력 대책으로 체육 시간을 늘리는 정책을 추진하면서 스포츠 강사들이 대거 배치될 것이다. 하지만 이러한 인력들은 대부분 비정규직으로 채용되고 있다. 공무원 총 정원제에 의해 정규직을 충원하기 어려운 조건에서 교육활동 지원에 필요한 정책을 추진하는 데 필요한 인력들은 대부분 비정규직으로 채용되고 있다. 현재 전국적으로 초·중등 분야에만 15만 명 수준의 비정규직이 더욱 증가하는 추세가 되는 것이다.

교무업무 보조원의 채용 조건은 연봉제로 1,228만 8,960원과 명절 휴가비 20만 원이다. 한 달 급여가 100만 원을 조금 넘는 수준이며 주5일제가 전면적으로 실시되지만 홀수 토요일은 근무하게 되어 있다. 학교폭력 가·피해 및 학교 부적응 학생, 고위험군 학생 상담·지원 업무를 담당하는 전문상담사는 월 160만 원의 급여를 받고 방학 중 급여를 받지 않는 3월 1일부터 12월 31일까지 10개월 동안 채용한다. 급식 조리원의 경우에 학생 수가 줄어들게 되면 해고 조치가 취해진다. 교육청 단위로 차이가 있지만 학생 150명당 1명의 배치 기준을 임의로 정해 놓고 학생 수가 줄어들면서 해고를 둘러싼 갈등이 벌어지고 있다. 급식과 청소, 교무업무 보조와 과학교과 지원 업무, 도서실 사서 업무 등 이들이 맡고 있는 업무는 학교 운영에 꼭 필요한 일들이다. 학생들이 양질의 좋은 교육과 급식을 제공받기 위해서는 이러한 일을 하는 분들에게 안정된 고용 보장도 없이 헌신적인 봉사를 강요할 수는 없다.

작년에 서울역에서 전국의 학교 비정규직 노동자들이 2,000여 명이 참가한 집회가 열렸다. 이 자리에서 학교 비정규직 노동자들이 요구한 것은 다음과 같다.

"80만 원으로 못살겠다, 연봉제를 폐지하고 호봉제 실시하라."

"일을 하면 할수록 커지는 임금 격차, 비정규직 임금 차별 학교부터 해결하라."

"골병들어 못 살겠다, 조리종사원 배치 기준 하향화하라."

사회 양극화가 심화되면서 학교와 교실 안으로 교육 양극화 문제가 밀려오는 것처럼 비정규직이 절반이 넘는 한국 사회에서 학교 비정규직은 어느덧 학교 구성원의 20%가 넘게 되었다. '아이들이 행복한 질 높은 교육'을 위해서 학교 비정규직 문제를 이대로 방치할 것인가를 생각해 볼 상황이다. 자신이 하는 일에 자부심을 느끼며 최선을 다할 수 있는 학교에서 우리 아이들은 서로를 존중하고 배려하면서 자라나게 될 것이다. 학교 비정규직의 비율을 최소화하고 처우를 획기적으로 개선하는 일은 또 다른 차원의 학교폭력 대책이 될 것이다.

_《경향신문》, 〈교단에서〉, 2012년 3월 13일

학교 다양화 시대의
고등학교 입학 원서

늦가을 교정에도 한 해의 끝자락을 느끼게 하는 낙엽들이 어지럽다. 결실의 계절인 가을이 끝나가는 시점에 중3 학생들은 자신의 일생을 결정하는 첫 관문인 고등학교 진학을 앞두고 중요한 선택을 하게 된다. 이제 만 14세에 불과한 청소년들이 사실상 성적과 부모의 경제력에 의해 어떤 학교에 가느냐를 결정하는 입학 원서를 쓰는 것이다.

학교 다양화 정책이 본격화되면서 이제는 정말 다양한 학교들이 만들어졌다. 일반계고교, 전문계고교, 마이스터고, 특성화고등학교, 자립형사립고, 자율형사립고, 자율형공립고, 특수목적고(외고, 과학고, 예술고, 체육고) 등 학생과 학부모는 그 차이를 구별하기조차 어려운 학교들을 선택하게 된다. 물론 교육적으로 바람직한 학교의 다양화는 필요하다. 학생의 적성과 능력에 맞게 다양한 교육과정이 편성되어 운영되어야 한다. 하지만 현재 추진되고 있는 학교 다양화 정책은 학교선택권을 내세우고 있지만 그 속내는 부모의 경제력에 의해 학교를 선택하는 제도와 다름없다. 마치 백화점에 많은 물건이 전시되어 있지만 지갑에 얼마만큼의 돈을 가지고 있느냐에 의해 물건을 사는 것이 결정되는 이치이다.

연간 2,000만 원 이상의 교육비가 드는 민족사관학교부터 1,000만 원 수준의 자율형사립고, 200만 원 수준의 일반계고교, 2011년부터 사실상 무상교육을 실시하는 전문계고교의 진학을 결정하는 것은 학생의 적성과 능력보다는 부모의 경제력인 것이 현실이다.

학교가 계층화되고 사회의 양극화가 심화되면서 진학 경쟁률에서도 양극화 현상이 나타나고 있다. 민족사관학교와 대원외고 등 고교 서열화의 정점에 있는 학교들은 작년에 비해 경쟁률이 높아졌다고 한다. 이들 학교에 진학하는 학생들은 이미 소위 SKY 대학을 넘어 외국대학으로 진학하는 비율이 해마다 늘어나고 있고 법조계와 관계의 주요 요직을 차지하고 있다. 이들 학교의 진학이 사회적 지위까지 결정하게 되면서 경쟁이 더욱 치열해지게 된 것이다.

자율형사립고는 50% 이내의 학생들이 진학하게 되어 있지만 실제는 20% 이내의 학생들이 대부분을 차지한다. 하지만 학교 다양화 정책의 상징인 자율형사립고는 경제학자 출신의 장관이 설계한 학교임에도 수요와 공급에서 문제가 발생하고 있다. 전국의 절반가량을 차지하는 서울의 경우에 매년 미달 사태를 빚어지고 일부 학교는 워크아웃을 선언하는 사태가 벌어졌다. 학교가 상품처럼 되어버리면서 물건 값에 비해 값어치를 하지 못한다는 평가를 받게 된 학교들이 구매자가 외면하면서 존폐 위기를 맞게 된 것이다. 일부 학교는 학교에서 원서를 돌려보내 1차 모집에서 원서 접수자가 없는 상황까지 벌어졌다.

일반계고교 역시 고교선택제가 도입되면서 순위가 매겨지고 선호 학교와 기피 학교로 양극화되고 있다. 10:1 이상의 경쟁률을 보이는 학교는 성적 상위권 학생들이 집중 지원하게 되고 기피 학교는 원서 접수 과정에서부터 중하위권 학생들이 집중되는 구조가 만들어지고 있다. 서울은 외고 등 특목고와 26개의 자율형사립고에 이미 18% 이상의 상위권 학생들이 진학하고 있다. 이를 제외한 학생들 내에서도 다시 학교 간에 성적 차이가 갈수록 심화되는 상황이 벌어지는 것이다.

전문계고교는 작년에 이어 올해에도 경쟁률이 점차 높아지고 있다. 최근에 정부 차원에서 고졸 출신 채용을 권장하고 일부 대기업과 은행에서 실제 채용이 이루어지고, 서울시립대학이 반값 등록금이 되면서 커트라인이 높아진 것처럼 무상교육 실시의 효과가 결합된 것으로 보인다. 하지만 전문계고교 출신의 67%가 대학을 진학하는 기형적인 학벌·학력 체제가 여전히 똬리를 틀고 있다. 고졸 취업자를 늘리면서 비정규직으로 배치하거나 학력 간의 임금 격차가 줄어들지 않을 경우에 이 학생들은 다시 대학 진학을 고민하게 될 것이다.

학생들은 저마다 다른 모습처럼 저마다의 적성과 잠재력을 지니고 있다. 교육은 이처럼 다양한 차이를 갖고 있는 아이들이 저마다의 모습으로 성장하고 사회의 주역이 될 수 있도록 북돋는 일이다. 하지만 태어나서부터 교육의 조건이 달라지고 부모의 경제력이 학교를 선택하는 과정에서 차별적으로 적용되는 사회에서 진정한 의미의 교육은 불가능하게 된다.

이제 만 14세인 아이들이 고등학교 원서를 쓰면서 우리 사회를 어떻게 느낄 것인가? 늦가을 갑자기 추워진 날씨처럼 마음 한곳에 매서운 바람이 불어온다.

_《경향신문》, 〈교단에서〉, 2011년 11월 28일

옥상의 민들레꽃

「옥상의 민들레꽃」, 중학교 국어 교과서에 실린 고 박완서 작가의 소설이다. 영주에서 일어난 중학교 2학년 학생의 안타까운 죽음을 접하면서 머릿속에는 내내 그 소설의 한 장면이 떠올랐다. 엄마가 셋째 아이라는 이유로 자신을 부끄러워한다고 생각한 주인공은 자살하기 위해 옥상에 올라간다. 꼬마 아이를 살아남게 한 것은 옥상 한구석에 핀 민들레꽃이다. 콘크리트 바닥에 조그마한 먼지들이 모여 있는 곳에 피어난 민들레꽃이 아이의 작은 우주를 지켜 주었다. 그러나 우리 사회는 자신이 살던 옥상 20층에 올라간 너무도 소중한 한 생명에게 민들레꽃이 되어 주지 못했다.

작년 대구 중학생 자살 사건 이후에 대통령을 비롯해 전 정부 차원의 대책을 마련하였다. 하지만 대통령이 올 2월에 발표한 〈학교폭력 근절 종합 대책〉이 교육현장에서 정착하는가를 점검하기 위해 여주중학교를 방문한 그날 이 안타까운 일이 또다시 발생한 것이다.

지난 몇 달 동안 정부와 사회, 교사, 학부모 모두 학교폭력으로 더 이상 아이들이 희생되지 않기 위해 나름대로 노력하고 대책을 마련하였다. 학교폭력에 가장 많이 노출된 중학생들을 위한 대책으로 교육과학기술부는 현장의 반발에도 불구하고 체육수업 시수를 늘이고 복수 담임제도를 실시하는 등 집중적인 처방을 마련하였다. 하지만 이번 사건에서 다시금 드러난 것은 지금 이 순간에도 우리 아이들은 절망과 고통의 지옥을 안고 살아간다는 것이다. 학교폭력 피해 전수 조사가 이루어지고 학부모와 교사를 대상으로 한 다양한 프로그램이 실시되고 있지만, 구조화되고 일상화된 폭력은 여전히 "그들만의 세계"에서 벌어지고 있다.

부당하게 돈을 빼앗기고 자존심을 상하는 심부름을 맞지 않기 위해 굴욕적으로 하면서 놀림감이 되고 있는 아이들에게 학교는 어떤 공간인가? 학교라는 교육기관에서 이러한 비인간적이고 잔인한 폭력이 벌어지는 것을 막아 내는 것이 학교폭력을 최소화하는 일이다. 하지만 이러한 학교폭력의 요인들은 무한 입시 경쟁과 물질만능주의 등 사회 구조적 요인과 맞물려 있다. 대구 중학생 자살 사건이 발생하면서 전 사회적인 차원에서 논의와 대책이 마련되었지만 사회 구조적 문제의 해결 방안은 제대로 논의되지 못하였다.

2010년 한 해에만 350명의 청소년이 학교폭력과 입시교육의 희생자가 되는 사회에서 아이들을 살리기 위한 치열한 토론과 교육 패러다임의 전환은 제대로 시도조차 되지 못하고 있다.

이번 사건은 우리 사회가 더 철저하게 학교폭력에 대해 함께 고통스러워할 것을 요구한다. "아이들 속으로" 들어가 "제가 죽을 만큼 고통스러워요." 하는 소리를 들어야 할 것이다. 그리고 더 이상 이런 안타까운 희생 앞에 죄인이 되지 않기 위해 청소년들이 죽음을 선택하게 하는 사회구조적인 요인에 대한 근본적인 수술에 나서야 한다.

_《여성신문》, 2012년 4월 20일

조기 유학 떠나는 제자들

모처럼 페이스북에 들어갔더니 반가운 이름이 안부 인사를 한다. 중학교 3학년을 마치고 국내 고등학교 진학 대신에 필리핀으로 간 경호이다. 공부를 잘했지만 자율형사립고에 원서를 내서 떨어지고 나서 자율형공립고에 진학을 원했지만 가지 못했다. 경호 부모님은 결국 외국 학교 진학을 택하셨다. 전에 근무했던 학교에서 경호 3학년 담임을 맡았다가 학교를 옮기고 나서 어머니가 추천서를 써 달라고 찾아오셨다. 한국에 있었더라면 어느덧 경호 역시 고3이 되어서 대학입시 전쟁터의 전사(?)가 되었을 것이다. 외국의 교육 시스템에 적응해서 자기 능력을 발휘해 건강하게 자라기를 바랄 뿐이다.

창식이는 중학교 3학년 때 미국으로 유학을 떠났다. 반에서 성적이 중간 정도인 창식이가 한국에서 고등학교에 갈 경우에 상위권 대학 진학이 어렵겠다는 것이 창식이 부모님의 생각이었다. 친척들이 있는 미국에서 어학연수 코스를 다니고 나서 고등학교와 대학 진학을 시키겠다는 것이다. 하지만 창식이는 한국을 떠나 새로운 환경에서 공부해야 한다는 것에 부담을 느꼈다. 창식이도 한국에 있었다면 지금쯤 원하던 대학에 진학하기 위해 부지런히 원서를 쓰고 면접을 다녔을 것이다. 쉽지 않은 선택을 한 창식이가 건장한 청년으로 자라서 꼭 성공적인 유학 생활을 하기를 기원한다.

교육과학기술부가 발표한 〈2010학년도 초중고 유학생 출국 현황〉 자료에 따르면, 2010학년도 조기 유학생 수는 총 1만 8,741명이었다. 정부 차원에서는 매년 5조억 원에 달하는 조기 유학 비용 문제를 해결하기 위해 국제학교를 세운다, 외국인학교에 내국인 비율을 높인다는 식의 대책을 내놓고 있지만 매년 수천만 원에 달하는 학비가 드는 이러한 학교들이 대안이 되기는 어려울 것이다. 조기 유학을 떠나는 학생과 부모님들은 어떤 이유에서 이러한 선택을 하게 될까? 개인마다 이유는 다르겠지만 더 나은 학벌을 갖추어 처절한 취업 경쟁에서 살아남아야 한다는 절실함에서 비롯된 것이다. 하지만 조기 유학이 본격화된 지 10년이 넘어가면서 유학을 떠난 나라에서 취업에 성공한 경우가 드물고 한국에 되돌아온 학생들이 또 다른 어려움을 겪는 일이 적지 않은 실정이다.

페이스북에서 경호는 밝게 웃고 있지만, 그 아이의 선택이 우리 사회와 교육 현실의 산물이라는 생각에 왠지 가슴 한구석이 답답하다. 이제는 조기 유학 10년에 대한 종합 보고서가 만들어져야 한다. 거기에는 조기 유학의 실태와 상급 학교 진학과 국내 복귀 상황 등을 종합적으로 파악하여 학생과 학부모가 신중한 판단을 할 수 있도록 할 것이다. 또한 조기 유학 문제의 근본적인 원인인 지나친 학벌·학력주의를 해소하고 학력과 업종 간에 지나친 사회 경제적 차별이 나는 현실을 해결하기 위한 노력이 함께 이루어져야 할 것이다.

_《여성신문》, 2012년 5월 11일

통학 열차에서 만난 제자

　지방에 일을 보러 갔다가 고속버스 시간을 맞추지 못하여 열차를 타게 되었다. 좌석을 구하지 못해 열차 카페 칸에 들어갔다가 진수를 만났다. 열차 카페는 말이 카페이지 좌석을 구하지 못한 사람들이 신문지 등을 깔아 자리를 만들어 놓고 있었다. 왁자지껄한 대학생 무리 중에 진수가 있었다.

　"선생님 반갑습니다! 웬일이세요? 중학교 졸업하고 5년 만이네요. 저는 ○○대학을 다녀요. 그래서 매일 이 열차로 통학하고 있어요."

　진수의 학창 시절로 돌아가 이런저런 이야기를 나누다 보니 어느덧 천안역에 도착하였다. 천안역에서도 일군의 학생들을 태우면서 열차는 칸마다 만원 열차가 되었다.

　진수는 1교시 수업이 9시에 시작하는 날은 첫차를 타기 위해 6시에 집을 나선다고 했다. 벌써 2년째 두 시간 정도 기차에서 쪽잠을 자고 허겁지겁 학교에 도착하는 일을 하고 있었다. 수업을 마치고 통학버스를 타고 기차역에 도착해서 집에 도착하는 시간이 4시간 가까이 된다고 한다. 수면 시간을 제외하고 절반을 거리에서 보내는 것이다.

　서울 지역에 있는 대학 입학생 중 서울 출신이 차지하는 비율은 절반에도 미치지 못한다. 이른바 8학군이라는 강남지역 일반계고교생 중에서도 서울 소재 대학에 진학한 경우가 열 명 미만인 것이 현실이다.

학벌·학력주의가 기승을 부리는 한국 사회에서 대학서열주의는 서울을 중심으로 더욱 심화되었다. 이 과정에서 지방 국립대학마저 위상이 떨어지게 된 반면에 지방의 특목고와 기숙형사립학교, 자율형사립고가 늘어나게 되면서 서울의 상위권 대학 진학이 늘어난 결과이다. 이러다 보니 서울 지역 출신 학생들이 지방에 있는 대학에 다니는 비율이 늘어나고, 천안, 원주를 넘어 두 시간 가까이 걸리는 홍성 지역까지 가는 통근 열차나 버스가 호황(?)을 누리게 된 것이다.

수원역까지도 열차 카페의 밀집도는 달라지지 않았다. 수원역에서 내려 사당역으로 오는 좌석버스를 바꿔 타고 오는 동안에도 하루의 절반을 통학 시간으로 보내는 진수와 같은 제자들을 양산하는 우리 교육이 미로迷路와 같다는 생각을 지울 수 없었다.

대학 진학률이 80%가 넘고 고교 졸업생이 대학 입학생을 넘는 상황에서도 지방 출신들은 지방 출신대로, 서울 출신은 서울 출신대로 자신의 성적에 맞추어 결정된 대학에 다니기 위해 시간과 돈을 써야 하는 현실은 달라져야 한다. 이 소모적이고 답답한 미로에서 벗어나는 길은 학벌과 학력에 의해 사회경제적인 지위가 결정되는 봉건적인 질서를 해체하고 학력과 업종 간의 지나친 차별을 줄여 가는 것이다. 이런 몽상을 비웃듯이 버스에서 내려 사당역으로 가는 길가에는 진수와 같은 일군의 대학생들이 통학버스에서 내려 총총히 전철역을 향하고 있었다.

_《여성신문》, 2012년 6월 1일

2장
학교의 변화를 위하여

교장공모제와
학교의 행복한 변화를 위하여

전국의 자율학교를 대상으로 교직 경력 15년 이상의 교사가 교장에 공모할 수 있도록 하는 「교육공무원법」 개정안이 국회에서 통과되었다. 현재 교육과학기술부에서 시행령이 연말까지 마련되면 내년 9월에는 내부형 공모제가 본격적으로 시행될 것이다. 이 제도는 2007년 처음 시범 실시가 이루어진 후에 6차에 걸쳐 시범 운영을 거쳐 이미 전국적으로 68명의 평교사 출신 교장들이 학교 운영의 책임자로 역할을 담당해 왔다. 서울에서는 2011년 3월 처음으로 상원초등학교에서 평교사 출신 이용환 교사가 공모에 응모하여 내부형 공모교장 1호가 되어 역할을 수행하고 있다.

2012년에 내부형 공모제도가 확대되고 한편에서는 수석교사제도가 본격적으로 시행되면서 교직 사회는 커다란 변화를 겪게 될 것이다. 이러한 교직사회의 변화는 단순히 교원 승진제도의 변화가 아니라 교사 학부모 학생들이 진정으로 원하는 학교의 변화로 나아가야 할 것이다.

이를 위해 이 제도의 입법 취지를 바탕으로 내부형 공모제가 확대될 경우에 학교와 교직사회의 변화를 살펴보고, 바람직한 운영을 위한 방안을 제안하고자 한다.

국회에서 통과된 법률에서는 법안 제정의 취지를 다음과 같이 설명하고 있다.

> 현재의 교장 임용제도는 단위학교의 여건과 특성에 맞는 교장 임용이 아니라 근무평정제도에 기반을 둔 연공서열 중심의 승진제도에 따라 이루어지고 있어 교장 승진을 위한 과열 경쟁을 유발하고 개별 학교 특성에 맞는 책임 경영을 어렵게 하고 있다. 이에 공모를 통하여 교장을 임용할 수 있도록 하여 유능한 인재에게 교장직 문호를 개방하고, 단위학교의 책임 경영을 강화하려는 것이다.

즉, 교장 승진을 위한 과열 경쟁의 폐해를 줄이고 단위학교의 책임 경영을 강화하자는 것이 핵심적인 내용이다. 입법 취지대로 현행 점수제 승진제도와 다른 트랙의 교장제도가 본격화되면 다음과 같은 변화가 이루어질 것이다.

첫째, 교사가 수업과 생활 지도 등 본연의 교육활동에 전념할 수 있는 풍토를 마련하는 데 도움이 될 것이다.

교사들이 연륜이 쌓이면서 이른바 교포 교사(교장 승진을 포기한 교사)를 포함하여 모든 교사는 승진에 밀접한 영향을 미치는 근무평정 점수를 의식하게 되고 연수와 대학원 진학 등도 승진과 관련하여 이루어지게 된다. 연구 시범학교가 일부 승진 대상자들의 점수를 위해 운영된다는 불만 때문에 본래의 취지를 살리지 못한다는 비판도 끊임없이 제기되어 왔다. 이른바 '점수 관리'에 들어가면서 교육 본연의 활동에서 멀어지게 되는 것도 안타깝지만 엄연한 현실이다.

내부형 공모제가 확대 실시하게 되면 0.125점을 더 얻기 위한 경쟁에서 벗어나 교육활동에 전념하면서 미래의 학교 운영을 위한 준비할 수 있는 가능성이 함께 열리게 될 것이다.

둘째, 학교 운영에 학교 구성원들의 의사가 더욱 적극적으로 반영되고 책임 있게 이루어지는 데 기여하게 될 것이다.

교장공모제에 응모하면서 교사는 학교와 지역사회의 교육적 요구가 무엇인지를 고민하게 된다. 〈학교 운영 계획서〉는 바로 학교 구성원에 대한 약속이며 자신의 교육철학을 담은 것이다. 또한 공모제로 임용된 교장은 징계 등의 불가피한 사유가 아니면 4년 동안 학교를 운영하게 된다. 경기도의 조현초등학교, 홍성의 홍동중학교 등 농어촌 지역의 소규모 학교에서 내부형 공모제에 의한 성공 사례들이 많이 나타나게 되었다. 기존의 인근의 중소 도시에서 출퇴근하면서 도회지로 옮기는 데 관심이 많던 기존 교장 선생님들과는 다르게 학교에서 학부모와 마을 주민들과 함께 생활하면서 학교를 책임 있게 운영한 결과라 할 것이다.

현재 서울에서도 교장의 평균 재임 기간이 2년 정도에 불과한 상황에서 학교의 책임 경영이 제대로 이루어지기 어려운 실정이다. 이 제도가 서울에서도 확대 실시되면 학교장의 역할을 재정립하는 데에 도움이 될 것이다.

내부형 공모제도가 확대 실시되면 불가피하게 기존 제도와 충돌하거나 갈등을 겪게 될 것이다. 일부 교원단체에서 교장 자격증이 없는 교장이라고 하여 무자격 교장 제도라고 비판하기도 했다. 하지만 전국의 학교 중에 3,000여 개의 학교가 이 제도의 실시 대상이 된 상황에서 소모적인 대립보다는 기존 승진제도와 생산적인 선의의 경쟁이 이루어져야 할 것이다.

이 제도가 확산되고 바람직하게 정착하기 위해서는 교장공모제도에 대하여 교사와 학부모에 대한 홍보가 적극적으로 이루어져야 한다. 특히 현재 자율학교로 지정된 학교에서는 학교 차원에서 이 제도에 대한 논의가 활발히 이루어져야 할 것이다.

교장공모제와 관련한 법률에서 "자율학교의 장은 학교운영위원회의 심의를 거쳐 관련 교육기관, 국가기관 등에서 3년 이상 종사한 경력이 있는 자 또는 학교에서 교원으로서 근무한 경력이 15년 이상인 교원을 공모 절차를 거쳐 교장으로 임용해 줄 것을 임용제청권자에게 요청할 수 있도록" 하고 있기 때문이다.

이와 함께 공모제 시행과 관련하여 불필요한 갈등이 벌어지지 않도록 단위학교 학교운영위원회의 역할과 선출 절차와 지역 교육청과 교육청의 역할 등도 명확하게 재정립되어야 할 것이다.

모든 교육제도는 아이들이 행복한 질 높은 교육을 위해 복무해야 하고 이를 위해서는 교사들이 행복하게 교육에 전념할 수 있는 풍토가 마련되어야 한다. 내부형 공모제 역시 이 명확한 존재의의를 지니고 있느냐가 그 성공 여부를 결정하게 될 것이다.

2012년 본격적 시행을 앞두고 내부형 공모제가 이러한 취지에 맞추어 바람직한 승진문화를 만들고 진정한 학교혁신을 위한 도움이 되는 제도로 자리 잡기 위해 서울 교육 가족들이 보다 많은 관심과 노력을 기울여야 할 시점이다.

_《서울교육》, 2011년 11월호

학교 다양화 정책 4년과 고교서열화

고교체제 황폐화를 막기 위하여

이주호 현 교과부 장관은 MB정부의 정책 입안자인 동시에 책임 집행관이다. MB정부가 한나라당 등 보수 진영에 계륵과 같은 존재가 되어 버린 2011년 현재에도 MB정부는 집요하게 자신들의 교육정책을 추진하고 있다. 서울시민 10만 명의 서명으로 추진된 〈학생인권조례〉가 통과되자 재의를 요구하려 하고 있고, 국회에서 통과된 평교사들이 교장으로 진출할 수 있도록 하는 내부형 공모제를 자율학교에 실시하도록 하는 법률조차 시행령을 통해 무력화하고 있다. 하지만 이러한 막가파식의 독단적인 정책 추진에도 불구하고 MB 교육정책의 핵심이라 할 수 있는 「고교 다양화 300 프로젝트」는 그중 자율형사립고 100개 정책이 파산하고 있다.

진보 진영이 2012년 총선, 대선을 거쳐 새로운 교육체제를 구축하기 위해서는 MB정부에 들어와 노골적으로 추진되어 온 교육시장주의 정책을 폐기하고 진보적 교육체제와 구체적인 정책을 마련해야 한다. 이러한 관점에서 학교 다양화 정책의 본질과 이로 인한 폐해를 명확하게 드러내고 대안을 마련하는 것은 우선적으로 이루어져야 할 과제이다.

1) 학교 다양화 정책의 추진 개괄

2008년 4월 26일 한국교육학회 2008년 춘계학술대회가 강원대학교에서 개최되었다. 이 대회의 특별분과에서 '고교체제 개편과 고교 교육혁신 종합대책' 토론이 이루어졌다. MB정부의 「고교 다양화 300 프로젝트」 추진 방향과 과제를 박세훈(전북대)·백순근(서울대)·김홍주(KEDI)가 발표하고, 후에 교육과정평가원장을 맡았던 김성열(경남대 교수)과 이옥식(한가람고 교장)이 토론자로 참여하였다. 여기에 제출된 이옥식 교장의 토론문은 다음과 같이 시작된다.

> 새 정부는 고교 교육의 다양화를 통해 공교육의 경쟁력을 제고하고 학생들의 학교선택권을 확대하기 위하여 「고교 다양화 300 프로젝트」라는 정책을 추진하고 있다.
> 그 핵심 내용은 첫째, 전국적으로 자율성과 책무성을 바탕으로 한 자율형사립고교 100개를 설립 또는 선정하여 획일적인 규제에서 벗어나 교육과정·교원 인사·학사 운영 등을 자유롭게 운영토록 한다. 둘째, 교육 낙후지역에 기숙형공립고교 150개를 지정하여 해당 지역의 학생들에게 양질의 교육은 물론 생활 및 거주 환경까지 국가 차원에서 제공함으로써 교육적 사회복지를 실현한다. 마지막으로 새로운 시대의 패러다임에 걸맞은 직업교육의 전문성을 제고시키고 학생의 특성 및 취업·진학의 모든 기회를 살릴 수 있도록 하기 위해 기존의 특성화고교 중 50개를 마이스터

고교로 지정하여 집중 육성하는 것이다.

이는 고등학교를 설립 주체에 따라 공립과 사립으로 나누고, 또한 교육과정에 따라 인문과 직업 또는 실업으로 구분하여 획일적인 통제하에 경직되게 운영해 오던 기존의 고등학교 체제에 변화를 주어 사회 변화와 시대가 요구하는 교육을 충실히 운영하고자 함이다.

위의 글에서 제시된 것처럼 공교육의 경쟁력 강화와 학교선택권 확대를 통해 획일적인 통제하에 운영되던 고등학교 체제를 개편해야 한다는 것이 학교 다양화 정책을 추진하는 근거이다.

실제 평준화 망국론을 내세우면서 평준화 정책 이후 사교육비가 30조 원 가까이 늘었다는 주장을 서슴없이 해 온 이들이, 5·31 교육개혁 추진 이후에 '잃어버린 10년'을 되찾자고 하면서 내세운 슬로건은 "학교교육 만족 두 배, 사교육비 절반"이었다. 시장에 다양한 상품이 진열되어야 소비자가 선택할 권리가 늘어난다는 이들의 철학은 학교 역시 다양한 제품으로 만들고 공급자인 학교와 교사들이 더 나은 학교를 만들기 위해 노력하게 되면 소비자인 학생과 학부모가 제공하는 교육비까지도 줄어들게 되리라는 것이었다.

하지만 이러한 시장 논리가 학교 정책에서 어떻게 구현될 것인가에 대해 주제 발표자들 역시 명확하게 파악하고 있었다.

이들은 주제 발표문에서 가능성으로 "우수 학생들이 모여 있는 학교를 가지고 싶어 하는 계층의 교육적 요구에 일부 부응할 수 있음"을 내세워 일부 계층의 요구를 담은 정책임을 밝혔다.

한계로는 "일반계고교들 간 서열화 양상이 증대될 것으로 예상되며, 중·상위 계층 학생들이 지원할 가능성이 높은 이 학교들은 실제 좋은 대학 진학을 꿈꾸는 학생들이 선호하게 되면 결국 고교서열화를 더욱 확대 재생산할 가능성이 높다. 또한 자율형사립고 진학 경쟁이 과열되면 이들 고교에 진학하기 위한 중학생들의 입시 위주 교육과 사교육비 증가는 막기 어려울 것이다"라고 정확하게 진단했다.

또한 자율형사립고가 도입되면 2,400억 원의 예산을 절감하여 일반고에 대한 지원을 강화할 수 있다고 밝히고 있다.

「고교 다양화 300 프로젝트」는 MB정부 집권 후에 이러한 구체화 방안을 마련하는 경로를 통해 2009년부터 본격화되고, 2011년 현재 자율형사립고와 기숙형공립고, 마이스터고가 만들어져서 운영되고 있다. 하지만 객관적인 수치에서도 「고교 다양화 300 프로젝트」는 절반 수준에도 이르지 못하고 있고, 핵심 정책인 자율형사립고는 진퇴양난의 지경에 처해 있다.

2) 자율형사립고

자율형사립고는 2009년에 지정된 25개교와 2010년 기존에 자립형사립고로 운영되던 민족사관고 등을 합쳐 총 49개교가 운영되고 있다. 이주호 교육부장관은 대통령 선거 과정에서 전국의 사립고등학교를 대상으로 실태 조사를 한 결과 100개교를 지정하는 것은 문제가 없다고 호언장담을 하였다. 하지만 MB정부가 임기를 마치기 직전인 현재 절반 수준에 머무르고 있고, 서울의 동양고는 2년 동안 모집 정원을 채우지 못하자 일반고로 전환을 결정하였다. 용문고 역시 정원을 채우지 못해 서울시교육청으로부터 7억 원의 재정 지원을 받아 학교 재정을 운영하는 상황이다. 총 27개교가 있는 서울에서는 등록금 등 학비를 3배 이상 지불하면서도 교육 여건에서 별반 차이가 없는 이들 학교가 대학입시에서 투자한 비용에 비해 성과를 내는 것이 불투명하다는 인식이 확산하면서 3년째 연이어 미달 사태가 빚어지고 있다.

이러한 정원 모집 미달 사태는 서울에만 국한되지 않고 전국적으로 벌어지고 있다. 광주에서도 3개 학교 중에 2개교가 절반 정도의 학생이 지원하였고, 대구에서도 비슷한 양상이 벌어지고 있다. 이들 학교가 자율형사립고로서 연명하기 위해서는 교육청의 예산 지원이 수반될 수밖에 없게 된다. 자율형사립고에 지원되던 2,400억 원을 일반고에 지원하겠다던 것도 공수표를 남발한 결과가 되고 있다.

이러한 특권 학교의 퇴조 흐름에도 불구하고 MB정부에서는 대기업과 외국의 교육자본이 직접적으로 학교 운영에 나서면서 학교의 양극화가 더욱 노골적으로 진행되고 있다. 제주 국제도시와 인천 송도에 연간 교육비가 5,000만 원대에 이르는 국제학교가 학생들을 모집하여 운영되고 있고, 광양과 포항에서 자립형사립고를 운영하던 포스코교육재단은 인천 영종도에 하늘고등학교를 개교한 데 이어, 송도 국제무역지구 내에 가칭 송도자율형사립고를 2015년 개교를 목표로 하여 인천시, 교육청과 MOU를 체결하였다. 자율형사립고가 논란의 중심이 되고 있지만, 민족사관학교와 대원외고 등 고교 서열화의 정점에 있는 학교에서는 미국의 주요 사립대학 진학을 목표로 국제반이 운영되고 있고, 외고 중에서도 서열과 경쟁률이 확연하게 드러나고 있다.

학교 다양화라는 이름하에 고교서열화가 노골적으로 진행되면서

기존의 과학고와 외고 등의 특목고는 위상이 공고화되고 자율형사
립고가 수요와 공급의 불일치로 인해 정책적으로 파산하는 형국이
벌어지고 있는 것이다.

시도명	소재지	학교명	구분	지정 시기	운영 시기
서울(18개)	동대문구	경희고	평준화	2009	2010
	종로구	동성고			
	강동구	배재고			
	서초구	세화고			
	마포구	숭문고			
	강북구	신일고			
	구로구	우신고			
	서대문구	이대부고			
	중구	이화여고			
	강남구	중동고			
	종로구	중앙고			
	양천구	한가람고			
	성동구	한양부고			
	동작구	경문고	평준화	2009	2011
	동대문구	대광고			
	은평구	대성고			
	송파구	보인고			
	강남구	현대고			
서울(9개)	강남구	휘문고	평준화	2010	2011
	강서구	동양고			
	관악구	미림여고			
	도봉구	선덕고			
	서초구	세화여고			
	성북구	용문고			
	양천구	양정고			
	영등포구	장훈고			
	은평구	하나고	평준화	2009	2010

지역	지역(구)	학교	평준화 여부	지정 연도	운영 연도
부산(2개)	해운대구	해운대고	평준화	2009	2010
	금정구	동래여고			
대구(1개)	중구	계성고	평준화	2009	2010
대구(3개)	수성구	경신고	평준화	2010	2011
	남구	경일여고			
	중구	대건고			
광주(1개)	남구	송원고	평준화	2009	2010
광주(2개)	광산구	숭덕고	평준화	2010	2011
	광산구	보문고			
대전(2개)	중구	대성고	평준화	2010	2011
	서구	서대전여고			
울산(1개)	동구	현대청운고	평준화	2010	2010
울산(1개)	중구	성신고	평준화	2010	2011
강원(1개)	횡성	민족사관고	비평준화	2010	2010
경기(1개)	안산	안산동산고	비평준화	2009	2010
경기(1개)	용인	용인외고	비평준화	2010	2011
충남(1개)	천안	북일고	비평준화	2009	2010
전북(2개)	군산	군산중앙고	평준화	2010	2011
	익산	남성고	평준화	2010	2011
전남(1개)	광양	광양제철고	비평준화	2010	2010
경북(1개)	김천	김천고	비평준화	2009	2010
경북(1개)	포항	포항제철고	평준화	2010	2010
합계 49교	2009년 지정 25교 2010년 지정 24교			2010년 운영 25교 2011년 운영 24교	

자율형사립고 정책은 한국 사회에서 학교선택권이라는 교육의 기회가 계층에 따라 차등적으로 주어진다는 것을 명확하게 드러내었다. 하지만 이미 외고와 과학고가 전국적으로 30여 개 운영되고 있고, 그 정원이 상위권 대학의 정원을 넘는 상황에서 후발 주자로서

의 입지가 불안전한 자율형사립고는 고객으로 상정하였던 중상류층에게도 외면당하는 상황에 처해 있다. 자율형사립고가 학교 다양화를 가져온다고 하지만 일반계고교에서 자율형으로 전환된 학교들은 입시 경쟁에서 우수한 성적을 내기 위해 혈안이 될 수밖에 없다. 일반계고교에 비해 세 배 이상의 학비를 부담하면서 학부모들이 요구하는 것은 대학입시의 성과인 현실에서 교육과정의 다양화는 허울뿐인 구호에 머물게 되는 것이다.

강주혜(15·고1) 우리 학교는 1학년만 자사고인데 작년에는 안 그랬는데 올해는 모의고사를 보면 전교생의 등수와 등급을 1등부터 차례대로 교실 복도에 붙여요. 저렇게 하니까 반에서 공부 잘하는 애도 전교 등수를 보며 자기 위치를 알게 돼서 스트레스를 받아요. 결국 전교 1등은 한 명뿐이잖아요. 다들 "자존심 상한다. 그런 걸 왜 붙여 놓느냐"고 불평해요. 학교에서 보는 모든 시험은 전교 1등부터 꼴찌까지 어렵다고 할 정도로 난도가 높아요. 2학기 중간고사 국어 문제가 25문항인데 시험지는 앞뒤로 8장이었어요. 이러니 스트레스를 안 받을 수 있겠어요? 우리 자사고가 전반적으로 수업 진도도 빨라요. 그렇다고 수업이 따라가기 힘들다는 건 아니에요. 하지만 나를 위해 공부하는 게 아니라 남을 이기려고 하는 공부고, 경쟁을 해야 하다 보니 서로 스트레스를 받는 거예요. 그래서 충동 조절도 잘 안 돼요.

_《경향신문》, 2011년 12월 19일, 〈10대가 아프다〉 중에서

자율형사립고 정책은 그 자체도 문제이지만 더욱 근본적인 문제점은 특목고와 자율형사립고에 포함되지 않은 일반계고교를 황폐화시키고 고교체제를 왜곡시키게 되었다는 것이다. 자율형사립고는 입학 전형에서 지원 자격을 50% 이내로 하고 있지만, 실제 지원 학생의 평균 성적은 20% 이내인 것으로 파악된다. 또한 다음 표에서 나타나고 있는 것처럼 일반계고교 시기에 비해 자율고로 전환되면서 부모의 계층 구성이 급격하게 변하고 있다. 결과적으로 자율형사립고가 밀집된 서울의 경우에 특목고를 포함하여 일반계 학교 이전에 선발하는 학생 수가 18% 수준에 이르게 되면서 일반계고교는 기존의 평준화 체제와 비교할 때 성적과 경제력 등에서 중하위권 학생들을 대상으로 하는 학교가 되었다. 더구나 서울은 고교선택제를 도입하여 일반계 학교 자체에서도 서열화가 이루어지게 되면서 경제적

자율고, 학부모 계층 구성의 변화

학교명	학년	학생 수	고소득직		중소득직		
			전문직	경영관리직	교직	사무직	숙련기술직
숭문고	1학년	100.0(%)	8.1	13.0	3.7	42.6	4.4
	2학년	100.0(%)	6.0	3.4	2.2	32.8	11.2
신일고	1학년	100.0(%)	14.3	17.2	4.4	24.5	7.0
	2학년	100.0(%)	7.8	4.5	4.9	27.8	15.5
이대 부고	1학년	100.0(%)	7.1	15.9	6.1	34.4	9.3
	2학년	100.0(%)	4.5	6.8	3.7	35.6	7.1
중동고	1학년	100.0(%)	22.6	23.1	2.8	34.4	2.5
	2학년	100.0(%)	13.4	15.6	4.7	37.4	3.1
한양대 사범대 부속고	1학년	100.0(%)	7.1	16.3	1.7	22.2	6.1
	2학년	100.0(%)	4.4	6.8	3.2	23.2	17.8

으로 취약한 지역의 학교가 기피 학교로 낙인찍히는 결과를 초래하고 있다.

3) 마이스터고

독일의 마이스터학교는 10년의 정규 교육과정을 마친 후 3년 과정의 직업학교(실업고등학교)를 졸업하고 1~3년간의 기업체 경험을 쌓은 다음 입학하여, 1~2년간의 교육과정을 거친 후 시험을 치러 장인(마이스터)이 되는 것을 준비하는 학교이다.

이에 비하여 MB정부에서 추진하고 있는 한국형 마이스터고는 기존 고등학교의 기본 틀을 유지하는 가운데 고교 다양화 차원에서 취업을 전제로 특별히 차별화된 창의적 기술 인력 양성을 위한 학교이다. 마이스터고등학교와 특성화고등학교의 차이점은 마이스터고등학교는 '보다 숙련된 전문 교육'을, 특성화고등학교는 '기초적인 전문 교육'을 실시하는 것이라고 밝히고 있다.

MB정부는 고교 다양화 정책의 일환으로 2012년까지 마이스터고 50개교를 육성하겠다는 계획을 세워 추진하였으나, 2011년 현재 28개교를 지정·운영 중이고, 5개교를 추가 지정하여 2013년에 문을 열 예정이다. 마이스터고는 MB정부가 고졸 취업 확대 정책을 추진하면서 대기업과의 협약을 맺는 등의 특혜를 통해 일반 특성화고교에 비해 상대적으로 높은 취업률을 보이고 있다. 학급당 학생 수와 예산 지원에서 일반 특성화고교에 비해 수억 원 이상의 지원을 받고 있는 이 학교들은 새로 지정된 서울로봇고가 지식경제부로부터 30억 원, 삼척전자공고가 삼척시로부터 94억을 지원받는 것처럼 집중적인 지원을 받고 있다.

마이스터고는 특성화고교 중에 집중적인 특혜와 정부 차원의 취업 지원이 이루어지면서 내신성적 우수자들이 집중적으로 지원하는 학교가 되고 있다. 마이스터고는 성적에 관계 없이 소질과 직업적성 중심의 학생 선발을 원칙으로 한다고 하지만, 서울시교육청에서 발표한 마이스터고 합격자 현황에 따르면 총 320명 선발에서 중학교 내신성적 상위 20%인 학생이 114명으로 36%를 차지하고 있다.

마이스터고는 일반계 학교의 다양화 정책이 학교 계층화로 귀결된 것처럼 전문계고등학교의 서열화를 초래하고, 지속적으로 감소 추세인 전문계고교를 일반계고교로 전환시키는 구조조정 정책으로 작동하고 있다.

한국교육학회 토론회에서 발제자들 역시 이 정책이 전문계고교의 서열화와 일반계로의 전환을 유도하는 정책임을 다음과 같이 노골적으로 밝히고 있다.

전문계고등학교 중 특성화고등학교가 130개교 3만 8,043명(2007년)에 이르는 상황에서 마이스터고등학교가 최종적으로 50개까지 늘어나고, 특성화고등학교 또한 계속적으로 지정할 경우 마이스터고등학교로 선정되지 못한 특성화고 및 전문계고등학교의 경쟁력 상실로 중등 단계 직업교육 전반에 대한 구조조정이 불가피할 것으로 예상된다. 따라서 국가적인 차원에서 장기적인 인력 수요 예측을 위한 직업교육 인력 수요 예측 조사가 실시되어야 할 것이며, 이를 바탕으로 경쟁력을 상실한 전문계고등학교는 일반계고등학교 등으로의 전환을 적극 고려할 필요가 있다.

2009년 국정감사에서는 마이스터고가 산학관 협력 인프라 구축
이 안 된 상태에서 갑자기 산업 수요 맞춤형 고교로 설계하려 하니
과도한 예산이 들어가고 있을 뿐만 아니라 일반 특성화고와의 형평
성 문제가 발생하여 일반 전문계고(특성화고)와의 균형 발전을 저해
하고 있다는 비판이 제기되었다. 마이스터고에 대한 집중 투자로 인
해 특성화고교의 상대적인 박탈감과 함께 전문계고교 간 교육 여건
의 차를 심화시키고 전문계고교 간 빈익빈 부익부 현상을 심화시키
고 있는 것이다.

전문계고교의 정원을 지속적으로 축소시키는 정책으로 서울의 경
우에 전문계고교 학생의 비율이 19% 수준으로 줄어들게 되었다. 이
러한 정책으로 인하여 일반계고교에 진학한 학생 중에 매년 1만여
명에 달하는 학생이 아현직업학교 등에 위탁교육을 받는 일들이 벌
어지고 있다. 전문계고교체제에 선택과 집중의 원리를 적용하여 일
부 특권적 마이스터고를 집중 육성하면서 고교서열화와 일반계로의
전환이 이루어 낸 기형적인 결과물이라 할 것이다.

학교 계층화 정책 폐기를 촉구하며

자율과 분권, "학교 만족도 두 배, 사교육비 절반" 등 화려한 수식
어로 국민을 기만해 온 MB 교육정책은 "입시경쟁 교육 두 배, 교육
비 폭등"과 함께 아이들을 죽음으로 내몰고 있다. 어머니의 추궁과
체벌이 두려워 수능 성적표를 조작하다가 결국 어머니를 살해하게
만드는 교육, 이 땅의 교사임을 부끄럽게 만드는 구조화된 학교폭력

과 따돌림 문제가 이 정부에 들어와 더욱 잔인한 양상으로 벌어지고 있다.

한편에서는 학업성취도 평가 결과를 순위를 매겨 학교별로 경쟁을 시키면서 국정 지표로는 창의 인성 교육을 내세우는 앞뒤가 다른 교육의 최대 희생자는 교육시장주의자들이 그토록 강조해 온 교육 수요자인 학생들이다.

학교선택권과 학교 다양화의 본질은 선택과 집중을 학교 정책에 투입하는 것이다. 선택과 집중은 필연적으로 부익부 빈익빈을 초래하고 약자들을 배제하게 만든다. 지난 4년 동안 자율형사립고와 마이스터고, 기숙형공립학교 300개를 집중 육성하는 정책을 추진해 온 결과는 이를 극명하게 보여 준다.

2012년 총선과 대선을 거치면서 한국 사회는 새로운 사회체제로의 전환을 요구받고 있다. 이 과정에서 교육시장주의의 낡고 비생산적인 경제 논리를 넘어서 진보적인 새로운 교육체제를 구축하여 저출산 고령화 사회의 주범이 되어 버린 교육 문제를 해결해 나가야 한다. 학교 계층화 정책을 폐기하고 전국의 모든 학교를 혁신학교 수준의 공교육의 새로운 표준으로 만들어 가는 구체적이고 실천적인 학교 정책을 수립하는 것이 가장 핵심적인 과제이다.

_《오늘의 교육》 6호, 2012년

2013년 체제와 2013 교육체제[43]

지속가능한 한국 사회를 위하여

역사는 변증법적으로 발전한다고 했던가? 1997년 IMF 사태 이후에 본격화된 신자유주의 시장 만능주의로 사회 양극화는 더욱 심화되었고, 결국 2007년 대선에서 747과 뉴타운 개발 등 장밋빛 공약을 내세운 기업가 출신 대통령이 당선되었다. 그럼에도 2012년 총선과 대선에서 새누리당조차 보편적 복지 확대와 경제 민주화를 주요 공약으로 제기하였다.

2013년 체제는 이러한 시대적 흐름을 바탕으로 한국 사회의 모순을 해결하기 위해 노골적인 신자유주의와 분단체제를 극복하고 새로운 사회를 만들고자 하는 지향을 담은 것이다.

백낙청 교수는 〈2013년 체제 만들기〉를 사회적 담론을 넘어 민주진보 진영의 2012년 총선, 대선 전략과 새로운 사회의 청사진으로 제기해 왔다. 2013년 체제가 담아야 할 핵심적인 내용으로 평화체제, 보편적 복지, 민주주의와 생태 전환, 공정·공평 등의 가치를 제

---

43. 이 글은 2012년 민주노동당 부설 새세상연구소의 의뢰로 작성된 「새로운 사회 새로운 교육」을 바탕으로 재구성한 것이다.

시하였다. 이러한 가치와 원리를 바탕으로 2013년 체제의 정치, 경제, 사회를 근본적으로 재구성하기 위해 노력해야 할 것이다.

〈2013 교육체제〉는 2013년 체제의 한 구성 요소인 동시에 새로운 사회를 만들어 가기 위한 발전 전략이다. 세계 최고 수준의 공·사교육비, 해마다 300명이 넘는 중고등학생들을 죽음으로 내모는 학교폭력과 입시경쟁 교육은 세계 최저인 1.19명 수준 저출산의 핵심 문제로 작용하고 있다. 한국 사회가 지속가능한 사회가 되기 위해서라도 이러한 교육 문제는 반드시 해결되어야 할 선결 과제이다.

이 글에서는 새로운 사회는 새로운 교육을 통해 완성된다는 관점에서 현재의 한국의 교육체제가 지닌 모순을 비판적으로 분석하고. 새로운 교육철학과 교육정책의 가능태를 모색해 보고자 한다. 이를 위해 한국 교육의 현황과 근본적인 문제점을 규명하고 이의 해결 방안을 모색해 볼 것이다. 이를 바탕으로 2013년 교육체제가 갖추어야 할 주요 내용과 민주 진보 정권이 추진해야 할 핵심 과제를 제기하려 한다.

1. 2013 교육체제의 기본 전제

1) 교육의 역할과 과제

2013년 교육체제가 갖추어야 할 교육은 한국 사회가 지향해야 할 가치와 원리를 구현하고 교육의 본질적 가치를 실현하는 것을 바탕으로 해야 한다.

교육은 모든 아이들이 전인적 발달을 통해 우리 사회의 미래의 주역이 될 수 있도록 하는 것이다. 이를 위해서, 첫째, 모든 국민은 헌법 34조의 정신에 따라 누구나 어디에서나 자신의 능력과 적성에 맞는 교육을 받을 권리를 지녀야 한다.

둘째, 국민은 과도한 교육비 부담으로 교육받을 기회가 차별적으로 주어지지 않아야 한다. 이를 위해 사회적 기본권으로서 교육받을 권리가 보장되는 보편적 복지가 실현되어야 한다.

셋째, 학벌과 학력에 의해 사회 경제적 지위가 결정되는 왜곡된 사회구조를 바로잡고 소모적인 입시경쟁 교육에서 벗어나 교육 본연의 목표인 전인교육이 실현되어야 한다.

넷째, 교육을 시장화하고 학교를 계층화시켜 온 시장주의 교육개혁을 전면적으로 재검토하고 보편적 교육복지가 실현되는 새로운 교육체제로 전환되어야 한다.

현재 한국의 교육 현실에서 모든 아이들이 자신의 능력을 계발하고 발휘하면서 삶의 가치를 실현하며 사회 구성원으로 살아가는 역할을 담당하는 것은 사실상 불가능하다. "모든 아이들이 모두의 아이"로 길러지는 교육은 결국 새로운 사회와 함께 현실화될 것이다.

물론 새로운 사회로의 전환을 위한 실천은 교육 부문에서도 치열하게 전개되어 왔다. 2010년 6월 2일 지방자치 선거를 통해 이른바 진보 교육감이 등장하며 무상급식이 보편적 복지의 확대를 매개하는 역할을 담당하였고, 혁신학교가 확대되면서 공교육 혁신과 진보적 교육개혁의 가능성을 보여 주었다.

진보 교육감의 출현은 단순히 행정 권력의 교체가 아니었다. 이는 1994년 5·31 교육개혁이라는 이름으로 본격적으로 추진되어 왔던 시장주의 교육개혁의 퇴각과 정치적 파산의 의미를 담고 있다.

김영삼 정부 이후 지속적으로 추진된 신자유주의 교육정책이 이명박 정부에 의해 저돌적으로 추진되면서 과도한 경쟁 교육 위주의 정책이 교육 문제를 더욱 악화시켰다. 하지만 시장주의 교육개혁이 근본적인 한계를 드러내면서 파산하는 상황에서 진보적 교육개혁은 친환경 무상급식과 혁신학교 등을 통해 그 가치와 원리를 부분적으로 구현하고 있는 수준이다.

한국 교육의 본질적인 문제점을 해결하기 위해서는 그동안 추진해 온 진보적 교육개혁의 성과를 발전시키며 한계를 극복하고 새로운 전망을 마련하기 위해 노력해야 한다. 이와 함께 한국 사회의 역동적 변혁 과정과 맞물려 진보적 교육체제의 구현을 통해 교육 모순을 해결하기 위한 더욱 체계적이고 근본적인 논의가 필요하다.

2) 진보적 교육체제의 필연성

한국의 교육은 서구의 공교육과 비교할 때 기형적인 공교육체제라 할 것이다. 교육 기회의 양적 확대에 치중하면서 수익자 부담 원칙을 내세워 교육에 대한 국가와 자본의 책임을 민간과 개인에게 전가한 점, 사회적 이동의 수단으로 교육의 역할이 강화되면서 학벌·학력 체제가 공고화되어 고등교육의 양적 확대가 이루어진 후에도 학벌체제로 인한 모순은 더욱 심화되고 있는 점, 부실한 공교육과 학벌체제의 사다리를 타기 위한 과도한 입시경쟁이 토양이 되

어 사교육이 기하급수적으로 확대되어 온 점 등이 대표적인 문제이다.한만중, 2010

서구 사회에서 공교육의 기본 원리로 적용되었던 무상, 의무, 보통교육의 원리조차 구현되지 못한 교육체제 아래에서 높은 교육열과 학벌체제의 모순으로 인해 교육비 부담과 과도한 입시경쟁 교육으로 모든 국민이 교육으로 인한 고통을 겪고 있다.

이러한 교육 모순을 해결하려면 전면 무상교육을 통한 교육의 공공성 확보, 봉건주의의 유제인 학벌·학력 구조 타파, 신식민주의적 영어 편중 교육[44]과 학문의 종속성 문제 해결을 위한 정책 등이 실현되어야 한다.

하지만 문민정부에서 의욕적으로 발표한 5·31 교육개혁 방안은 이러한 모순을 더욱 심화시키는 결과를 초래하였다. 교육시장주의자들은 신교육체제를 표방하면서 국가 경쟁력 차원에서 교육 생산력을 끌어 올려야 한다는 관점을 취했다. 그들은 이른바 수요자 중심의 교육을 위해 공급자인 학교와 교육기관, 교원들을 평가하고 계량화하는 정책을 통해 수요자들이 행복한 교육이 실현될 것이라고 주장해 왔다.

또한 수요자에게 다양한 교육 기회를 제공하기 위해 학교선택권을 강화하는 정책을 추진한다. 교육을 일반 상품으로 간주한 이러한 이론은 사람과 사람 사이의 삶의 공유와 발달 과정인 교육과는

---

44. 외국 유학생들의 학비와 경비에 의한 수입이 미국 GDF의 2.3%, 호주 GDF의 11%에 이르는 수준이고, 조기 유학생을 포함한 한국의 유학생 수는 매년 20만 명 정도에 이르고 있다. 대학생의 경우에 어학연수생과 국내 대학에서 1학년 과정을 마치고 외국 대학에서 3년간 다닌 후에 학위를 얻는다는 이른바 1+3 과정 등으로 외국의 선진 학문을 습득하기 위한 취지의 유학생은 일부에 불과하고, 편법적이고 기능적인 능력을 기르기 위한 유학이 대세를 이루고 있다.

본질적으로 다른 원리이다. 게다가 자본주의 체제에서 수요자인 학생과 학부모의 선택권은 결국 학부모의 경제력에 의해 좌우되며, 학교와 교육과정을 차별화하고 계급화시키는 결과를 초래하게 된다. 특히 상급 학교 진학을 위한 선별 기능을 하는 입시경쟁 교육의 폐해가 심각한 한국의 교육 현실에서 공급자 간의 경쟁은 학생의 학업성취도 결과를 끌어 올리는 무한 경쟁 교육을 부추기게 된다.

이명박 정부가 등장하면서 5·31 교육개혁을 주도적으로 추진했던 세력들이 '잃어버린 10년'을 내세우면서 교육시장화와 계층화 정책을 전면화하였다. 그 결과는 역설적으로 진보적 교육개혁에 대한 사회적 요구와 필연성을 높이는 계기로 작용하고 있다.

2013 교육체제는 교육을 시장주의 원리로 재편하는 것을 본질로 하는 시장주의 교육개혁을 폐기하고, 교육의 본질을 추구하면서 한국 사회의 시대적 요구와 사회적 과제에 복무하는 새로운 교육의 철학과 원리를 마련하는 데에서 출발해야 한다.

2. 2013 교육체제(안)

1) 교육철학(사상)

현대 사회는 대중적인 공교육체제이다. 한국은 중등교육 졸업자의 85%가 고등교육기관에 진학하고 4년제 대학 및 석사 과정 대학원 입학률은 71%(OECD 평균 56%)이다. 이는 높은 교육열과 계층 상승, 경제 발전 등에 대한 민중들의 교육적 요구가 반영된 결과이기도 하다. 새로운 교육체제는 모든 계층에게 사회적인 보장 시스템으로 보편적인 공교육을 실시하고, 민중들이 요람에서 무덤까지 평생 필요한 만큼의 교육 기회를 누릴 수 있어야 한다는 철학을 바탕으로 해야 한다. 또한 교육 문제는 한국 사회의 주요 모순을 극복하는 것과 맞물려서 해결해야 한다. 이러한 관점에서 한국 사회의 다음과 같은 범주의 모순을 극복하기 위한 교육철학이 필요하다.

> ▶ 생산관계, 사회구조적 모순을 해부하는 사회과학으로서의 정치경제학적 범주
> ▶ 생태위기의 자각을 통한 인간 사회의 구조적 모순(자본주의의 모순)과 생태계의 위기가 직접적으로 연결되고 있다는 인식, 이에 대한 인류 문명사적 반성과 대안 모색으로서의 생태담론적 범주
> ▶ 사적 소유의 역사의 기저에 있는 한계를 모르고 치닫는 인간의 물질적 욕망과 신자유주의에서 극히 파편화되고 상실되어 가는 인간성에의 통찰로서의 인간학적 범주
> ▶ 한국적 상황의 주요 특수 범주로서의 민족의 자주성 확립과 평화통일을 지향하는 역사적 과제로서의 민족적 범주

가. 교육 이념

교육 이념은 비판적 사회과학에 기초하여 구성되어야 한다. 역사적 맥락에서 생산관계에 기초하여 인간 사회의 여러 현상을 과학적·비판적 실천과 관련지어 연구해야 할 것이다. 수구 지배 이데올로기에 오염된 학교에서 교수되는 지식, 매스미디어에 의해 제공되

는 반민중적 지식들에 대한 비판이 가능해야 한다. 또한 생태위기의 자각, 현재와 같은 생산양식에 대한 근본적인 의문을 담아내야 한다. 과거 인간 의식의 진화과정에서 긍정적 측면을 계승하면서도 새로운 존재 양식을 찾는 교육이 모색되어야 한다. 또한 생태적 상상력과 감수성을 지닌 인간형을 지향하고, 모든 존재자가 우주적 생명 체계 내에서 서로 공생하고 항구적으로 의존하는 유기적 관계망을 형성하고 있다는 영성적 자각으로 안내하는 교육이어야 할 것이다.

첫째, 세계화 속에서 해외 자본에 삶의 조건을 저당 잡힌 우리의 상황은 민족의 자주권 확보를 위한 민족자주 교육을 중요한 교육적 과제로 떠오르게 한다. 세계화의 열풍은 경제, 정치, 군사는 물론 문화적으로도 외세 의존을 심화시켜 가고 있다. 이러한 종속성을 벗어나 민족의 주체성을 바탕으로 세계화에 대처할 수 있는 능력과 문화를 형성하는 것은 우리 교육의 중요한 과제이다.

둘째, 근대국가의 보편적, 시민의 민주적 권리를 위한 민중민주주의 교육이어야 한다. 이는 민중 주체의 원리에 근거하여 민중과 생태계 모든 존재에 대한 존중으로 발전되어야 할 것이다.

셋째, 경쟁적 자본주의 체제에서 야기되는 인간성 상실과 파괴를 경계하며 자기의식화 과정인 인간 중심 교육이어야 한다. 이는 자신의 요구뿐만 아니라 타인 의욕과 열망까지 고려해서 자신의 모든 능력을 개발하는 것이고, 넓은 의미에서 다시금 인권교육과 성평등교육, 평화교육을 포함한다. 그 전제로서 인간 구조에 대한 이해와 특히 아동·청소년 성장 발달에의 이해를 요청하고 있다.

넷째, 자연과 더불어 생산하는 노동교육과 미래 세대의 지속가능한 교육이다. 이는 생산양식에 대한 근본적 비판과 문명사적 반성을 포함하는 큰 틀을 요구하는 생태, 환경적 범주이다. 이는 대안적 사유와 새로운 사회에의 시사를 담고 있는 거대 담론이기도 하다.

나. 인간상

사람은 결코 고립된 존재가 아니라 현실의 사회적 제 관계 속에서 생활하는 사회적 존재이다. 시대와 세계사적 요청 속에서 새로운 사회 체제를 건설하고 지속성을 유지하기 위해서는 교육철학에 입각한 바람직한 인간상의 청사진이 필요하다.

첫째, 민족의 자주성을 전제로 민족 문화 전통을 창조적으로 계승·발전시키며 완전한 통일문화를 열어 갈 수 있는 인간이다. 우리는 아직도 일제 식민지의 잔재와 구시대 유물인 사대주의를 극복하지 못하고 있다. 민족의 자주성이 확보되어야 개인의 자주성도 확보될 수 있다. 민족의 자주성을 자신의 생명처럼 소중하게 생각하여 그 자주성을 지키며, 민족의 통일을 지상과제로 느껴 민족통일을 위해 헌신할 수 있는 인간을 키울 때, 정치적 통일을 넘어, 이질화된 문화의 통일, 완전한 통일로 나아갈 수 있을 것이다.

둘째, 공동체의 일원으로서 더불어 삶을 살아갈 줄 알며, 스스로 민주적 권리를 찾고, 민주주의를 지켜 갈 수 있는 주체적 인간이다. 인간은 고립된 존재가 아니라 사회 속의 존재이다. 신자유주의의 파편화 현상은 공동체의 파괴로 나타나고 있다. 더불어 살아갈 줄 알면서 그 속에서 스스로의 권리를 찾고 지켜 갈 수 있는 민주주의 교육, 나아가 민중들이 수동적 존재, 주변적 존재로 머물지 않고 스스로 삶의 현장에서 주체가 되어 역사 속의 능동적 존재로 살아갈 수 있는 발전된 민주교육, 민중교육으로 나아가야 할 것이다.

셋째, 전인적 성장을 추구하면서 소질과 적성에 따른 직업적 소양을 갖춘 인간이다. 몸과 마음, 정신은 분리된 것이 아니다. 신체, 정의, 인지의 조화로운 발달을 추구해야 한다. 영성도 신체, 정의, 인지적 요소와 마찬가지로 인간을 구성하는 데에서 놓쳐서는 안 되는 중요한 요소이다. 특히 자라나는 아동·청소년은 이들의 조화와 균형 속에서 건강한 성장이 가능하며, 각자의 개성과 적성에 따른 자기실현과 세상 속의 일원으로 살아갈 수 있는 능력을 갖추게 된다.

넷째, 우주적 관계성과 생태적 자각 속에 과도한 물질적 욕망을 절제할 수 있는 생태적 소양을 갖춘 인간이다. 다른 생명체와 존재들이 단지 인간을 위한 도구적 존재로서가 아니라 인간과 동등한 우주적 존재임을 깨달을 수 있어야 한다. 모든 생명체와 존재들이 우주적 자아 속에 서로 연결되어 있음을 깨달을 수 있는 내면적 각성이 절실하다. 이를 통해 과도한 물질적 욕망을 절제하고 사랑과 공생의 정신문화에로의 전환을 이룰 수 있는 인간교육이 요청된다.

다. 진보주의 교육의 운동 성과 반영

진보적 교육체제는 기존의 교육철학적 발전을 바탕으로 한다. 그 하나는 유럽을 중심으로 학생 중심의 교육운동을 벌여 온 진보주의 교육철학, 미국을 중심으로 진행되어 온 진보적 민주주의 철학을 기반으로 한다. 또한 한국은 전교조의 참교육운동의 성과를 바탕으로 한다.

진보주의 교육운동

진보주의 교육운동은 기존의 어른 중심, 교사 중심, 교과서 중심의 교육을 아동 중심, 경험 중심의 교육으로 바꾸었다. 이러한 진보주의 교육운동은 자본주의적 생산관계를 유지하기 위한 자산가 중심의 교육을 모든 사람을 위한 민주적이고 기회균등을 원칙으로 하는 보통교육 체제로 확대 발전시켜 왔다.

기존의 교육을 비판하며 1970년대에 확산된 신교육운동의 배경도 산업화 등으로 인한 인공적 문화 비판, 자연주의 교육학, 아동 중심 교육의 영향, 아동심리학 및 발달심리학의 발달, 기존 학교의 교육 양식에 대한 비판, 새로운 학교의 시작 등이다.

학교의 명칭과 이데올로기적 배경은 다르지만 그 내용은 학교교육 안팎에서 학부모의 참여를 강화하고, 성취와 경쟁 그리고 서열화에서 오는 압박감을 거부하고, 교사 중심 교육을 탈피하고, 성취에 대한 한 줄 세우기 평가 방법을 포기하고, 교과목 간의 경계를 허무는 것이었다.

미국의 존 듀이 실험학교, 이탈리아 몬테소리 학교, 독일 슈타이너의 발도르프 학교, 영국의 서머힐 학교, 프랑스의 프레네 학교, 일본의 '배움의 공동체'까지 학생 중심의 교육관으로 새로운 학교운동을 펼치고 있다.

교육민주화 이론

또 하나는 교육민주화 이론이다. 듀이가 교육민주화의 사상적 기반으로 강조한 것은 교육 기회의 평준화와 교육활동에의 공동 참여를 보장하는 교육 내용의 평등화이다. 민주주의의 발전을 위해서는 다양한 활동과 경험에 사회 구성원들이 참여해야 한다는 것이다.

지루는 저항적인 민주화 교육론을 주장한다. 민주주의는 결국 정치권력과 사회공동체 간의 경쟁과 갈등의 도구이자 해방의 공간인데, 이는 투쟁을 통해 획득할 수 있다는 것이다. 민주주의가 실현되려면 민중들의 정치적 연대가 필요하며, 민중들의 정치적 권력을 확장하기 위해 학교가 공공시민교육의 공간이 되어야 하고, 급진주의적 민주주의를 위한 비판의 언어와 새로운 사회 형태를 위한 가능성의 언어를 동시에 사유하는 학교교육을 해야 한다는 것이다.

이러한 교육민주화 이론은 민중 주체의 교육철학이 구현되는 학교가 민주주의 훈련과 민주주의 쟁취의 공간으로 역할을 해야 한다는 것이다.

민족민주인간화 교육(참교육)

참교육, 즉 민족민주인간화 교육은 1989년 전교조 건설 당시 교사들의 열망, 학생과 학부모의 기대를 담고 있어 국민들이 전교조를 지지하는 배경이 되었다. 민족교육이란 민족의 평화와 통일, 민족의 자주적 번영을 위한 교육을, 민주교육이란 이 땅 민중들의 권익을 보호하고 민주적인 권리를 실현해 가는 교육을, 인간화교육이란 사람이 사람답게 존중되고 자아실현을 할 수 있도록 돕는 교육을 말하였다.

'참교육'이란 슬로건은 교사 대중의 '교육민주화 요구'와 교사운동 지도부의 '민족민주인간화 교육 지향'이 결합된 것이다. 이는 교육계의 반독재민주화투쟁전선의 일종인 '교육민주화투쟁전선'의 상징이었고, 오늘날까지 한국에서 교육운동의 진보성을 대표하는 상징어가 되고 있다.

2) 교육 원리: 배움과 협력의 원리

지식기반 사회, 학습 사회라는 시대 변화 속에 미래의 21세기는 창의적이고, 협력적인 인간 양성을 요구하고 있다. OECD 등 세계 교육개혁의 주류는 교육자 중심의 교육관에서 학습자 중심의 교육관으로, 경쟁보다 협력을 중시하는 교육관으로 나아가고 있다. 영·미 국가의 시장주의적 교육개혁이 실패하고 학습과 협력의 원리로 교육개혁을 추진한 핀란드 등 북미 국가들의 교육개혁이 성공하여, 북구형 교육개혁의 흐름이 형성되고 있다.

입시경쟁으로 왜곡된 한국의 교육구조의 속에서 이루어진 시장주의적 교육개혁은 21세기에 요구되는 방향으로 교육을 개혁하는 데 실패하고 있다. 국민과 학생들은 과도한 사교육비와 교육비로 인한 고통을 호소하며 사교육 없는 교육에 대한 요구가 넘쳐나고, 차별 없는 교육, 학생을 존중하는 교육, 인성교육을 요구한다. 따라서 한국 사회에서 21세기형 교육을 위한 교육개혁은 더 이상 회피할 수 없는 민족의 생존을 위한 시대적 과제이다. 이에 새로운 교육적 패러다임의 전환이 요구된다.

패러다임의 전환

사고의 출발	교육(교육자)	⇨	배움(학습자)
사고의 기반	개인(개인주의)	⇨	협력(개인+공동체)

민중의 교육의 장이 되어야 할 공교육은 바로 학습자들이 자신을 문화생산자로서 이해하도록 도와주고, 문화의 인류학적 의미를 배우도록 할 수 있어야 한다. 민중들의 삶의 경험과 민중교육 철학

에 기반을 둔 교육개혁이 이루어질 때 성공할 수 있다. 대중적 공교육체제에서 민중민주주의를 건설하고 지속성을 유지하는 것은 중요하다.

가. 배움의 원리: 학습자 중심의 교육관

교육은 인간이 지닌 자주성, 사회성, 창의성을 최대한 발양시켜 자신에게 내재된 다양한 능력을 개발하도록 돕고 지원하는 활동이다. 인간은 자주적인 존재이고 세계와 능동적 관계를 맺고 문제를 해결하는 창의적 존재이다. 인간은 '배움'을 통해 끊임없이 성장하고 발달하며, 사회는 '교육'을 통해 구성원이 사회와 함께하는 방향으로 배워 나가도록 돕고 지원함으로써 사회를 통합·발전시켜 왔다.

미래교육은 학습자의 주체성 확립과 사회성 확대, 양자를 동시에 충족시키는 방향으로 나아갈 수밖에 없다. 이것이 미래교육이 학습자 중심의 교육관을 요구하는 또 하나의 이유이다. 교육자 중심의 교육관에서 학습자 중심의 교육관으로 바뀐다는 것은 단순히 관점 하나가 바뀌는 데 그치는 게 아니라, 교육철학, 교육정책, 교육 내용, 교육 방법까지 변화시키는 인식의 대전환이라는 점에서 교육 패러다임 전환의 시작이었다.

세계경제협력개발기구OECD의 'DeSeCo 프로젝트'가 제기한 21세기 핵심역량과 OECD의 CERICent for Educational Research and Innovation의 「학습을 위한 혁신, 혁신을 위한 학습」2008, 「혁신적인 학습환경」2010 보고서는 학습자 개인에게 평생학습이 지속되어야 한다고 말한다.

진보하는 21세기나 적응력을 목표로 하는 최근의 CSSC 학습은 학습자들이 능동적으로 자신의 지식과 기술을 쌓아 나가는 것인 '건설적인constuructive', '자기규제적인self-regulated' 배우기를 위한 전략을 능동적으로 사용하는 사람들의, '특정 상황에 따르며sistuated', 환경에서 추상적인 것들보다는 상황에서 가장 잘 이해되는 '협동적인collaborative', 혼자서의 활동이 아닌 것으로 특징지어진다.

민중교육 철학의 새로운 가치는 반드시 창조되어야 하며 그것은 교육을 통해서만 가능하다. 이러한 학습 개념의 발달과 혁신적 학습 환경의 문제는 바로 민중 중심의 교육개혁 원리가 될 수 있다.

나. 협력학습의 원리

핀란드 교육, 프레네 교육, 배움의 공동체 등 성공하고 있는 세계의 교육개혁운동은 공통적으로 '학습자 중심의 학습 활동'을 교육의 전면에 내세우며, 구체적인 학습 방법으로 학습자의 주체적 학습(스스로 공부하기)과 학습자 상호 간의 협력학습(서로 도우며 공부하기)을 가장 기본적인 교육 방법으로 제시한다. 학습은 기본적으로 학습자의 자주성, 주체성을 출발로 하는 것이다.

협력학습은 학교와 교실에서 개인적 가치관과 경쟁 만능의 가치를 가르치는 교육 시스템을 바꾸는 것이다. 한국 교육의 병폐인 무한 입시 경쟁 교육은 인간 본연의 자주적이고 창조적인 본성을 파괴하고 연대하는 인간적인 힘을 가로막고 있다.

「2010 한국 청소년 핵심역량 진단 조사」 보고서는 국제학업성취도평가PISA, 국제시민의식교육연구ICCS 등 국제비교 자료를 기초로 '청소년 핵심역량 지수'를 비교한 결과를 보여 준다. 이 보고서에서 한국의 학생들은 '지적 역량'은 비교 대상 36개국 중 2위이나 흥미도는 최저 수준이고, 자기 주도 학습 능력도 58/65국 순위에 머물고 있다. 특히 심각한 것은 '사회적 상호작용 역량'에선 36개국 중 35위이며, '관계지향성' 영역에서 48.3점을 받아 최저점으로 인도네시아의 절반 수준에 불과한 것으로 나타나 있다.

최근 사회적 과제로 부각된 학교폭력 문제도 이러한 왜곡된 교육의 가치와 입시 중심 시스템이 주요한 원인으로 작용하고 있다.

협력학습은 '상호의존' 속에 학습자들이 서로를 모두 가치 있는 존재로 인식하고, 서로를 배려하는 윤리적인 삶을 지향하는 태도를 형성하는 데 도움이 될 것이다. 이러한 점에서 협력학습은 경쟁 중심의 한국 교육의 틀을 바꾸어 내면서 삶의 방식을 전환시키고 집단지성을 실현하는 원리로 설정되어야 할 것이다.

3) 대중적 공교육 학교의 운영 원리

진보적 교육개혁은 모든 이들을 위한 교육, 특히 민중들의 교육적 이익을 대변하기 위한 새로운 학교 운영 원리를 마련해야 한다. 라틴아메리카 브라질의 혁신적인 문해교육 프로그램과 빈민지역 학교 설립, 베네수엘라의 볼리비안 학교, 북유럽의 새로운 학교 운동은 이러한 관점을 바탕으로 대대적인 학교 재구조화와 교육과정 개혁을 이루어 온 사례이다. 최근 전국적으로 배움과 돌봄의 책임공동체를 지향하는 혁신학교 운동에서도 특목고 등의 특권 교육을 지양하면서 다수를 위한 학교 개혁의 새로운 모델을 만들어 가고 있다.

프레이리는 교육감으로 있으면서 참여, 권력의 분산, 학교자율성 강화, 지역사회 문제들을 중심으로 한 비판적인 교육과정 재편을 통해 집단 활동을 창출하는 교육개혁을 추진하였다. 진보 교육감이 의욕적으로 추진하고 있는 배움과 돌봄의 책임공동체로서의 혁신학교 운동을 계승하면서 보다 적극적으로 학교 개혁 운동을 펼쳐 나가야 한다.

혁신학교의 기본적인 철학은 자발성, 지역성, 창의성, 공공성 등 네 가지의 민중적 가치를 지향하고 있다._{김성천, 2010}

제1의 가치는 자발성이다. 지시와 명령에 의한 교육 행위가 아니라 교사와 학생, 학부모가 주체가 된다는 것이다. 이는 학교운영위원회, 교사회의, 학생회 등의 형식성, 수동성을 극복하고, 광범위한 의견 수렴과 논의와 토론, 합의 등 민주주의를 실현하는 것이다.

제2의 가치는 지역성이다. 학교와 기성세대가 적극적인 연대와 협력을 통해 지역사회의 역사와 자원, 지리적 여건, 인적 자원, 생태환경 등을 교과와 학교 교육과정의 핵심적 요소로 적극적으로 활용해야 한다. 혁신학교는 지역사회의 학교, 즉 평생교육적인 지향을 가진 학습센터이다.

제3의 가치는 창의성이다. 창의성은 입시 위주의 교육, 성과 위주의 교육, 선행 학습 반복의 사교육 문제를 극복하는 것이다. 학생참여형인 다양한 학습 방법(협력학습, 프로젝트 학습, 토론학습)을 통해서 학생들이 고급 사고력을 습득하게 하는 것이다.

제4의 가치는 공공성이다. 개인이 처한 경제적 배경과 상관없이 누구나 질 높은 교육을 향유할 수 있는 개인의 권리이며, 국가의 지원 체제를 의미한다. 공교육에 들어온 이상 누구라도 일정 수준의 질 높은 교육을 받을 수 있으며, 그에 대한 책무성이 국가와 학교, 교사에게 주어지는 것이다.

혁신학교의 운영 원리는 참배움, 연대, 참여와 소통, 책임, 비전 제시의 다섯 가지 원리로 내부 구성원 간, 지역공동체 간 창의적이고 협력적인 문화 풍토와 민주주의가 바탕이 되어야 한다.

4) 2013 교육체제의 주요 교육정책

- 국가가 책임지는 공교육과 공보육 시스템 구축
- 학제 개편과 공립학교 중심의 교육체제 구축
- 교양대학-권역별 대학네트워크 체제 마련
- 중등종합 고교체제의 실현
- 요람에서 무덤까지의 평생학습 체제 구축
- 민중 참여의 학교자치 제도 구축
- 학생복지 체제 구축
- 다문화 가정 등 소외 계층 지원 체제 구축

가. 국가가 책임지는 공교육과 유아교육 시스템 구축

출산율의 급격하고 지속적인 하락은 한국 사회 자체의 지속가능성을 걱정해야 하는 수준에 이르렀다. 저출산 문제는 다양한 요인이 작용하고 있지만 가장 심각한 문제로 국민 모두가 동의하는 것은 양육과 교육비 부담이다. 만약 태어나서부터 사회에 나올 때까지 교육에 대한 부담이 없는 사회가 된다면 한국에서도 출산율을 회복하는 일은 어렵지 않을 것이다. 만 16세까지 완전 무상교육을 실시하고 대학 교육도 국가가 부담하는 나라가 된다면 적어도 교육비 때문에 결혼을 기피하고 출산을 꺼리는 문제는 해결될 것이다.

하지만 한국은 중학교까지 의무교육이 실시되고 있으며 그조차도 무상교육이 이루어지지 않고 있다. 학교운영지원비 명목으로 학부모에게 부담을 주고, 학습 준비물 등은 대부분 개인이 부담하고 있다. 실제 무상교육의 수준은 선언적 법조문에 불과하고 공교육의 취약성과 입시체제로 인해 엄청난 사교육 의존성을 벗어나지 못하고 있다.

영유아 단계의 보육, 교육 기능이 요구되면서 초등학교 이전 단계에 다양한 보육과 교육이 이루어지고 있지만, 공교육의 기본 원리인 출발점 평등의 원리조차 구현되지 못하고 있다. 출발점 평등을 영유아 단계에 적용하는 기초적인 공교육체제조차 갖추어지지 못한 상태에서 아이들은 부모의 경제력 수준과 문화 자본에 따라 차등화된 교육 기회를 갖게 된다.

무상교육의 내용은 의무교육을 받는 학생뿐만 아니라 공교육 전반과 고등교육까지 학생들의 사회적 조건을 고려해서 확대해야 한다. 사회 양극화가 심화되어 빈곤 아동이 보건복지부 통계로 180만 명에 이르고 있으므로, 무상교육을 받을 권리를 보장하기 위해서 빈곤층을 고려해 공적 배려를 하는 교육복지 정책 확대가 더욱 중요하게 대두되고 있다. 이는 일반적 사회복지의 확대 속에 포함하여 실현해야 할 과제에 속한다. 교육복지 제도는 취학 장려비, 생계보조비, 양육비, 아동수당 등까지로 확대해야 한다.[45] 한국의 무상교육과 교육복지는 수업료를 면제하는 수준에서 대단히 취약한 실태를 벗어나지 못하고 있다.

이러한 문제를 파생시키는 기본적인 구조는 제도교육의 형성 과

---

45. 현재 북유럽 핀란드, 노르웨이, 스웨덴 등에서는 생계보조비 및 아동수당의 지급과 같은 사회보장제의 도입에 의해서 의무교육을 충실히 수행하고 있다.

정이 형식적으로는 공교육체제를 만들어 왔지만 실재로는 국민 개
개인에게 교육비를 부담시켜 온 사적 체제였다는 데에 뿌리를 두고
있다. 국가와 사회가 책임지는 무상 공교육체제가 확립되면 교육비
부담이 감소될 뿐만 아니라 교육의 사회적 역할이 공적 원리에 의해
이루어지면서 사교육이 발흥할 여지가 축소될 것이다.

나. 학제 개편과 공립학교 중심의 교육체제 구축

학제를 개편해야 하는 이유로 저출산·고령화 사회의 도래로 인한
미래 사회의 급격한 사회 환경 변화, 지식기반 사회에서 살아갈 창의
적 인재 육성의 필요성, 평생학습 사회의 도래에 따른 것도 있을 수
있지만 학제 개편은 한국 교육이 갖게 된 문제점을 해결하는 관점
에서 이루어져야 한다.

초등학교 단계는 아이들의 발달 단계를 고려하여 5년으로 줄이고
중학교와 고등학교를 묶어 5년제 중등학교 체제로 만든다. 현재 중
학교 3학년 단계에서 일반계와 전문계를 성적에 의해 나누고 전문계
학생들이 67%가 대학에 진학하는 불합리한 문제를 해결하기 위해
고등교육과 직업 교육은 중등학교 졸업 이후에 결정하게 한다. 현행
학제를 2-5-5-4-2로 재편하는 방안이다. 이 과정에서 사립학교의
비율을 최대한 축소하는 정책을 추진한다.

그동안 국가는 사학에 대한 재정 지원을 최소화함으로써 교육비
부담을 교육 자본에 전가하고 교육 자본은 과중한 등록금, 잡부금,
기타 비정상적인 방법을 통해 교육비뿐만 아니라 자본의 증식을 위
한 이윤까지 교사·학생·학부모에게 전가해 왔다.

실제 한국의 사립학교는 학생들이 내는 학비와 교육청에서 내려

<table>
<tr>
<td>18</td>
<td rowspan="7">고등
교육
(성년)</td>
<td></td><td></td><td></td><td></td><td></td>
<td></td>
</tr>
<tr>
<td>17</td>
<td></td><td></td><td></td>
<td rowspan="6">대학</td>
<td></td>
<td>22</td>
</tr>
<tr>
<td>16</td>
<td></td><td></td><td></td><td></td>
<td>21</td>
</tr>
<tr>
<td>15</td>
<td></td><td></td>
<td rowspan="4">일반</td>
<td></td>
<td>20</td>
</tr>
<tr>
<td>14</td>
<td></td>
<td rowspan="3">전문
대학</td>
<td></td>
<td>19</td>
</tr>
<tr>
<td>13</td>
<td rowspan="2">각종
직업</td>
<td></td>
<td>18</td>
</tr>
<tr>
<td>12</td>
<td></td>
<td>17</td>
</tr>
<tr>
<td>11</td>
<td rowspan="5">중등
교육</td>
<td colspan="3" rowspan="2">중등학교
(후기)</td>
<td rowspan="2">예체능</td>
<td rowspan="2">진로
탐색</td>
<td>16</td>
</tr>
<tr>
<td>10</td>
<td>15</td>
</tr>
<tr>
<td>09</td>
<td colspan="3" rowspan="3">중등학교
(전기)</td>
<td rowspan="3">중등
과정</td>
<td rowspan="3">보통
교양</td>
<td>14</td>
</tr>
<tr>
<td>08</td>
<td>13</td>
</tr>
<tr>
<td>07</td>
<td>12</td>
</tr>
<tr>
<td>06</td>
<td rowspan="5">초등
교육</td>
<td colspan="4" rowspan="3">초등학교
(후기)</td>
<td rowspan="3">발전
학습</td>
<td>11</td>
</tr>
<tr>
<td>05</td>
<td>10</td>
</tr>
<tr>
<td>04</td>
<td>09</td>
</tr>
<tr>
<td>03</td>
<td colspan="4" rowspan="2">초등학교
(전기)</td>
<td rowspan="2">기초
학습</td>
<td>08</td>
</tr>
<tr>
<td>02</td>
<td>07</td>
</tr>
<tr>
<td rowspan="2">01</td>
<td rowspan="2">유아
교육</td>
<td colspan="4" rowspan="2">유치원</td>
<td rowspan="2"></td>
<td>06</td>
</tr>
<tr>
<td>05</td>
</tr>
<tr>
<td>학령</td>
<td colspan="6"></td>
<td>연령</td>
</tr>
</table>

오는 재정 결손 보조금으로 학교를 운영하고 있다. 고등학교의 56%가 사립학교인 상황에서 이러한 정책이 추진되면 입시경쟁 교육은 더욱 기승을 부리고, 사학 재단의 고질적인 재정 비리 등은 더욱 심화할 것이다. 이러한 문제를 해결하기 위해서는 현재 부실한 사립대학을 대상으로 하고 있는 「사학청산법」을 재검토하여 중등학교까지 대상을 확대하고, 국공립으로의 전환을 위한 사회적 논의와 합의를

거쳐 새로운 법안을 마련해야 한다.

대학의 경우에 사립대학을 국공립대학과 연계하여 국립대학으로 전환시켜야 한다. 대학 설립 준칙주의와 국공립대 법인화 정책은 대학을 민영화하고 가뜩이나 부족한 대학 재정에 대한 정부의 부담을 민간에게 전가시키는 정책이다. 정부가 추진해 온 국공립대학 간의 통폐합 정책조차 제대로 이루어지지 못하고 있다. 국공립대의 법인화 정책을 중단하고 지방의 사립대학을 국공립대학에서 흡수하는 방식으로 사립대학을 조정해야 한다. 대학 진학의 경로를 고등학교 졸업 후에 바로 대학에 진학하는 경로, 취업 후에 업무와 관련하여 필요한 대학에 입학하는 경로 두 가지로 마련해야 한다. 취업 후 대학 진학할 때 학비는 고용주와 정부가 절반을 부담하게 한다.

다. 교양대학-권역별 대학네트워크 체제 마련

통계청 조사에 따르면 학생 중 89%, 학부모의 93%가 4년제 이상 대학에 진학해야 한다고 생각하고 있다. 실제 대학 진학률이 85%에 이를 정도로 한국 사회에서 대학 교육은 국민의 보편적인 고등교육 기관으로서 역할을 요구받는다. 하지만 학력과 학벌이 지배하는 한국 사회에서는 어떤 대학을 나왔는가에 따라 삶이 결정되고, 대학서열체제를 유지하기 위한 입시전쟁이 유아교육부터 초·중등교육을 지배하고 있다. 이러한 입시 중심 교육은 공교육을 황폐화시키고, 시험기계를 만들어 내는 사교육 광풍과 사교육비 증가로 이어져 교육 양극화로 나타나고 있다. 또한 기형적인 고등교육의 팽창은 청년실업의 구조적인 요인으로 작용하고, 대학은 대학 본연의 기능을 살리지 못하고 있으며, 취업을 위한 기능으로 교육의 질이 떨어지고 있다.

한국 사회에서 대학을 근본적으로 개혁하는 것은 한국 사회 전반의 구조적인 문제점 등과 깊은 연관이 있기 때문에 대학만의 문제가 아니다. 학벌사회, 차별적 고용임금 조건, 대학서열화를 해소시킬 수 있는 사회적 대안과 함께 대학을 바라보는 의식이 개혁되고 사회적인 운동과도 결합되어야 한다.

대학체제 개편은 보편화된 고등교육 단계에서 대다수 국민에게 수준 높은 인문학, 정보기술 지식 등 교양교육과 재능 축적의 학습 기회를 확대하는 방향으로 이루어져야 한다. 또한 대학의 공공성 신장, 수도권 대학과 지방 대학, 기초학문과 응용학문의 균형 발전, 창의적인 학문 생산 등에 기여하고 장기적인 관점에서 대학서열화 체제를 점차적으로 해소시켜 가는 방향으로 가야 한다. 한국 사회에서 대학체제 개편안은 국민적 합의, 사회적 합의를 통해 정책적으로 실현하는 것이 중요하다.

최근 전문가 그룹과 시민사회단체 그룹이 논의를 지속하고 있는 '국립교양대학 + (지방대 및 기초학문·기초과학기술 육성) 권역별 대학네트워크안'을 현실적인 대안으로 검토해 볼 필요가 있다.[46]

교양대학안은 고교 졸업 후 2년 과정으로 시민적 소양과 전공 공부를 위한 기본 교양, 직업인으로서의 기본 지식의 습득을 위한 교육을 진행한다. 이 안은 오늘 한국 사회의 파행적이고 위기 상황인 교육 현실 속에서 교육의 본래 기능을 회복하고 진정한 대학 경쟁력

---

46. '국립교양대학안'과 관련해서는 대학개혁연구모임에서의 발표와 토론의 성과를 집약한 강남훈, 「국립교양대학, 공교육 정상화를 위한 대학체제 개편안」(한국사회포럼 발표, 2011)을, '권역별 대학네트워크안'과 관련해서는 김세균, 「대학개혁안」(대학개혁연구모임 발표, 2011)을 참조할 것. 이 글에서는 충분히 다루지 못한 한국 교육체제 전반의 개편 문제에 대해서는 「한국 교육의 창조적 진보를 위한 구조개혁」(주경복, 대학개혁연구모임 발표, 2010)을 참조할 것.

을 위한 기반을 다진다는 장점이 있다. 또한 초·중등 공교육을 정상화하고, 사회적인 사교육비 문제를 해결하고 국민보통교육으로서 국민의 교육권(학습권)을 신장시키는 데 기여할 수 있다.

다음은 교양대학을 기반으로 해서 지방대 및 기초학문-기초과학기술 육성을 위한 권역별 대학네트워크를 만드는 것이다. 권역별 대학네트워크안은 지방대 및 기초학문, 기초과학기술 응용학문의 균형적 발전을 도모하고 대학 본연의 공공성 신장을 목표로 한다. 또한 사립대를 국립화하거나 사립대에 대해 민주적-사회적 규제를 강화할 수 있는 준국립화를 추진하여 공적인 교육체제를 전 사회적으로 구축하는 방안이다. 모든 대학을 권역별 대학네트워크로 연결하고, 전문대학원 등 기초학문 및 전문 영역을 중심으로 대학을 서열화하는 것이 아니라 분산과 집중을 통해 전체 대학의 경쟁력과 대학 본연의 기능, 학생들의 성장과 발전에 기여할 수 있을 것으로 보인다.

국립교양대학 및 권역별 네트워크 안은 장기적으로는 전문대 → 국립교양대 → 국립대 순으로 무상교육을 지향하기 때문에 국민의 경제적 부담을 줄일 수 있다. 또한 한국의 고질적인 교육 병폐인 선행학습 학원이나 재수생 학원의 수요가 줄어들어 사교육 부담을 획기적으로 줄일 수 있고 획일적 입시 중심의 초·중등교육을 정상화할 수 있다.

라. 중등종합 고교체제의 실현

이미 제시한 학제개편안(3-5-5-2-4)을 살펴보면 유치원 과정 1년과 후기 중등교육 과정을 무상 의무교육 기간으로 포함하고 초등과정과 중등과정을 각각 1년씩 단축하는 것을 전제로 한다. 초등교육은 〈2년+3년 체제〉로 재편하여 '기초학습과정' 2년과 '발전학습과정' 3년으로 단계를 구분함으로써 전체적으로는 5년 과정으로 운영한다. 중등교육은 〈3년+2년 체제〉의 5년 통합과정으로 1년을 단축하여 보통교양교육으로서의 성격을 강화한다. 기본교육과정을 중등 5년 전체에 걸쳐서 배치하고, 후기 중등과정에서는 계열별 교육과정을 병행하여 운영하되 이와 관련된 약간의 선택교과를 포함하도록 하고 있다. 이 과정에서 학점제나 무학년제의 운영도 가능할 것이다.

중등통합학교 운영과 관련해서 가장 문제가 되고 있는 것은 다양한 고등학교 유형을 어떻게 분리-종합하느냐이다. 이명박 정부의 '고교 다양화 300프로젝트'의 일환으로 추진된 자율형사립고, 기숙형공립고, 마이스터고 등의 새로운 유형까지 가세해 고등학교의 유형이 다양하다는 것이다. 또한 과학중점학교, 예술중점학교, 창의인성학교, 혁신학교 등 자율학교로 분류되는 학교가 많이 증가하고 있다.

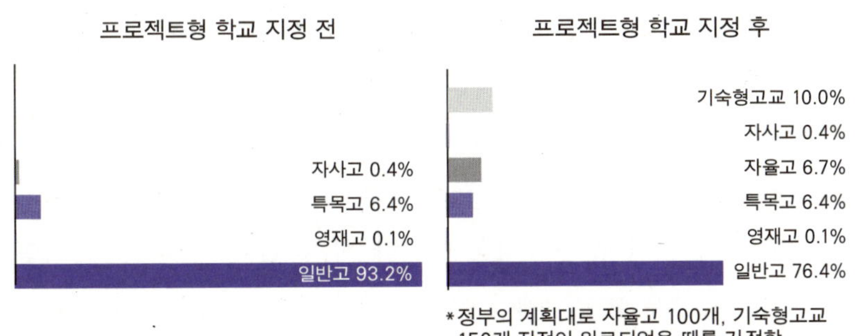

개혁 방향은 입시 사교육이나 고교서열화 문제를 안고 있는 고교 형태의 다양화 방향을 보통교양교육의 강화와 학생들의 진로 요구

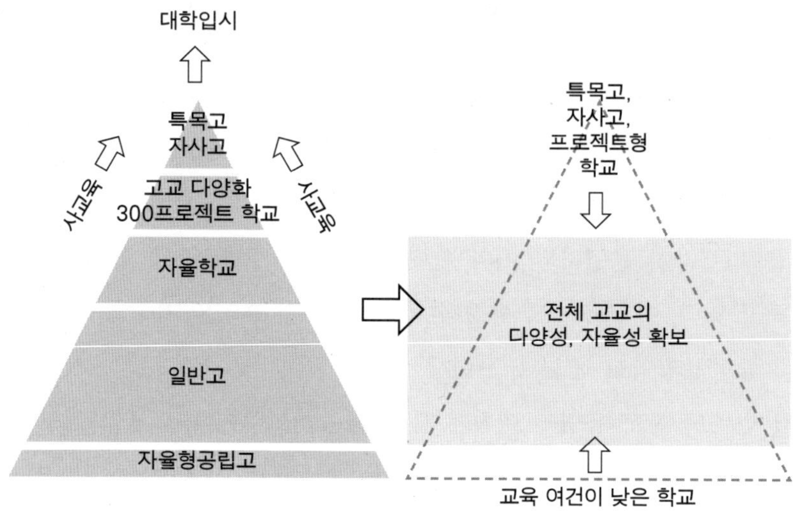

에 따른 교육과정의 다양화, 수평적 다양화로 나아가야 한다.

새로운사회를위한연구원의 보고서에 따르면 고등학교 정책의 단계를 다음과 같이 나눌 수 있다. 1단계는 다양한 교육수요를 보장하는 수평적 다양성으로의 고교체제 개편(특목고의 특성화고 전환, 특성화된 프로그램은 자율고로 명칭 통합), 2단계는 특성화고와 자율형 고교의 구분이 굳이 필요하지 않도록 일반고에 다양성, 자율성을 확보하는 일반고의 개혁, 최종적인 단계는 지역 내 학교가 교육청을 중심으로 교육 네트워크를 만드는 것이다. 일반고가 다양화되면 각 지역마다 과학, 외국어뿐 아니라 사회, 음악, 체육 등 분야별로 특성화된 교육 프로그램이 있는 중점학교가 갖춰지게 된다. 여기에는 특성화고나 자율형 학교, 특성화된 일반계고교들이 모두 포함된다는 것이다.

이러한 통합중등학교에서 높은 단계인 2년을 진로탐색 중심의 과정으로 마련하고, 과학고 등 특정 영역의 목적고를 제외하고 대다수 학교의 무시험 진학을 일반화하면, 고교서열화나 입시를 위한 선행 학습 등의 사교육을 줄일 수 있고, 입시학원화대학체제개편안과 함께 중장기적으로 추진될 때 공교육 정상화가 빠르게 진행될 수 있을 것이다.

마. '요람에서 무덤까지 학습하는' 평생교육 시스템의 구축

지식정보화 사회, 저출산과 급격한 고령화 사회로 진입한 한국의 현실에서 평생학습체제를 구축하는 것은 시대적 과제이면서도 민중적 요구이다. 학습의 욕구는 요람에서 무덤까지 일생을 통해 계속되고, 학교와 대학에서뿐 아니라 많은 다른 공식적, 비공식적 학습 환경 속에서도 발생한다. 평생학습은 요람에서 초등학교, 대학교 등 제도권 교육뿐만 아니라 학교교육, 사회교육 등 수평적 교육도 포함한다. 최근 교육과학기술부에서도 평생학습을 정책의 주요 과제로 설정하고 사회적 학습망 구축 방안을 고민하고 있고. 지자체가 평생학습도시로 나아가도록 지원하는 추세이다. 그런데 실제로 학습프로그램의 내용이나 질이 부실한 경우도 많다. 지역공동체나 지역교육기관(대학교 포함), 주민이 기획 단계부터 참여하지 않으면 학습자의 욕구를 충족시키기 어렵다.

진보적 민주주의 체제에서 평생학습 시스템은 중요하다. 진보적 사회체제가 지향하는 화합, 공평, 연대라는 공유된 가치를 확산하는 민중교육의 장이기 때문이다. 평생학습의 궁극적 목표는 모든 구성원이 자신의 성장과 발달에 필요한 학습 기회를 갖고, 공동체와 사회 참여, 참여민주주의를 위한 사회적 역할을 강화하며, 그리고 충만하고 행복한 삶을 만들어 가는 것이다. 평생교육은 개인의 가치를 실현할 뿐만 아니라 직업의 유연성을 높이고 사회의 창조적 발전에 기여한다. 아울러 평생교육체제의 구축이 일자리와 교육과 연계, 교육투자와 생산성의 확보라는 측면에서도 중요하다.김용일, 2000: 148 따라서 누구든지 언제 어디서라도 교육받고 학습할 수 있는 조건과 환경을 마련해야 한다.

현재 한국의 평생교육 시스템은 교육이나 복지로서의 접근이 미약한 실태이고, 수익자 부담에 의존하고 있는 데다가, 이를 위한 사회적 시스템이 없기 때문에 일부만 혜택을 누리고 있는 실정이다.

2010년 평생교육 통계조사(25~64세)를 보면 평생학습에 참여하는 비율이 OECD 국가보다 낮고 시간이 없어서 참여하지 못하는 것으로 나타났다. 한국 성인의 평생학습 참여율(30.5%)은 OECD 평균(40.8%)과 비교했을 때 10.3%p나 낮았으며, 이 격차는 학력이 높아질수록 증가하였다. 평생학습 참여 장애 요인을 보면 OECD 국가들이 시간이 없다고 응답한 비율이 36.6%인 데 비해서 한국은 두 배가 넘는 92.1%이다.

평생학습 참여의 장애 요인으로는 '시간이 없어서(가족부양 책임 때문)'가 92.1%로 가장 높으며, 다음으로는 '근무시간과 겹쳐서'(27.9%), '교육훈련 비용이 너무 비싸서'(21.0%)의 순이었다. 지역별로는 서울 및 광역시와 중소도시 지역이 '시간이 없어서', '근무시간과 겹쳐서' 참여하기가 어렵다는 비율이 높은 반면, 농어촌은 '교육훈련 비용이 너무 비싸서', '가까운 거리에 교육훈련 기관이 없어서' 참여하지 못한다는 비율이 높게 나타났다. 총체적인 한국의 평생학습 실태를 반영하고 있는 지표이다.

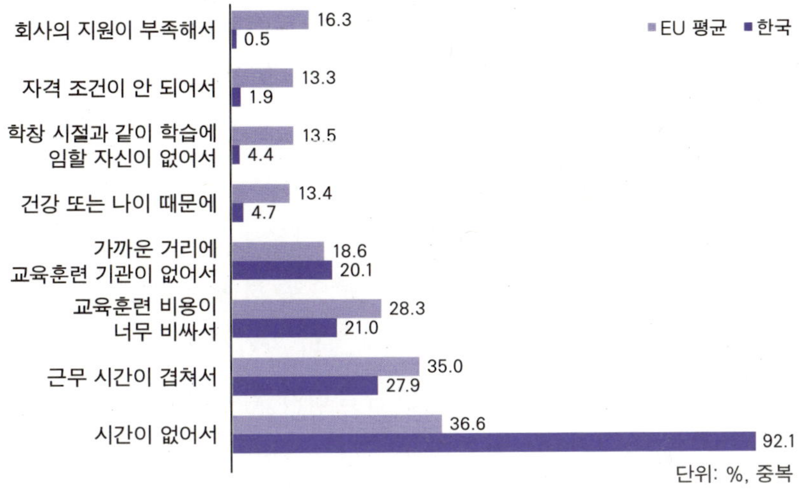

평생학습체제를 만들기 위해서는, 먼저 요람에서 무덤까지 국가가 국민의 학습권을 지원하는 체제로 가야 한다. 다양한 교육 프로그램을 개발하고 그것을 제공할 수 있는 시설과 재원을 마련하는 것이다. 또한 저소득층, 실직자, 주부 등에 대한 공적인 지원을 늘려야 한다.

둘째는 일하는 사람들의 노동시간 단축, 유급 학습휴가 제도, 사내 교육 등 학습복지 확대, 실업자의 직업능력 재발을 위한 학습 지원 등 노동환경을 개선하고, 사내 대학, 공장대학 등 새로운 정보기술 습득을 위한 프로그램을 제공하는 것이다.

셋째는 부적응 청소년, 학업을 중도 포기한 학생, 게임 중독 학생 등에 대한 지역공동체들의 지원 시스템도 확대해야 한다.

그다음은 평생학습 프로그램 및 시설 확대이다. 건강을 위한 스포츠 활동, 인문학 강좌 등 학습 활동, 정보기술이나 적성 개발을 위한 활동, 취미 활동 등 형식적, 비형식적 학습 프로그램을 확대하고, 시설을 확대하여 근접성을 높여야 한다. 사회적 학습망 방안을 마련하고 또한 장애인, 다문화 가정 등 사회적 약자들을 위한 평생학습체제도 구축해야 한다.

바. 학교 자치 민주화와 교육행정체제 개편

교육에서도 교육 주체의 참여를 바탕으로 하는 원리를 실현해야 한다. 교육행정이나 학교체제에서 주체들의 자기지배 원리가 실현되어야 한다. 이러한 교육행정체제를 구축하기 위한 방도는 아래로부터의 방식과 위로부터의 방식이 결합하는 것이다. 아래로부터의 방식은 학생, 학부모, 교직원이 그들의 이익을 대표할 수 있는 환경과 조건을 만들어 정책 결정에 참여하는 것이다. 위로부터의 방식은 각 기관의 정책결정 과정이나 관리 감독하는 과정에 법률로 정한 대표가 직접 참가하여 주체들의 요구에 맞는 정책을 집행할 수 있도록 강제하는 것이다.

민중 주체의 원리, 교육 주체들의 자기지배 원리를 실현하기 위해서는 다음과 같은 정책이 필요하다.

첫째, 교육자치제를 시·군·구 단위까지 확대하는 것이다. 시의회나 군(구)의회 구성 시 교육전문가, 교육활동가들이 직접선거나 비례대표선거 등으로 선출되어 국가적·지역적 교육정책을 결정할 때 참여하도록 하는 것이다. 또한 지역 단위의 주민자치위원회가 마련되어 교육복지 및 평생학습의 문제를 주체적으로 해결하는 자치권, 자율권, 참여권을 주체적으로 행사하도록 한다.

둘째, 모든 교육기관에서 교직원회, 학부모회, 학생회를 법제화하고, 이 주체들의 자율적인 활동을 보장하는 것이다.

셋째, 학교자치의 민주적 리더로서의 교장의 역할 정립과 교장선출보직제를 실시한다. 또한 대학교에서도 총장선출제가 주체들에 의해 시행될 수 있도록 한다.

넷째, 학교운영위원회의 구성과 역할을 강화하는 것이다. 이에 학교 운영의 주체로서 학생대표 참여를 보장하며, 심의의결기구로 확립함으로써 민주적 학교 운영을 위한 의사결정기구가 되도록 한다.

다음으로 국민 참여 국가교육위원회를 구성한다. 이는 교육 주체와 사회단체, 정부가 참여하는 교육정책에 대한 사회적 합의기구이자 교육개혁에 대한 의제 선정과 논의를 주도하는 기구이다. 국가적 교육 비전과 정책을 조정하고 입안하는 역할을 한다. 국가교육위원회는 일종의 사회적 논의기구로 국가 차원의 교육정책을 결정하는 데 정부만이 아니라 교육 주체와 사회적 공익 단체가 함께 참여해서 논의하고 결정하자는 것이다.

교육행정 전반에 대한 개혁도 필요하다. 교육과학기술부를 통해 국가의 '재정적' 책임성을 유지하고 행정체제를 통한 교육활동의 장학과 지원활동을 강화하는 방식이 되는 것이다. 또한 학교 운영의 많은 부분은 자치제도 수립을 전제로 학교의 교육 주체에게 돌아가며, 이에 교육과정 편성 및 운영과 관련해서도 최소한의 국가수준 교육과정을 제외하고 자율적 편성권과 평가권을 단위학교에 이양한다.

또한 교육청을 지원센터화하고 장학위원회를 구성하여 학교를 지원할 수 있도록 한다. 지원센터로 자리매김되는 교육청의 역할은 교육위원회 결정 사항에 대한 '집행사무'와 '단위학교를 지원하는 인프라 구축'을 중심에 두어 교사의 전문성 신장과 학생의 다양한 문화적 체험이 가능하도록 돕는다.

한편 관료행정에서 장학을 중심으로 한 학교지원센터로 교육청을 재정립하기 위해서는 현장 장학기구를 중심으로 교육청 기구를 재구성해야 한다.

사. 학생 인권·자치·복지 체제 구축

학교 내 사회적 안전망으로서 학교복지 체제를 구축한다. 개인적·환경적 요인으로 인해 학교생활에 어려움을 겪게 되는 학생들을 예방, 발견, 치료하여 이들이 학교생활에 적응할 수 있게 하기 위해 보건교사, 사서교사, 특수교사, 학교사회사업가, 전문상담교사, 영양사 등으로 구성된 학교복지 전담 부서를 운영한다. 학교복지 전담 부서는 학생들의 신체적·정신적 보건뿐만 아니라 학생의 잠재력 개발과 지적 향상에 방해가 되는 학생들의 사회·심리적 욕구와 문제를 파악하고 이를 해결해 주는 복지 서비스를 제공할 수 있어야 한다.

그리고 학교 공간을 교육적으로 재구축한다. 학교를 교육적 공간으로 재구축하기 위한 기본 원칙은 비교과 영역의 교육활동을 위한 학교 공간의 충분한 확보, 교육활동 원리에 기반을 둔 시설 및 기자재 마련, 학생 발달 단계를 고려한 학교 환경 조성, 생태 친화적 환경 조성 등이다. 학교 환경의 조성에는 비단 학교 내의 공간 구성뿐만 아니라 학교가 처해 있는 인근 지역의 환경도 함께 고려해야 한다. 이를 위해 학교 공간과 환경을 더욱 교육적으로 구축할 수 있도록 시설 기준을 정비하고 법제화하여 엄격하게 적용할 수 있도록 한다.

또한 학습 환경 개선을 위해 학교 규모는 적정화·소규모화하여 민주적이고 공동체적인 학급 생활을 할 수 있으면서도 학업성취를 높일 수 있도록 한다. 학급당 인원수는 20~25명 수준으로, 학년당 학급 수는 4학급 수준으로, 학교 학생 수는 도시는 400~600명, 농산어촌은 200~400명 수준으로 맞춘다.

사회안전망은 지역사회 교육문화 인프라 구축과 함께 학교와의 연계 체제를 마련한다. 학생들의 다양한 교육활동이 가능하도록 무상으로 이용할 수 있는 공공교육문화복지시설(도서관, 박물관, 문예관, 상담센터, 보건소, 과학관 등)을 확충한다. 지역에 교육문화시설이 갖춰진다면 학교와 지역사회조직과의 연계 체제(지역교육협의회, 학교와 지역사회 교육·문화·청소년·복지·보건·시민단체와 교육청, 시(도, 군)청 등과의 협의 구조)를 구축하고 청소년들의 다양한 교육활동을 진행하도록 한다.

학생 자율적인 활동을 위한 학생회 법제화 및 민주적 생활규정을 마련한다. 학생자치 활동은 학생들이 민주시민으로 성장해 가는 자율적인 학습 과정이다. 자신의 인권과 권리는 물론 다른 사람을 소중히 여길 줄 알며, 다양한 토론문화 속에서 건강하고 생산적인 문화를 만들어 내는 등 그들의 자치능력을 키워 가는 과정인 것이다. 학생자치 활동의 활성화 정도는 미래 사회의 민주주의 수준을 가늠하는 잣대이다. 학생들은 일방적인 지도가 아니라 그들의 눈높이에 알맞은 지원이 필요하며 교육활동의 진정한 동반자로서 지위를 회복해야 한다.

미성년자라 할지라도 최소한 헌법에 규정된 인간으로서의 권리, 1989년 채택한 UN의 '아동의 권리에 관한 국제조약' 수준으로(학생의 권리: 집회 및 결사의 자유, 출판 및 표현의 자유, 학교 운영 참가의 권리, 학생 관련 규정에 대한 의결의 권리) 학생회의 권리를 법적으로 부여하도록 한다.

아. 다문화 가정 등 소외 계층 지원 체제 구축

2010년 인구총조사 결과를 보면 국내에는 190개국 90만 명의 외국인이 거주하는 것으로 추산되는 데, 이는 한국 전체 인구의 1.94%를 차지한다.

2010년 청소년 통계에 따르면 국제결혼 가정의 학생 수도 급격히 증가하고 있다. 지난해 다문화 가정의 학생 수는 3만 40명으로 2005년(6,121명)보다 5배가량 급증했다. 이 중 초등학생이 전체 국제결혼 가정 학생의 78.6%를 차지했으며 다문화 가정 학생 중 89.9%는 어머니가 외국인이었다. 10년 후엔 청소년 20%가 다문화 가정 출신이라는 예측도 있다.

행정안전부에 따르면 2010년 1월 기준 외국인 주민이 1만 명 이상 거주하는 집중거주지는 34곳으로 집계됐다. 외국인 밀집 거주 지역은 위치 특성상 주류 사회와 단절되면서 생활편의시설 부족 등 불편을 겪고 있을 뿐 아니라 범죄 발생이 증가해 슬럼화 현상이 나타나고 있다.

이주노동자나 국제결혼 부부 자녀들의 가장 시급한 것은 한국 적응 교육이다. 이들은 무엇보다 한국어를 제대로 익히지 못해 학교와 지역사회에서 적응하기가 어려워하는데, 이를 극복해 주는 것이 긴

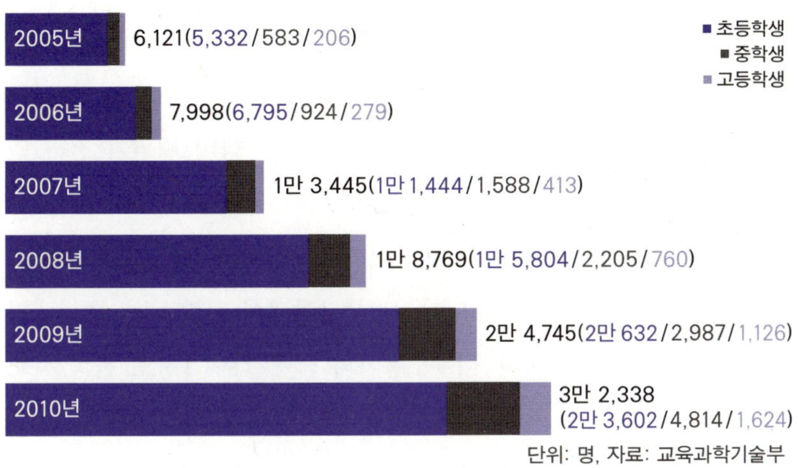

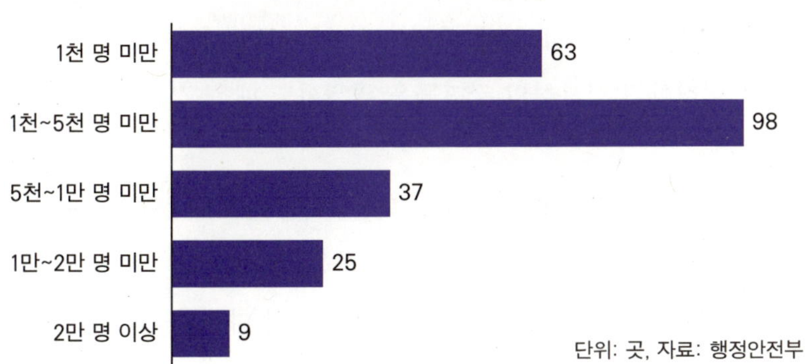

박한 과제이다. 이주노동자 자녀는 입학하기가 어려워 학교장의 재량으로 입학을 허용하는 경우가 흔하고, 국제결혼 가정의 경우 입양된 본국의 자녀(재혼)는 이주노동자 자녀와 같은 처지에 놓이게 되어 입학이 어렵다. 학교에서 문제를 일으켰던 아동을 경험한 학교는 더욱 이주노동자 자녀 입학을 꺼리고 있어 사실상 아동들이 교육권을 보장받지 못하고 있다.

또한 입학 전 한국어 교육을 받을 수 있는 기관이 없어 학교생활 적응이 어렵고, 학교 내에서 소외되고 학업 중단의 위기에 놓이는 경우가 많다. 다문화 가정 자녀는 빈곤한 가정인 경우가 많아 급식에 어려움을 겪고 있으며, 이주아동의 경우는 학비 지원이 전혀 없는 실정이다.

이주민 자녀의 교육권 보장을 통해 타문화를 배려하고 존중하는 교육체계를 확립함과 아울러, 문화 다양성이 사회 내에 뿌리내리는 기반을 마련해야 한다. 이주노동자와 국제결혼 가정도 한국 사회의 구성원으로 교육, 노동, 건강권 등 사회적 기본권은 보장하고, 한국에 거주하는 여러 민족 집단들이 자국의 문화정체성을 보존할 수 있도록 지원하는 것이 필요하다. 다문화 가정은 기존 한국 사회에 존재하는 여러 소수자 집단, 그리고 앞으로 통일시대와 함께 살아가야 할 이질화된 남북한의 국민들을 위해서도 매우 긴요하다.

국가가 책임지고 지원·운영하는 복지국가형 공교육체제를 추구하며

한국 사회의 재생산마저 위태롭게 하는 이러한 교육 모순을 해결하는 것은 새로운 사회와 새로운 교육이 함께 마련되는 과정에서 이루어져야 한다. 교육은 인간화와 사회화의 과정이자 양자를 통합해 나가야 한다. 개인적 차원에서는 인간화의 측면이 강조되고, 사회적인 차원에서는 사회적 목표에 적합한 역할이 더욱 비중을 지닌다고 할 것이다. 개개인이 지닌 잠재력을 최대한 계발하여 자기실현이 이루어지고 사회 구성원으로서 역할을 수행하게 할 때 교육은 가장 이상적인 역할을 다하게 될 것이다.

신자유주의의 광풍과 남북한 간의 첨예한 갈등, 민주주의의 역주

행으로 황폐화된 한국 사회를 되살리는 것은 2012년 총 대선을 거쳐 평화와 복지, 민주, 생태 전환을 기본가치로 하는 2013년 체제로의 전환을 통해 이루어질 것이다.

교육 부문에서도 한국 교육의 구조와 특성에 대한 진단을 바탕으로 근본적인 문제 해결을 위한 기반을 만들 방안과 이행 전략을 마련해야 한다.

우선 5·31 신교육체제부터 이명박 정부의 4·15 자율화 조치까지 한국 사회를 지배해 온 신자유주의 교육정책을 전면 폐기하고, 새로운 진보적 교육체제의 청사진을 마련하고 사회적 합의를 갖추어 나가야 한다.

이 글에서는 2013년 교육체제의 기본 원리를 아래와 같이 제시하였다.

2013 교육체제는 국가가 책임지고 지원하고 운영하는 복지국가형 공교육체제를 기본으로 국가의 성장과 모든 국민의 행복을 보장하는 교육복지와 일자리와 평생학습의 선순환 시스템을 구축하는 것이다.

2013 교육체제는 민주주의와 교육복지, 생태와 평화의 가치가 전면적으로 실현되는 체제이자, 권위적이고 관료적인 교과부·교육청·학교의 행정 패러다임이 근본적으로 새로워지는 교육체제여야 한다.

2013 교육체제는 학교에서부터 교육부까지 지역공동체와 국민이 참여하는 거버넌스가 구축되어 21세기에 걸맞은 국민 참여형 교육 행정체제로 나아가야 한다.

　이 글에서 제안하고 있는 2013 교육체제는 하나의 시안일 뿐이다. 민주 진보 진영은 교육이 국민이 고통이 아닌 희망의 영역으로 거듭나기 위한 모든 열망과 노력으로 국민의 염원과 시대적 과제를 해결할 수 있는 2013 교육체제를 함께 만들어 나가야 할 것이다.

참고문헌

강영혜 외(2005). 양극화 해소를 위한 교육 분야 대책 수립 연구(한국교육개발
  원수탁연구 CR 2005-27).
경기도교육청(2019). 경기혁신교육 10년.
곽덕주 외(2007). 최신 교육학개론. 학지사.
교육개혁위원회(1995. 5. 31). 세계화·정보화 시대를 주도하는 신교육체제 수립
  을 위한 교육개혁방안(Ⅰ)(제2차 대통령 보고서).
교육인적자원부·한국교육개발원(2004). 2004 평생교육백서.
교육트렌드 2026 집필팀(2025). 대한민국 교육트렌드 2026. 에듀니티.
교육혁신위원회 편(2006). 역대정부 대통령위원회 교육개혁보고서(Ⅲ).
구순란(2018). 혁신학교의 도입과 성장 그리고 우리의 과제. 경기교육섹션.
김경근 외(2006). 한국 교육 문제의 진단에 관한 연구. 교육인적자원부 정책연
  구과제.
김대성 외(2023). 학교장의 학교와 지역사회 연계 활성화 경험에 대한 내러티
  브 탐구. 내러티브와 교육연구, 11(1). 한국내러티브교육학회.
김명희(2024). 서울교육 10년 문제의식에 대한 성찰. 서울교육정책연구소.
김병권 외(2007). 베네수엘라, 혁명의 역사를 다시 쓰다. 시대의창.
김성아·송경오(2015). 초등 혁신학교 교사가 인식하는 혁신특성요인이 정책수용
  도에 미치는 영향 분석. 초등교육연구, 28(3). 한국초등교육학회.
김용·이재림·이혜진·한만중(2024). 인구 감소에 따른 새로운 학교교육 모델 및
  신규 교육재정 수요 분석 연구. 전국시도교육감협의회.
김용일(2001). 위험한 실험: 교육개혁의 정치학(2쇄). 문음사.
김용일(2002). 교육의 미래: 시장화에서 민주화로. 문음사.
김용일(2005. 3. 8). 참여정부의 교육개혁, 열망과 실망의 악순환을 넘어. 대통
  령자문정책기획위원회. 참여정부 2년 평가와 3년 전망 심포지엄: 민주적 발
  전모델과 선진한국의 진로(자료집), 213-222.
김용일(2024). 교육정치학의 이론과 실천. 살림터.
김용일·임재훈(2012). 중앙과 지방 교육행정 당국 간의 갈등 해소 방안 연구.
  광주광역시교육청.
김일영(2009). 한국 교육산업 대해부(3), 한국 사교육 산업의 현주소.

김현준(2001). 신자유주의 교육개혁의 본질과 문제점. 참교육연구 3권.

김홍주(2013). 중앙과 지방 간 교육정책 갈등 해소 방안 연구. 한국교육개발원.

닉 데이비스(2007). 위기의 학교. 이병곤 옮김. 우리교육.

대통령직인수위원회(2003. 2). 교육개혁과 지식문화강국 실현(국정과제 T/F 보고서).

박남기(1994). 한국인의 교육열 이해를 위한 대안적 관점. 교육학연구, 32(5). 한국교육학회.

박도순 외(2008). 한국 교육개혁의 평가와 대안 탐색 연구. 교육인적자원부 정책연구과제.

박미자 외(2025). 교육의 지역화 정책 방안 연구. 지속가능 한국을 위한 교육구상.

박수정(2021). 지방교육자치 30년 평가와 전망. 한국교육행정학회 2021년도 연차학술대회.

박종철(2013). 혁신학교 교사의 민주적인 의사소통 경험에 관한 연구. 서울대학교 교육학 석사학위논문.

반상진(2005). 한국교육개혁의 공과분석. 한국교육연구네트워크 창립기념학술대회.

백병부·박미희(2015). 혁신학교가 교육격차 감소에 미치는 효과: 경기도 혁신학교를 중심으로. 교육비평.

서울특별시교육청(2014). 일반고 전성시대 기본 계획.

서울특별시교육청(2018). 소통과 존중의 교육공동체 만들기.《지금 서울교육》(2018년 4월).

서울특별시교육청(2022). 교육 갈등의 예방 및 조정에 관한 조례.

서울특별시교육청(2024). 조금 더+새롭게 다 같이: 2014-2024 서울교육백서.

서울특별시교육청(2024). 서울교육 10년 연속포럼 자료집.

서울특별시교육청(2025). 혁신미래교육 기본 계획.

서울특별시교육청 교육연구정보원(2025). 서울 혁신학교 정책 효과 분석.

성열관(2004). 교육 격차 해소와 교육복지 확대 방안과 법안(국회 강남북 교육격차 해소 정책계발 연구 수탁과제).

성열관(2025). 혁신학교와 교육학의 교차점: 새로운 교육 패러다임의 적용과 도전. 서울특별시교육청.

성태제 외(2007). 최신 교육학 개론. 학지사.

송기창(2020). 지방교육재정 신규수요 전망과 재정확충 및 효율적 운영방안. 전국시도교육감협의회.

송형호(2021). 학부모 상담 119. 지식의날개.

심지영(2024). 생태전환교육 학교에서 어떻게 할까?. 살림터.

아담 스위프트(2025). 위선자가 되지 않는 법. 곽덕주·이승현·이진호·배춘환 옮김. 살림터.

유성상(2002). 브라질 노동자당과 공교육 개혁. 교육비평, 2002년 가을호.

윤상혁(2025). 생태전환교육: 로고스·파토스·에토스[미발간 원고].

윤양수(2025). 혁신교육과 마을교육의 도전과 전환. 살림터.

이부련(2006). 프랑스 학제의 변전과 학제 개혁의 관건.

이윤미(2009). 공교육의 원리. 참교육학부모회 학부모 강좌 자료집.

이형빈(2024). IB를 넘어 숙의 교육과정으로-IB 확산 정책에 대한 비판적 검토. 교육을바꾸는사람들.

이형빈(2025). 교육자치 시대, 교육과정 혁신의 성과와 과제[미발간 원고].

이형빈·송경원(2025). 사교육 해방 국민투표. 살림터.

임동진·김흥주(2018). 교육정책 갈등의 원인과 해결방안 연구-교육부와 시·도교육청 간의 갈등을 중심으로. 한국정책학회보, 27(1). 한국정책학회.

장수명·정충대(2011). 복지국가와 교육정책. 한국교육연구네트워크 2011 춘계 학술대회 자료집.

정갑영 외(2000). 교육재정 규모 적정 수준 판단 및 교육재원 확보방안 연구 (한국교육개발원 연구보고 RR 2000-10).

조영태(2021). 인구 미래 공존. 북스턴

주정흔(2021). 인공지능(AI) 기반 에듀테크의 학교현장 적용을 위한 협력적 실행 연구. 서울특별시교육청 교육연구정보원.

최민선(2009. 11. 30). [외고 논란, 어디로 가야 하나③] 대안은 고교체제 개편과 일반고의 특성화, 다양화. 새로운사회를여는연구원.

최장집(2003). 민주화 이후의 민주주의: 한국 민주주의의 보수적 기원과 위기 (6쇄). 후마니타스.

최장집(2005). 사회적 시민권 없는 한국 민주주의. 위기의 노동. 후마니타스, 444-487.

크리스 브라운·신디 푸트먼 엮음(2023). 전문적 학습네트워크. 성기선·문은경 옮김. 살림터.

한국교원대학 종합교육연수원(2024). 교육정책 전문가 아카데미 심화 연수.

한만중(2010). 한국 교육 문제의 본질과 진보적 교육개혁 방안 연구(민주노동당 수탁연구).

한만중·김용·양희준·장귀덕(2025). 교사와 학부모 어디로 가는가?. 살림터.

함영기(2025). 지식교육 vs 역량교육: 낡은 대립을 넘어 미래지향적 학력관을 말하자[미발간 원고].

홍은광(2003). 희망의 교육을 향한 해방의 삶, 파울로 프레이리. 교육비평, 2003년 겨울호.

홍창남(2025). 이재명 정부 교육정책의 주요 내용과 성공 요건. 전국교육자치 혁신연대 창립 기념 토론회 자료집.

Center for Educational Research and Innovation(1997). *Education at a glance: OECD indicators 1997.* 한국교육개발원(1998). OECD 교육지표(해외정보자료 IEI98-1).

Center for Educational Research and Innovation(2000). *Education at a glance: OECD indicators*(2000 edition).

MoE(2007). *The future is in education and culture.* Ministry of Education Finland.

MoES(Ministry of Education Singapore)(2006a). *Singapore Education: Milestones 2004-2005.* MoES.

MoES(Ministry of Education Singapore)(2006b). *Education in Singapore.* MoES.

OECD(2005). *Education at a glance: OECD Indicators 2005.*

Porter, M. E.(1998). *The comparative advantages of nations.* New York: The Free Press.

Reich, Robert B.(2000). *The future of success.* 오성호 옮김(2001). 부유한 노예: 고속 성장경제, 그 풍요의 환상 속에 감추어진 냉혹한 현실. 김영사.

Scapp, Ron(2001). For democracy: why corporatizing public schools puts a nation at risk. *Educational Researcher.* 30(9), 32-35.

West, A., Pennell H., and Edge, A.(1997). Exploring the impact of reform on school-enrollment policies in England. *Educational Administration Quarterly.* 33(2), 170-182.

| 혁신학교 | 성열관·이순철 지음 | 224쪽 | 값 12,000원 |

혁신학교	성열관·이순철 지음	224쪽	값 12,000원
행복한 혁신학교 만들기	초등교육과정연구모임 지음	264쪽	값 13,000원
서울형 혁신학교 이야기	이부영 지음	320쪽	값 15,000원
혁신교육, 철학을 만나다	브렌트 데이비스·데니스 수마라 지음	현인철·서용선 옮김	304쪽	값 15,000
대한민국 교사, 어떻게 가르칠 것인가?	윤성관 지음	320쪽	값 15,000원
아이들을 어떻게 가르칠 것인가	사토 마나부 지음	박찬영 옮김	232쪽	값 13,000원
모두를 위한 국제이해교육	한국국제이해교육학회 지음	364쪽	값 16,000원
경쟁을 넘어 발달 교육으로	현광일 지음	288쪽	값 14,000원
혁신교육 존 듀이에게 묻다	서용선 지음	292쪽	값 16,000원
다시 읽는 조선교육사	이만규 지음	750쪽	값 37,000원
교실 속으로 간 이해중심 교육과정(개정판)	온정덕 외 지음	216쪽	값 15,000원
대한민국 교육혁명	교육혁명공동행동 연구위원회 지음	224쪽	값 12,000원
포스트 코로나 시대의 교육	성열관 외 지음	224쪽	값 15,000원
내일 수업 어떻게 하지?	아이함께 지음	300쪽	값 15,000원
핀란드 교육의 기적	한넬레 니에미 외 엮음	장수명 외 옮김	456쪽	값 23,000원
한국 교육의 현실과 전망	심성보 지음	724쪽	값 35,000원
독일의 학교교육	정기섭 지음	536쪽	값 29,000원
교실 속으로 간 이해중심 통합교육과정	온정덕 외 지음	224쪽	값 15,000원
초등 백워드 교육과정 설계와 실천 이야기	김병일 외 지음	352쪽	값 19,000원
학습격차 해소를 위한 새로운 도전 보편적 학습설계 수업	조윤정 외 지음	240쪽	값 15,000원

● 경쟁과 차별을 넘어 평등과 협력으로 미래를 열어가는 교육 대전환! 혁신교육 현장 필독서

학교의 미래, 전문적 학습공동체로 열다	새로운학교네트워크·오윤주 외 지음	276쪽	값 16,000원
마을교육공동체 생태적 의미와 실천	김용련 지음	256쪽	값 15,000원
학교폭력, 멈춰!	문재현 외 지음	348쪽	값 15,000원
학교를 살리는 회복적 생활교육	김민자·이순영·정선영 지음	256쪽	값 15,000원
삶의 시간을 잇는 문화예술교육	고영직 지음	292쪽	값 18,000원
미래교육을 디자인하는 학교교육과정	박승열 외 지음	348쪽	값 18,000원
코로나 시대, 마을교육공동체운동과 생태적 교육학	심성보 지음	280쪽	값 17,000원
혐오, 교실에 들어오다	이혜정 외 지음	232쪽	값 15,000원
수업, 슬로리딩과 함께	박경숙 외 지음	268쪽	값 15,000원
물질과의 새로운 만남	베로니카 파치니-케처바우 외 지음	이연선 외 옮김	218쪽	값 15,000원
그림책으로 만나는 인권교육	강진미 외 지음	272쪽	값 18,000원

수업 고수들 수업·교육과정·평가를 말하다	박현숙 외 지음	368쪽	값 17,000원
아이들의 배움은 어떻게 깊어지는가	이시이 준지 지음	방지현·이창희 옮김	200쪽	값 11,000원
미래, 공생교육	김환희 지음	244쪽	값 15,000원
들뢰즈와 가타리를 통해 유아교육 읽기	리세롯 마리엣 올슨 지음	이연선 외 옮김	328쪽	값 17,000원
혁신고등학교, 무엇이 다른가?	김현자 외 지음	344쪽	값 18,000원
시민이 만드는 교육 대전환	심성보·김태정 지음	248쪽	값 15,000원
평화교육 과거, 현재 그리고 미래를 그리다	모니샤 바자즈 외 지음	권순정 외 옮김	268쪽	값 18,000원
마을교육공동체란 무엇인가?	서용선 외 지음	360쪽	값 17,000원
강화도의 기억을 걷다	최보길 지음	276쪽	값 14,000원
체육 교사, 수업을 말하다	전용진 지음	304쪽	값 15,000원
평화의 교육과정 섬김의 리더십	이준원·이형빈 지음	292쪽	값 16,000원
마을로 걸어간 교사들, 마을교육과정을 그리다	백윤애 외 지음	336쪽	값 16,000원
혁신교육지구와 마을교육공동체는 어떻게 만들어지는가?	김태정 지음	376쪽	값 18,000원
서울대 10개 만들기	김종영 지음	348쪽	값 18,000원
선생님, 통일이 뭐예요?	정경호 지음	252쪽	값 13,000원
10년 후 통일	정동영 지음	328쪽	값 15,000원
함께 배움 학생 주도 배움 중심 수업 이렇게 한다	니시카와 준 지음	백경석 옮김	280쪽	값 15,000원
다정한 교실에서 20,000시간	강정희 지음	296쪽	값 16,000원
즐거운 세계사 수업	김은석 지음	328쪽	값 13,000원
학교를 개선하는 교장	마이클 풀란 지음	서동연·정효준 옮김	216쪽	값 13,000원
선생님, 민주시민교육이 뭐예요?	염경미 지음	244쪽	값 15,000원
교육혁신의 시대 배움의 공간을 상상하다	함영기 외 지음	264쪽	값 17,000원
도덕 수업, 책으로 묻고 윤리로 답하다	울산도덕교사모임 지음	320쪽	값 15,000원
교육과 민주주의	필라르 오카디즈 외 지음	유성상 옮김	420쪽	값 25,000원
교육회복과 적극적 시민교육	강순원 지음	228쪽	값 15,000원
비판적 미디어 리터러시 가이드	더글러스 켈너·제프 셰어 지음	여은호·원숙경 옮김	252쪽	값 18,000원
지속가능한 마을, 교육, 공동체를 위하여	강영택 지음	328쪽	값 18,000원
대전환 시대 변혁의 교육학	진보교육연구소 교육과정연구모임 지음	400쪽	값 23,000원
교육의 미래와 학교혁신	마크 터커 지음	전국교원양성대학교 총장협의회 옮김	336쪽	값 18,000원
남도 임진의병의 기억을 걷다	김남철 지음	288쪽	값 18,000원
프레이리에게 변혁의 길을 묻다	심성보 지음	672쪽	값 33,000원
다시, 혁신학교!	성기신 외 지음	300쪽	값 18,000원
백워드로 설계하고 피드백으로 완성하는 성장중심평가	이형빈·김성수 지음	356쪽	값 19,000원
우리 교육, 거장에게 묻다	표혜빈 외 지음	272쪽	값 17,000원

교사에게 강요된 침묵	설진성 지음 l 296쪽 l 값 18,000원
왜 체 게바라인가	송필경 지음 l 320쪽 l 값 19,000원
풀무의 삶과 배움	김현자 지음 l 352쪽 l 값 20,000원
비고츠키 아동학과 글쓰기 교육	한희정 지음 l 300쪽 l 값 18,000원
교실을 위한 프레이리	아이러 쇼어 엮음 l 사람대사람 옮김 l 410쪽 l 값 23,000원
마을, 그 깊은 이야기 샘	문재현 외 지음 l 404쪽 l 값 23,000원
비난받는 교사	다이애나 폴레비치 지음 l 유성상 외 옮김 l 404쪽 l 값 23,000원
한국교육운동의 역사와 전망	하성환 지음 l 308쪽 l 값 18,000원
철학이 있는 교실살이	이성우 지음 l 272쪽 l 값 17,000원
왜 지속가능한 디지털 공동체인가	현광일 지음 l 280쪽 l 값 17,000원
선생님, 우리 영화로 세계시민 만나요!	변지윤 외 지음 l 328쪽 l 값 19,000원
아이를 함께 키울 온 마을은 어떻게 만들어야 할까?	차상진 지음 l 288쪽 l 값 17,000원
선생님, 제주 4·3이 뭐예요?	한강범 지음 l 308쪽 l 값 18,000원
마을배움길 학교 이야기	김명신 외 지음 l 300쪽 l 값 18,000원
다시, 남도의 기억을 걷다	노성태 지음 l 332쪽 l 값 19,000원
세계의 혁신 대학을 찾아서	안문석 지음 l 284쪽 l 값 17,000원
소박한 자율의 사상가, 이반 일리치	박홍규 지음 l 328쪽 l 값 19,000원
선생님, 평가 어떻게 하세요?	성열관 외 지음 l 220쪽 l 값 15,000원
남도 한말의병의 기억을 걷다	김남철 지음 l 316쪽 l 값 19,000원
생태전환교육, 학교에서 어떻게 할까?	심지영 지음 l 236쪽 l 값 15,000원
어떻게 어린이를 사랑해야 하는가	야누쉬 코르착 지음 l 송순재·안미현 옮김 l 408쪽 l 값 23,000원
북유럽의 교사와 교직	예스터 에크하트 라르센 외 엮음 l 유성상·김민조 옮김 l 412쪽 l 값 24,000원
산마을 너머 지금 뭐해?	최보길 외 지음 l 260쪽 l 값 17,000원
전문적 학습네트워크	크리스 브라운 외 엮음 l 성기선·문은경 옮김 l 424쪽 l 값 24,000원
초등 개념기반 탐구학습 설계와 실천 이야기	김병일 외 지음 l 380쪽 l 값 27,000원
선생님이 왜 노조 해요?	교사노동조합연맹 기획 l 324쪽 l 값 18,000원
교실을 광장으로 만들기	윤철기 외 지음 l 212쪽 l 값 17,000원
자율성과 전문성을 지닌 교사 되기	린다 달링 해몬드 외 지음 l 전국교원양성대학교총장협의회 옮김 412쪽 l 값 25,000원
선생님, 완벽하지 않아도 괜찮아요	유승재 지음 l 264쪽 l 값 17,000원
지속가능한 리더십	앤디 하그리브스 외 지음 l 정바울 외 옮김 l 352쪽 l 값 21,000원
남도 명량의 기억을 걷다	이돈삼 지음 l 280쪽 l 값 17,000원
교사가 아프다	송원재 지음 l 300쪽 l 값 18,000원
존 듀이의 생명과 경험의 문화적 전환	현광일 지음 l 272쪽 l 값 17,000원
왜 읽고 쓰고 걸어야 하는가?	김태정 지음 l 300쪽 l 값 18,000원

미래 교직 디자인	캐럴 G. 베이즐 외 지음 ǀ 정바울 외 옮김 ǀ 192쪽 ǀ 값 17,000원
타일러 교육과정과 수업 설계의 기본 원리	랄프 타일러 지음 ǀ 이형빈 옮김 ǀ 176쪽 ǀ 값 15,000원
시로 읽는 교육의 풍경	강영택 지음 ǀ 212쪽 ǀ 값 17,000원
부산 교육의 미래 2026	이상철 외 지음 ǀ 384쪽 ǀ 값 22,000원
11권의 그림책으로 만나는 평화통일 수업	경기평화교육센터·곽인숙 외 지음 ǀ 304쪽 ǀ 값 19,000원
명랑 10대 명량 챌린지	강정희 지음 ǀ 320쪽 ǀ 값 18,000원
교장이 바뀌면 학교가 바뀐다	홍제남 지음 ǀ 260쪽 ǀ 값 16,000원
모두 아픈 학교, 공동체로 회복하기	김성천 외 지음 ǀ 276쪽 ǀ 값 17,000원
교육정치학의 이론과 실천	김용일 지음 ǀ 296쪽 ǀ 값 18,000원
마오쩌둥의 국제정치사상	정세현 지음 ǀ 332쪽 ǀ 값 19,000원
교사, 깊이 있는 학습을 말하다	황철형 외 지음 ǀ 214쪽 ǀ 값 15,000원
더 나은 사고를 위한 교육	앤 마가렛 샤프 외 지음 ǀ 김혜숙·박상욱 옮김 ǀ 438쪽 ǀ 값 26,000원
더 좋은 교육과정 더 나은 수업	이형빈 지음 ǀ 292쪽 ǀ 값 18,000원
한나 아렌트와 교육	모르데하이 고든 엮음 ǀ 조나영 옮김 ǀ 376쪽 ǀ 값 23,000원
공동체의 힘, 작은학교 만들기	미셸 앤더슨 외 지음 ǀ 권순형 외 옮김 ǀ 264쪽 ǀ 값 18,000원
토대역량과 사회정의	존 알렉산더 지음 ǀ 유성상·이인영 옮김 ǀ 324쪽 ǀ 값 22,000원
마을교육, 다 함께 가치	김미연 외 지음 ǀ 320쪽 ǀ 값 19,000원
북한 교육과 평화통일 교육	이병호 지음 ǀ 336쪽 ǀ 값 22,000원
나는 어떤 특수교사인가	김동인 지음 ǀ 268쪽 ǀ 값 17,000원
능력주의 시대, 교육과 공정을 사유하다	한만중 외 지음 ǀ 252쪽 ǀ 값 17,000원
교사와 학부모, 어디로 가는가?	한만중 외 지음 ǀ 252쪽 ǀ 값 17,000원
프레네, 일하는 인간의 본성과 교육	셀레스텡 프레네 지음 ǀ 송순재 엮음 ǀ 김병호 외 옮김 ǀ 564쪽 ǀ 값 33,000원
지속가능한 마을교육공동체 운동	양병찬·한혜정 지음 ǀ 268쪽 ǀ 값 18,000원
평생학습으로 두 나라를 잇다	고바야시 분진 지음 ǀ 양병찬·이정연 편역 ǀ 220쪽 ǀ 값 15,000원
초등 1학년 교실, 궁금하세요?	이경숙 지음 ǀ 324쪽 ǀ 값 19,000원
정의로운 한국사	김은석 지음 ǀ 272쪽 ǀ 값 17,000원
세계의 교사교육	린다 달링-해먼드·앤 리버맨 편저 ǀ 전국교원양성대학교총장협의회 번역 ǀ 332쪽 ǀ 값 21,000원
남도 항일독립운동가의 기억을 걷다	김남철 지음 ǀ 292쪽 ǀ 값 19,000원
'좋아요'와 '싫어요'를 넘어	여은호·원숙경 지음 ǀ 268쪽 ǀ 값 18,000원
독일 정치교육	볼프강 잔더·케르스틴 폴 편저 ǀ 김상무·김원태 편역 ǀ 강구섭 외 공역 ǀ 504쪽 ǀ 값 32,000원
혁신교육과 마을교육의 도전과 전환	윤양수 지음 ǀ 216쪽 ǀ 값 17,000원
에듀테크, 교육에 좋은가?	닐 셀윈 지음 ǀ 유성상 외 옮김 ǀ 264쪽 ǀ 값 18,000원
한국의 교사와 교원노조	박정훈 지음 ǀ 344쪽 ǀ 값 21,000원
교육의 정치적 중립성	김용 외 지음 ǀ 416쪽 ǀ 값 25,000원

다시, 학교의 길을 묻다   김영인 지음 | 294쪽 | 값 18,000원

본능에서 개념적 사고까지   비고츠키교육학실천연구모임 지음 | 312쪽 | 값 19,000원

인공지능시대 인간중심교육   한만중 지음 | 324쪽 | 값 20,000원

참된 삶과 교육에 관한
생각 줍기